GUŁAG AMERYKA

GUŁAG AMERYKA

HOWELL W. WOLTZ

International Centre for Justice

Inne książki Howella Woltza:

JUSTICE DENIED: The United States v. The People (2015)
THE WAY BACK TO AMERICA: 10 steps to restore the United States to Constitutional Government (2016)
THE PATH: A Spiritual Guide for the Fifth Age (2016)
JUSTICE RESTORED: 10 steps to end mass incarceration in America (2017)

Translated from English to Polish by Krzysztof Kietzman

Typesetting services by BOOKOW.COM

DEDYKACJA

Przyjechałem do Polski w 2015 roku prawie bez niczego. Nie znałem ani jednej osoby mieszkającej w tym kraju, ani też nie wypowiedziałem ani jednego słowa w Waszym języku.

Ale znalazłem naród polski jako odważny i prawy i dlatego dedykuję tą książkę tej wewnętrznej sile , jaka jest wspólnie odnajdywana w losach każdego uciśnionego narodu.

15.09.1977, Artykuł opublikowany w Mt. Airy Times
„Woltz obawia się stracić swobody obywatelskie"

Spis treści

Przedmowa

K**siążkę** Gułag Ameryka. Wypaczenia amerykańskiego wymiaru sprawiedliwości skończyłem pisać nie w Stanach Zjednoczonych, lecz w Europie Środkowo-Wschodniej, w Polsce. Ostatni dzień pracy, choć satysfakcjonujący, okazał się zaprawiony kroplą goryczy ze względu na niedawne informacje, które dobiegły mnie z dawnej „Krainy Wolności".

Jak podał Jeremy Diamond z telewizji CNN, w przeciągu zaledwie dziewięciu lat Stany Zjednoczone spadły o kolejne dwadzieścia dziewięć miejsc w rankingu wolności prasy World Press Freedom Index. Parę lat wcześniej, za prezydentury George'a W. Busha, Stany Zjednoczone spadły z pierwszego miejsca na świecie, na miejsce dwudzieste, co już stanowiło powód do wstydu. Jednak tym razem CNN ogłosiło, że postępujący upadek USA w rankingu nabrał tempa. Dziś, za prezydentury Baracka Obamy, mój ojczysty kraj znalazł się na kompromitującym czterdziestym dziewiątym miejscu – daleko za państwami autorytarnymi, z którymi Stany Zjednoczone prowadziły niegdyś wojny [1].

Nie ulega wątpliwości, że erozja swobód obywatelskich nasila się niezależnie od tego, która partia jest akurat u steru.

Według organizacji Reporterzy bez Granic za prezydentury Obamy USA prześladowały większą liczbę dziennikarzy i sygnalistów niż kiedykolwiek wcześniej – zresztą administracja Obamy pobiła w tym względzie poprzedni rekord ustanowiony przez administrację Busha. Mnie osobiście pozbawiono wolności za Busha, w 2006 roku, chociaż w tamtym czasie wypowiadałem się publicznie o postępującej utracie wolności

---

[1] edition.cnn.com/2015/02/13/politics/u-s-press-freedom-ranking-obama-administration-leaks/

już od trzydziestu lat. Nie sądziłem, że za prezydentury Obamy sytuacja jeszcze się pogorszy.

Moja długa kariera Kasandry przestrzegającej przed tym, co miało nadejść, rozpoczęła się przed niemal czterdziestu laty, bo 15 września 1977 roku, gdy lokalna gazeta „The Mount Airy Times" zamieściła relację z mojego pierwszego przemówienia. Ostatnio otrzymałem w załączniku e-maila egzemplarz tego pierwszego tekstu z groźbą, abym zaprzestał dalszej działalności na rzecz wolności. Informacje o nadawcy e-maila były niedostępne. Sama gazeta zawiesiła działalność w 1980 roku, a dostęp do tak odległych archiwalnych materiałów prasowych mają zaledwie nieliczni. Jeszcze bardziej zdumiewający był fakt, że sam e-mail zniknął na dobre ze skrzynki, gdy tylko zapisałem załącznik.

Na marginesie sfotografowanego tekstu znajdują się odręczne zapiski mojej matki, co zawęża listę potencjalnych nadawców e-maila do zaledwie jednej pozycji. Ten konkretny artykuł otwierał pierwsze z dwu domowych archiwów. Archiwa te składały się z licznych wycinków prasowych o przemówieniach i walce na rzecz swobód obywatelskich, a także z egzemplarzy wszystkich felietonów i publikacji, które pisałem w kolejnych latach. Było wieloletnim dziełem matki. Zostało mi skradzione w 2006 roku z biura, które znajdowało się na terytorium obcego państwa. Przez przedstawicieli amerykańskich władz [2].

Artykuł prasowy z 1977 roku rozpoczynał się nagłówkiem: „Woltz obawia się utraty swobód obywatelskich", a następnie przytaczał wygłoszoną przeze mnie opinię, że trendy, które zaczęły pojawiać się w Stanach Zjednoczonych, doprowadziły wcześniej do upadku „dwudziestu trzech państw demokratycznych w dziejach, najczęściej na przestrzeni zaledwie dwustu lat".

Po pierwszym przemówieniu zacząłem pisać felietony do gazet, a chociaż później musiałem poświęcić się pracy zarobkowej, od czasu do czasu nadal udzielałem się publicznie, ostrzegając, niczym wieszczka Kasandra z mitologii greckiej, przed utratą praw konstytucyjnych i swobód

---

[2] FBI w 2006 roku bezprawnie zawłaszczyło archiwa dokumentujące moją działalność publiczną, bez nakazu, z mojego biura w Nassau na Bahamach. Następnie przedstawiło je na posiedzeniu w sądzie federalnym, by zrobić ze mnie osobę, która „stanowi zagrożenie dla Stanów Zjednoczonych" ze względu na to, co pisałem o erozji swobód obywatelskich – która, jak na ironię, dotyczyła również erozji wolności słowa.

obywatelskich. Podobnie jak pięćdziesięciu czterech dziennikarzy pozbawionych wolności za prezydentury Busha i podobnie jak jeszcze większa liczba dziennikarzy prześladowanych za prezydentury Obamy, przekonałem się na własnej skórze, że nagłaśnianie wypaczeń i stawianie oporu nie są już w Stanach tolerowane [3]. W 2006 roku Stany Zjednoczone bezprawnie dokonały mojego zatrzymania i pozbawiły mnie wolności na okres osiemdziesięciu siedmiu miesięcy, mimo że nie zostałem prawomocnie skazany przez żaden sąd właściwy miejscowo, za żadne przestępstwo. W 2015 roku musiałem opuścić Stany Zjednoczone na dobre, by za moją działalność nie trafić ponownie za kraty.

Ale rozdzierająca serce wiadomość o postępującej utracie wolności słowa to jeszcze nic – jednocześnie w mediach pojawił się raport z badania opublikowanego przez Szkołę Prawa Uniwersytetu Columbia (przytoczony na łamach „The New Yorker") nad niemal wszystkimi postępowaniami w amerykańskich sądach (zarówno na szczeblu stanowym, jak i federalnym) na przestrzeni dwudziestu sześciu lat, w których oskarżonemu groziła kara śmierci. Okazało się, że odsetek błędnie rozpoznanych spraw wynosił siedemdziesiąt trzy procent. Amerykańskie sądy zmuszone były przyznać, że siedemdziesiąt trzy procent osób oczekujących na karę śmieci, bądź zmarłych wskutek jej wykonania, zostało błędnie skazanych! W trzech przypadkach na cztery amerykańskie sądy albo skazały niewinną osobę, albo naruszyły zasady rzetelnego procesu sądowego do tego stopnia, że werdykt sądu został uchylony przez sąd apelacyjny. Dopiero teraz okazało się, jak ogromna jest skala wypaczeń amerykańskiego wymiaru sprawiedliwości.

Postępująca erozja praw nabrała tempa w 1996 roku, gdy zostało zawieszone konstytucyjne prawo habeas corpus wskutek wprowadzenia ustawy antyterrorystycznej Antiterrorism and Effective Death Penalty Act. Miliony niewinnych obywateli, którzy nie byli w stanie przeciwstawić się błędnym orzeczeniom sądów, trafiły za kraty.

---

[3] W 2006 roku Stany Zjednoczone bezprawnie dokonały mojego zatrzymania i pozbawiły mnie wolności na okres osiemdziesięciu siedmiu miesięcy, mimo że nie zostałem prawomocnie skazany przez sąd właściwy miejscowo za żadne przestępstwo.

Przyznanie się wymiaru sprawiedliwości do błędów na bezprecedensową skalę sprawiło, że tysiące wykonanych wyroków śmierci stały się niczym innym, jak morderstwami na zlecenie państwa, a dziesiątki milionów wyroków pozbawienia wolności – przestępstwami godnymi trzecioligowego watażki.

Miałem okazję przekonać się o tym osobiście. W 2006 roku, już za kratami, podjąłem się pomocy w ponad czterystu sprawach niezagrożonych karą śmierci (gdzie w moim odczuciu odsetek błędów jest jeszcze wyższy). Całymi latami pomagałem w podobnych sprawach zza krat amerykańskich łagrów. Będąc samemu częścią systemu, przekonałem się o skali problemu. Jednak informacje podane czarno na białym w raporcie sporządzonym przez jedną z najbardziej prestiżowych szkół prawniczych świata i omówionym w jednym z najbardziej prestiżowych czasopism nadały całej sprawie zupełnie nowy wymiar.

Ile dokładnie osób dostało się niezasłużenie w tryby amerykańskiego wymiaru sprawiedliwości? Badanie Szkoły Prawa Uniwersytetu Columbia odnosiło się do spraw rozpoczętych w 1973 roku, kończyło zaś na sprawach z roku 1996, gdy pod pozorem walki z terroryzmem pozbawiono amerykańskich obywateli zagwarantowanego im na mocy konstytucji prawa do zaskarżania podobnych decyzji (przywileju habeas corpus). Przypomniałem sobie, że zachowałem gdzieś artykuł, w którym Departament Sprawiedliwości Stanów Zjednoczonych podawał wprost liczbę bezprawnie skazanych Amerykanów. Udało mi się go znaleźć we wczesnych godzinach porannych – tu, w Europie Środkowo-Wschodniej – gdy Stany Zjednoczone akurat kładły się spać.

Znalazł się w niewielkim pudełku z dokumentami, które zabrałem ze sobą, gdy w kwietniu 2015 roku uciekłem ze Stanów Zjednoczonych. Pochodził z czasopisma „BNA Criminal Law Reporter"[4] wydawanego przez Departament Sprawiedliwości. Informował, że „obecnie w rejestrze karnym widnieje siedemdziesiąt jeden milionów Amerykanów – mniej więcej jedna czwarta łącznej populacji kraju." Zachowałem go, ponieważ bodaj po raz pierwszy i ostatni państwo przyznało wprost, ilu

---

[4] Wydanie z 19 maja 2010 roku (t. 87 nr 7).

obywateli zostało wtrąconych za kraty. Jedna czwarta populacji kraju! W każdym innym państwie doprowadziłoby to do rewolucji.

Wiosną 2010 roku siedemdziesiąt jeden milionów mieszkańców „Krainy Wolności" – jedna dorosła osoba na cztery – miało na karku wyrok.

Nie mogłem uwierzyć. Gdy porównać oficjalny odsetek błędów – siedemdziesiąt trzy procent – z liczbą amerykańskich obywateli, którzy znaleźli się w areszcie śledczym lub zakładzie karnym – siedemdziesiąt jeden milionów – łączna liczba niesłusznie skazanych na odsiadkę, a nawet na karę śmierci, przekracza wszelkie ludzkie pojęcie.

O ile dobrze wiem, na świecie nie doszło do większego pogwałcenia praw człowieka w dziejach niż obecnie w Stanach Zjednoczonych w związku z kryzysem masowego przeludnienia aresztów śledczych i zakładów karnych. Owszem, okazjonalnie dochodziło do większych aktów przemocy. Zdarzało się, że obywatele innych państw ponosili okrutną śmierć z rąk przedstawicieli wymiaru sprawiedliwości. Jednak nigdy wcześniej w dziejach nie doszło do niesprawiedliwości na tak ogromną skalę. Jak wykazują oficjalne dane państwowe, w 2010 roku jeden na czterech obywateli Stanów Zjednoczonych na pewnym etapie życia stał się przestępcą. A państwo samo przyznało się do tego, że spośród wszystkich skazanych trzy na cztery osoby zostały skazane bezpodstawnie!

Aż sprawdziłem, ile osób zostało pozbawionych wolności we wszystkich dyktaturach i państwach autorytarnych, które tylko przyszły mi do głowy. W każdym przypadku liczby dalece odbiegały od liczby obywateli wtrąconych za kraty za czasów Ronalda Reagana, George'a H.W. Busha, Billa Clintona, George'a W. Busha i Baracka Obamy. Dziś liczba ta wynosi około siedemdziesiąt trzy miliony – znaczenie tego faktu zdradzę w dalszej części książki. Jednak posłużyłem się oficjalną liczbą skazanych podaną w 2010 roku przez Departament Sprawiedliwości – siedemdziesiąt jeden milionów – a następnie pomnożyłem ją przez odsetek błędów, którego wartość określiły sądy z badania Szkoły Prawa Uniwersytetu Columbia (siedemdziesiąt trzy procent). Wynik mnie zszokował: pięćdziesiąt jeden milionów osiemset trzydzieści tysięcy. Licząc od 1973 roku niemal pięćdziesiąt dwa miliony Amerykanów zostały bezprawnie pozbawione wolności lub zamordowane przez amerykańskich sędziów i prokuratorów. W państwie, które ogłosiło się samozwańczym strażnikiem praw człowieka na świecie.

Przez chwilę aż mnie zatkało. Liczba widniała czarno na białym na biurku w świetle malutkiej miedzianej lampki w niewielkim mieszkaniu w Polsce. Została potwierdzona przez przedstawicieli amerykańskich władz. Nie potrafiłem przyjąć tego do wiadomości, chociaż wiedziałem, że to wszystko prawda. Informacje o stanie sądownictwa byłyby fałszywe jedynie wtedy, gdyby sądy i państwo świadomie chciały wprowadzić obywateli w błąd odnośnie do skali wyrządzonego przez nie zła, co jest jednak mało prawdopodobne, ponieważ wtedy informacje pojawiłyby się w większej liczbie miejsc [5].

Upewniwszy się, że moje wyliczenia trzymają się kupy, rozesłałem je znajomym z nowojorskiej organizacji pozarządowej Human Rights Watch, zwolennikom reformy sądowniczej z obu stron politycznego spektrum, przedstawicielom Rady Europy, obrońcom prawa człowieka z całego świata, z którymi współpracowałem, a także amerykańskim sędziom federalnym i adwokatom, z prośbą o potwierdzenie bądź obalenie tez, które dodatkowo opierały się na następujących dwóch założeniach:

Amerykańskie sądy prawdopodobnie nie zachowywały większej staranności w sprawach, w których oskarżonemu nie groziła kara śmierci.

Amerykańskie sądy prawdopodobnie nie obniżyły odsetka błędów od 1996 roku, kiedy to amerykańskim obywatelom odebrano prawo do podważenia błędnej decyzji sądu.

Prośba o obalenie moich wyliczeń stanowiła rozpaczliwą próbę zaprzeczenia tezie, że ukochana ojczyzna, która za czasów mojej młodości była państwem, w którym obywatele mogli poczuć się naprawdę wolni, bezprawnie pozbawiła wolności bądź życia pięćdziesiąt dwa miliony obywateli od chwili, gdy zacząłem studia. Liczba ta jest większa od łącznej

---

[5] Ten konkretny numer publikacji „BNA Criminal Law Reporter" nie jest już publicznie dostępny. Autor tekstu, emerytowany prawnik pracujący dla Departamentu Sprawiedliwości, Eric M. Fish, odmówił mi komentarza w sprawie. Numer publikacji z 19 maja 2010 roku (tj. t. 87 nr 7) został w całości skonfiskowany przez administrację Obamy, chociaż jego treść była dostępna w Internecie jeszcze w 2014 roku.

populacji państwa byłego bloku wschodniego, w którym obecnie mieszkam, Polski, oraz trzech sąsiadujących z Polską państw: Litwy, Austrii i Słowacji.

Gdy moje tezy trafiły zarówno do osób wewnątrz systemu, jak i do osób usiłujących zreformować system z zewnątrz, i żadna z nich nie uznała, że wyliczenia są błędne, ogłosiłem je podczas gościnnego występu w amerykańskiej audycji radiowej A Just Cause (Słuszna sprawa). Mój wywiad był zatytułowany The Fear Factor: Government Intimidation in America (Czynnik strachu. Państwowa polityka zastraszania w Stanach Zjednoczonych)[6].

Audycja odbiła się szerokim echem wśród słuchaczy. Zyskała tak bezprecedensową popularność, że wczoraj wieczorem (25 maja 2016 roku) odtworzono ją po raz trzeci w radiu w Stanach Zjednoczonych, a za pośrednictwem internetu poszła dalej w świat.

Prawdopodobnie nie będę w stanie powrócić do ojczyzny. Istnieje spore zagrożenie, że zostałbym ponownie wtrącony za kraty pod byle pretekstem.

Groźba dołączona do artykułu z 1977 roku dotarła do mnie zaledwie kilka godzin po moim występie w audycji A Just Cause.

Zawierała „sugestię", że powinienem „zamilknąć", a także przypomnienie, że w 2006 roku zostałem „ukarany" po raz pierwszy za wieloletnią publiczną działalność w dziedzinie obrony swobód obywatelskich. Zapewniono mnie, że moja dalsza działalność nie pozostanie bez odzewu.

W ciągu dwu dni od otrzymania e-maila mój przyjaciel Brett, u którego pomieszkiwałem tuż przed wylotem ze Stanów, poinformował mnie, że jego dom znajduje się pod całodobową obserwacją federalnych tajnych agentów. Został o tym poinformowany przez dobrego sąsiada – emerytowanego agenta federalnego, którego poproszono o pomoc w operacji, by mnie „dopaść". Nim Brett zdołał mnie ostrzec o rozwoju sytuacji, i z nim skontaktowały się służby z prośbą, by pomógł im na mnie „coś

---

[6] www.blogtalkradio.com/
ajcradio2/2016/03/23/a-just-cause–the-fear-factor-government-intimidation-in-america

znaleźć". Brett jednak podjął ogromne ryzyko i ostrzegł mnie, że pod żadnym pozorem nie powinienem wracać do Stanów – „przez bardzo długi czas". Odmówił współpracy ze służbami, które chciały ponownie zapewnić sobie moje milczenie.

PRZEDSŁOWIE

Dziś informacje rozchodzą się po całym świecie, a z każdą kolejną rewelacją maleją (jeśli nie zanikają całkowicie) podstawy Stanów Zjednoczonych, by móc się powoływać na wyjątkowy autorytet moralny wśród innych państwa świata. Dawna „Kraina Wolności" przeistoczyła się, bez przesady, w państwo więzienne.

Stany Zjednoczone dostały się pod pręgierz międzynarodowej opinii publicznej za to, że odbierają określone prawa wyborcze i obywatelskie milionom obywateli skazanych prawomocnym wyrokiem – na całe lata lub nawet na całe życie – pozbawiając ich głosu we własnym państwie. Gdy danego obywatela napiętnuje się szkarłatną literą „P" – jak „przestępca" – ten pozbawiany jest biernego i czynnego prawa wyborczego. Politycy, którzy ustanawiają prawo i startują w wyborach, nie muszą martwić się opiniami jednej czwartej obywateli (!).

Spotkałem się niedawno z przedstawicielem Kongresu. Skontaktowałem się z nim po raz pierwszy latem 2015 roku i poprosiłem o spotkanie, by poruszyć temat masowego przeludnienia amerykańskich aresztów i zakładów karnych. „Dlaczego miałbym się nimi, przestępcami, przejmować? Przecież nie mają prawa głosu," oparł. Przypomniałem mu, że przed rokiem 1964 Kongres podobnie traktował Afroamerykanów, którzy do tamtego momentu lojalnie głosowali na „partię Lincolna", czyli na sprzyjającą im Partię Republikańską, aż w końcu Demokraci nadali im pełnię praw ustawą Voting Rights Act z 1965 roku. Wcześniej pomimo gwarantowanego konstytucją czynnego prawa wyborczego Afroamerykanom odmawiano na różne sposoby rejestracji na listach osób uprawnionych do głosowania. Dzięki ustawie, która wzmacniała prawa wyborcze mniejszości, Partia Demokratów z dnia na dzień zaskarbiła sobie wdzięczność czarnoskórych wyborców.

Ofiary amerykańskiego wymiaru sprawiedliwości tracą znacznie więcej niż tylko czynne i bierne prawo wyborcze – tracą również możliwość zapewnienia dobrobytu własnej rodzinie. Jedna czwarta populacji (skazani) ma trudności ze znalezieniem porządnej stałej pracy, a także spotyka się z niechęcią sporej części społeczeństwa. Nadal musi płacić podatki, mimo że odmawia jej się dostępu do wielu usług i programów społecznych finansowanych z podatków. Zakrawa na ironię fakt, że panująca w Stanach zasada *no taxation without representation*, czyli „żadnych podatków bez reprezentacji", która stanowiła jedno z haseł zagrzewających w 1776 roku do amerykańskiej wojny o niepodległość, dziś przyjęła postać odwrotną: „podatki bez reprezentacji". Powstała podklasa obywateli, która została pozbawiona perspektyw i własnego głosu.

Uważam, że te niegodziwości zostawiły trwały ślad w społecznej tkance narodu. Historia zaś pokazuje, że rządy, które pozbawiły praw sporego odsetka populacji lub zepchnęły sporą część ludności na niziny społeczne, pozbawiając ją głosu, często kończą nie najlepiej.

Powinienem również podkreślić, że gdyby większość spośród ponad siedemdziesięciu jeden milionów amerykańskich obywateli, którzy trafili do zakładów karnych, rzeczywiście było winnych popełnienia przestępstw takich jak morderstwo, gwałt, kradzież, podpalenie czy napaść z bronią w ręku, nie traciłbym czasu na to, by prowadzić walkę o przywrócenie im praw. Osoby, które stwarzają niebezpieczeństwo, powinny być izolowane od społeczeństwa do czasu, aż nie zostaną poddane resocjalizacji. Nie chodzi jednak o przestępców, którzy zostali skazani z zachowaniem zasad rzetelnego procesu sądowego. Mowa o osobach, które zostały bezprawnie pozbawione wolności i zmuszone do przyznania się do winy na podstawie spreparowanego materiału dowodowego bądź wskutek gróźb ze strony prokuratury. Mowa o czterdziestu siedmiu procentach skazanych, którzy popełnili czyny zabronione bez użycia przemocy, takie jak palenie marihuany (która obecnie w wielu stanach jest już zalegalizowana). Mowa o osobach, które nie skrzywdziły nikogo prócz siebie samego, a które mimo wszystko zostały odizolowane od społeczeństwa, jakby stanowiły zagrożenie dla osób trzecich. Wspomniane grupy łącznie odpowiadają za dziewięćdziesiąt pięć procent osób zamkniętych w zakładach karnych. Najciekawsze jest to, że gdy niektóre stany zaczęły takie osoby wypuszczać na wolność, doszło do niezrozumiałego zjawiska – w stanach, w których w ostatnich pięciu latach masowo zwalniano więźniów, skala przestępczości **spadła**[7]. Oznacza to, że osoby te nigdy właściwie nie stanowiły zagrożenia.

Dlaczego więc trafiły do zakładu karnego? Prawdopodobnie dlatego, że na przestrzeni ostatnich dziesięcioleci Kongres Stanów Zjednoczonych ustanowił około 314 tysięcy nowych zakazów (także w kwestiach konstytucyjnie znajdujących się poza jurysdykcją władz federalnych, przekraczając tym samym własne uprawnienia), których złamanie skutkuje pozbawieniem wolności. Liczba ta nie uwzględnia zresztą niezliczonych paragrafów stanowych, których egzekwowanie również przyczynia się do zapełniana zakładów karnych.

Zdarzyło ci się, drogi czytelniku, zebrać deszczówkę z dachu własnego domu? Zdarzyło ci się pomóc ssakowi wyswobodzić się z sieci łowieckiej? Uszkodziłeś lub uszkodziłaś torbę na listy będącą własnością poczty? A może zdarzyło ci się myśleć o popełnieniu przestępstwa? Wspomniałeś lub wspomniałaś znajomej osobie coś, co zrodziło w niej podejrzenia, że zamierzasz złamać prawo w przyszłości? Jeśli odpowiedziałeś lub odpowiedziałaś twierdząco na jedno z powyższych pytań (a jest ich ponad trzy tysiące), gratuluję – w „Krainie Wolności" jesteś „przestępcą". Oczywiście, nie wszystkie te zakazy są bezzasadne, jednak nawet najbardziej zagorzały zwolennik silnego i praworządnego państwa powinien przyznać, że zakazanie ponad 314 tysięcy konkretnych czynów, z których składa się ludzka codzienność i które przez większość dziejów nie były uważane za czyny szkodliwe ani przestępcze, wydaje się działaniem na wyrost.

---

[7]Tom Jackman, „Mass reduction of California prison population didn't cause rise in crime, two studies find" (Dwa badania sugerują, że daleko idące zmniejszenie populacji zakładów karnych w Kalifornii nie przyczyniło się do wzrostu przestępczości), „The Washington Post", 18 maja 2016 roku, www. washingtonpost.com/news/true-crime/ wp/2016/05/18/mass-release-of-california-prisoners-didnt-cause-rise-in-crime-two-studies-find/

Szczególnie ten ostatni zarzut – przestępstwo zmowy – może skończyć się znacznie dłuższą odsiadką, niż gdyby rzeczywiście został popełniony czyn zabroniony.

Zarzut zmowy jest obecnie stawiany w około dziewięćdziesięciu procentach spraw na szczeblu federalnym! Pojawienie się bowiem zarzutu zmowy obok innych zarzutów w akcie oskarżenia niemal zawsze zapewnia wygraną prokuraturze, ponieważ nie sposób obronić się przed zarzutem, że „rozważało się" popełnienie przestępstwa. Do ustalenia winy wystarczy, że państwo zmusi dwie inne osoby – zresztą niekoniecznie znane oskarżonemu – by przyznały się do wiedzy na temat planowanego przestępstwa. Większość „konfidentów" ochoczo mija się z prawdą w zamian za skrócenie wyroku bądź umorzenie postępowania.

Jako Amerykanin i patriota, który poświęcił się zagadnieniom związanym z powstaniem Stanów Zjednoczonych, Ojcami Założycielami, a także amerykańskim wymiarem sprawiedliwości, opartym (niegdyś) na zasadach rzetelnego procesu sądowego, uważam, że opisane powyżej praktyki są bardzo niepokojące. Jestem przekonany, że Ojcowie Założyciele przegłosowali Kartę Praw Stanów Zjednoczonych z myślą o tym, że będzie ona obowiązywać po wsze czasy. Do głowy by im nie przyszło, że z biegiem czasu pochodzący z wyborów przedstawiciele narodu z własnej inicjatywy pozbawią obywateli praw gwarantowanych im na mocy konstytucji. Jednak za mojego życia obywatele w dużej mierze zostali pozbawieni wolności i swobód zagwarantowanych im na mocy poprawek pierwszej (zakaz ograniczania wolności religii i prasy), czwartej (zakaz nieuzasadnionej rewizji i nieuzasadnionego zatrzymania), piątej (prawo do rzetelnego procesu), szóstej (prawo do szybkiej i jawnej rozprawy przed bezstronną ławą przysięgłych) i ósmej (zakaz nadmiernych kaucji, nadmiernych grzywien oraz kar okrutnych i wymyślnych). Co więcej, po ośmiu latach udzielania pomocy w ponad czterystu sprawach karnych muszę z żalem przyznać, że amerykański wymiar sprawiedliwości nie ma już nic wspólnego z poszukiwaniem prawdy. Sprawiedliwość została zastąpiona prokuratorskim wyścigiem o jak największą liczbę wyroków skazujących, by zapełnić i tak już przepełnione zakłady karne i zapewnić świeże mięso najprężniej rozwijającej się gałęzi przemysłu w Stanach Zjednoczonych – więziennictwu.

Howell Woltz
kwiecień 2018 roku

Ostrzeżenie

Fatalnego kwietniowego poranka 2006 roku, dosłownie na kilka chwil przed budzikiem, ze snu wyrwało mnie nagle wrzaskliwe, złowieszcze popiskiwanie, które dobiegało zza drzwi naszego starego wiejskiego domu. Poderwałem się na nogi, chwyciłem parę okularów i nago zbiegłem po schodach na parter.

Na werandzie, w odległości niespełna trzech metrów od otwartych drzwi, na ogrodzeniu siedziała sowa, puchacz wirginijski. Ptak obrócił głowę, przeszywając mnie z ukosa żółtymi ślepiami. Zdało mi się, że chwila ta będzie trwać wiecznie. Nagle sowa rozpostarła szeroko skrzydła, wzniosła się w powietrze i obierając trasę nad wzgórzem i moczarami, odleciała w nieprzeniknioną ciemność.

Przeszedł mnie dreszcz. Od dziecka chowałem się na świeżym powietrzu i wiedziałem, że puchacze wirginijskie mają to do siebie, że trzymają się z dala od ludzi. I o ile to właśnie ludzie często zaskakiwali mnie nieprzewidywalnymi zachowaniami, nie mogłem powiedzieć tego samego o dzikich zwierzętach. Moje zdumienie pogłębiał fakt, że na drzewach wokół domu siedziało tych ptaków z dziesięć. Podkreślały swoją obecność złowieszczą kakofonią dźwięków. Po raz pierwszy w życiu ujrzałem, jak te samotnicze zwierzęta zbierają się gromadnie w jednym miejscu. Nigdy wcześniej nie widziałem, by zachowywały się tak jednomyślnie.

Pomyślałem, że natura chce mnie przed czymś przestrzec.

18 KWIETNIA 2006 ROKU, GODZINA 7.44

GDY cofałem się z podjazdu wynajętym samochodem, oczyma wyobraźni wciąż widziałem przed sobą ślepia puchacza wirginijskiego, ptaka o złowrogim spojrzeniu, które zawdzięczał krzaczastym brwiom.

Tamtego dnia czekała mnie pewna sprawa – rutynowe spotkanie z FBI i omówienie zawiadomienia SAR (Suspicious Activity Report) o prowadzeniu podejrzanej działalności. Złożyłem je parę lat wcześniej w sprawie jednego z moich byłych klientów, a traf chciał, że chodziło o pewnego stosunkowo znanego polityka z Karoliny Północnej.

Dwa tygodnie wcześniej ustaliłem z FBI, że spotkanie w placówce agencji w mieście Charlotte w Karolinie Północnej, które oddalone jest około półtorej godziny drogi od mojej letniej posiadłości, odbędzie się 18 kwietnia.

Przed wyjazdem uchyliłem drzwi sypialni, by upewnić się, że nocne huczenie sów nie obudziło mojej żony. Ta jednak spała w najlepsze i ostatecznie nigdy nie zapytałem jej o sowy.

Zahaczyłem jeszcze o sypialnię młodszego syna. Pocałowałem chłopca w czoło i szepnąłem mu:

– Wrócę wczesnym popołudniem i wybierzemy się wraz ze Stewartem na ryby.

Stewart to kolega moich synów z Bahamów, który przyjechał do nas w odwiedziny.

Jonathan przytaknął mi półprzytomnie i ponownie zapadł w sen.

Brama automatyczna otworzyła się i już miałem opuścić posesję, gdy zauważyłem, że za jednym z budynków użytkowych w gospodarstwie stoi zaparkowany biały SUV. Chwilę później samochód zajął miejsce bezpośrednio za mną, lecz trzymał się na odległość, aż znalazłem się na szczycie wzgórza, na którym znajdował się wjazd z drogi dojazdowej na trasę stanową. Wówczas SUV ostro przyśpieszył, plując żwirem spod kół, i podjechał bliżej.

Wtedy też dostrzegłem przed sobą kilka samochodów, w tym dwa radiowozy z tutejszego biura szeryfa. „Ktoś im widocznie nieźle podpadł" – uznałem. Gdy podjechałem bliżej, zobaczyłem żółte litery na kurtkach oficjeli. FBI. „Rzeczywiście – szykuje się jakaś grubsza sprawa".

Gdy parę lat wcześniej złożyłem zawiadomienie, o którym miałem rozmawiać tamtego dnia, siedziba naszego funduszu mieściła się w Nassau, stolicy Bahamów. W świetle prawa zawiadomienie to było do dyspozycji wyłącznie służb bahamskich, lecz najwidoczniej zostało udostępnione służbom amerykańskim. Zaniepokoiło mnie to, chociaż pełniona przeze mnie regulowana funkcja dostawcy usług finansowych obligowała mnie do współpracy ze służbami dowolnego państwa w zakresie jakichkolwiek podejrzeń o popełnienie przestępstwa. Nie miałem pojęcia, dlaczego akurat moje zawiadomienie wzbudziło takie zainteresowanie służb. Zapewniłem w nim, że nie wiadomo mi nic na temat przestępczej działalności klienta jako takiej. Moje podejrzenie wzbudził jedynie fakt, że nie chciał on ujawnić źródła dochodów.

Dołożyłem wszelkich starań, by móc spotkać się w tej sprawie z przedstawicielami FBI, choć wiedziałem, że nie będę w stanie im pomóc. Chciałem po prostu odhaczyć tę sprawę na dobre i resztę tygodnia poświęcić rodzinie.

Na końcu drogi dojazdowej stał mężczyzna ze złotą odznaką, który kazał mi się zatrzymać. Opuściłem szybę. Przedstawił mi się agent FBI Doug Curran. Jego nazwisko od razu wydało mi się znajome, ponieważ to właśnie z nim oraz zastępcą federalnego prokuratora śledczego[1] dla Zachodniego Dystryktu Karoliny Północnej, Matthew Martensem, miałem się spotkać tamtego poranka w Charlotte.

– Właśnie zmierzałem na spotkanie z panem, agencie Curran – powiedziałem. – Czyżby spotkanie było nieaktualne?

– Postanowiliśmy, że rozwiążemy to nieco inaczej – odburknął młody agent. – Czy mógłby pan opuścić pojazd i unieść ręce?

Choć ostatnie zdanie miało formę pytania, nie ulegało żadnej wątpliwości, że jest w istocie poleceniem. W odległości kilku metrów od mojej głowy znajdowało się kilka pistoletów glock, nie licząc broni, którą skrywały kabury zastępców szeryfa.

Powiedzieć, że mnie zatkało, to za mało. Wówczas jeszcze do mnie nie dotarło, że to **po mnie** konkretnie posłano.

I chociaż formalnie rzecz biorąc nie aresztowano mnie – a przynajmniej nikt mnie o takim zamiarze nie poinformował – bez gadania wykonywałem kolejne polecenia.

Odebrano mi kurtkę, portfel, gotówkę, scyzoryk szwajcarski, telefon marki Blackberry i pasek do spodni, a następnie skuto mi za plecami dłonie kajdankami. Wepchnięto mnie głową do przodu na tylne siedzenie sedana agenta Currana.

Niesłychane. Nie miałem wątpliwości, że władze szybko zdadzą sobie sprawę z błędu, ale jak w ogóle mogło do tego dojść? Agenci FBI z Zachodniego Dystryktu nie mieli jurysdykcji na terytorium Środkowego Dystryktu, gdzie znajdował się mój dom. Poza tym **sam** zgłosiłem się z inicjatywą spotkania w sąsiednim dystrykcie, by pomóc w sprawie zawiadomienia o podejrzanej działalności klienta, które przecież **sam** złożyłem w odpowiednim organie nadzoru finansowego, a mimo wszystko to **mnie** potraktowano jak kryminalistę.

---

[1]Federalny prokurator śledczy pracuje dla Departamentu Sprawiedliwości, który podlega bezpośrednio urzędującemu prezydentowi. A ponieważ sami prokuratorzy również powoływani są na stanowisko przez prezydenta, można powiedzieć, że prokuratorami zostają osoby z nadania politycznego. Departament Sprawiedliwości nie jest instytucją umocowaną w Konstytucji Stanów Zjednoczonych, ale mimo to obecnie w Stanach Zjednoczonych należą do niego aż dziewięćdziesiąt cztery placówki. Został powołany do istnienia przez prezydenta Ulyssesa S. Granta w 1870 roku jako agencja wykonawcza, na krótko przed tym, nim stany Konfederacji ponownie trafiły do Unii, by zapewnić polityczną kontrolę nad federalnymi sprawami karnymi opanowanemu przez Republikanów Białemu Domowi.

Agent Curran zajrzał przez szybę radiowozu. Zapytał o kod do automatycznej bramy wjazdowej, ponieważ chciał odstawić przed domem wynajęty przeze mnie samochód.

– Nie chce pan powiadomić żony, że odstawił pan samochód? Poinformować ją o sytuacji, by się niepotrzebnie nie martwiła? – zapytał z fałszywą troską w głosie.

W mojej głowie zapaliła się lampka ostrzegawcza. Dlaczego mu tak na tym zależy? No i nadal nie powiedział mi, na czym w zasadzie polega **sytuacja** – jak więc mam poinformować o niej żonę?

Wiedziałem, że udzielenie pozwolenia na przekroczenie granic posesji można, zakładając złą wolę, uznać za pozwolenie na przekroczenie progu samego domu z bronią w ręku, co z pewnością przeraziłoby żonę i dzieci.

– Zostawcie samochód przed bramą – odparłem.

Agent Curran zadzwonił pod mój numer domowy z mojego Blackberry, po czym podsunął mi telefon do ucha.

Usłyszałem głos żony.

– Przed wjazdem na szosę czekali na mnie agenci FBI, by mnie zatrzymać – powiedziałem. – Za chwilę odstawią nasz samochód pod bramę.

– Ale jak to?! – krzyknęła żona, teraz już w pełni rozbudzona. – Za co?!

– Nie mam pojęcia. Po prostu odbierz od nich kluczyki, dobrze?

Nie spodziewałem się, że mam do czynienia z kolejnym zagraniem poniżej pasa. Po kilku minutach agenci wrócili z kolejną zatrzymaną osobą. Z tylnego siedzenia drugiego rządowego sedana wyłoniła się, z fryzurą w nieładzie, matka moich dzieci. Miała na sobie parę okularów – nie zdążyła założyć szkieł kontaktowych. Na długą koszulę nocną narzuciła w pośpiechu dżinsową spódniczkę. Vernice, urodzona na Trynidadzie, o korzeniach z Indii Zachodnich, jest osobą o silnym charakterze. Jej wyprostowana sylwetka świadczyła o z trudem skrywanej wściekłości.

Gdy agenci skończyli przeszukiwać Vernice, wepchnęli ją z powrotem do drugiego sedana, a moja niezgoda na zaistniałą sytuację szybko ustąpiła miejsca trosce o żonę. Może i jestem staroświecki, ale nie ścierpię znęcania się nad jakąkolwiek kobietą, czy to werbalnie, czy też fizycznie.

Widok funkcjonariuszy brutalnie obchodzących się z moją żoną sprawił, że zagotowała się we mnie krew.

Agent Curran podszedł do radiowozu ze złośliwym uśmieszkiem na twarzy. „Spróbuj ze mną zadrzeć" – zdawał się mówić. Miałem ochotę zdrowo przywalić temu młodemu tupeciarzowi.

– Zdaje pan sobie sprawę z tego, że w moim domu bez opieki śpi teraz dwoje dzieci, agencie Curran? – zapytałem. – Gdy chłopcy się obudzą, nie będą wiedzieć, co się z nami stało.

– To już nie moja sprawa – odparł lakonicznie. – Mam doprowadzić pana do sądu, gdzie zostanie pan formalnie postawiony w stan oskarżenia.

Postawiony **w stan oskarżenia?**

Nie poinformowano mnie o przysługujących mi prawach. Nie powiadomiono mnie formalnie o aresztowaniu, zresztą nie przedstawiono mi nakazu aresztowania. Aż opadła mi szczęka, lecz postanowiłem, że sobą będę martwił się później. W tamtej chwili przyświecała mi wyłącznie troska o dzieci.

– Chce pan powiedzieć, że zamierza pan **na własną odpowiedzialność** pozostawić bez opieki dwu chłopców w wieku jedenastu i dwunastu lat? – odszczeknąłem. – Tutaj, na takim odludziu?

Agent Curran milczał.

Przezwyciężyłem złość i zapytałem ze spokojem w głosie:

– Agencie Curran, czy ma pan dzieci?

Zdradziło go spojrzenie.

– Jak by się pan poczuł, gdyby rządowi agenci pozostawili je bez opieki w domu poza miastem bez czyjejkolwiek wiedzy? Czy mógłbym powiadomić telefonicznie kogoś, kto może się nimi zająć?

– Kogo konkretnie? – zapytał.

– Roberta Cooka, tutejszego komendanta policji – odparłem.

Robert był jednym z moich najlepszych przyjaciół i ojcem chrzestnym starszego syna. Dzień wcześniej byliśmy u niego wszyscy na kolacji.

Moja odpowiedź wyraźnie zaskoczyła agenta Currana, lecz wybrał numer komendanta, po czym podsunął mi telefon do ucha.

– Robert, z tej strony Howell. Zostałem zatrzymany przez FBI. Ja i Vernice. Nie wiem, za co i dlaczego, lecz chłopcy zostali w domu bez opieki i gdy tylko się obudzą, nie będą wiedzieć, co się z nami stało. Koniecznie musisz po nich przyjechać i się nimi zaopiekować.

– Zaraz będę na miejscu – odparł bez zbędnych ceregieli Cook. – Już wychodzę z domu.

Cała flota samochodów federalnych wraz z dwoma radiowozami zastępców szeryfa odjechała wreszcie.

Jedno było pewne – cała ta sprawa nie miała nic wspólnego z jakimikolwiek uchybieniami prawnymi z naszej strony. Musiało pójść o coś zgoła innego. Nie wiedziałem jedynie, o co.

Wówczas nawet nie podejrzewałem, że te początkowe życiowe niedogodności przemienią się z czasem w prawdziwe piekło.

Rozdział 2

CO SIĘ STAŁO?

Uprawianie polityki w Karolinie Północnej to krwawe przedsięwzięcie. Przypomina nieco futbol amerykański lub boks, a może raczej walki psów lub kogutów. Jedno jest pewne: trup ściele się gęsto.

Od końca wojny secesyjnej władza przez kolejne sto lat znajdowała się w rękach Demokratów, którzy stworzyli sobie ze stanu własne skorumpowane państewko. W latach sześćdziesiątych ubiegłego wieku rękawicę rzucili im Republikanie. Od tamtej pory obie partie ścierają się ze sobą w brutalnej walce i starają się wykrwawić przeciwnika. Walczą ze sobą bez opamiętania i nie oglądają się wcale na nas, mieszkańców stanu – po prostu raz na pewien czas zamieniają się miejscami.

Ilekroć co parę lat jedna ze stron zatraci się w korupcji na dobre, wyborcy wyrzucają darmozjadów na bruk, po czym walkę o tytuł najbardziej skorumpowanej partii podejmuje druga strona, która przecież nie chce okazać się tą gorszą. Bez skrupułów jedni drugich wtrącają do więzień i jedni drugim niszczą życie. Nasi dwaj ostatni stanowi gubernatorzy z ramienia Demokratów sprawowali władzę w cieniu prac komisji śledczych, aktów oskarżenia i orzeczeń skazujących, zresztą zdaje się, że nasz obecny republikański gubernator dzielnie dotrzymuje im tempa. Wieść niesie, że jest on słupem byłego pracodawcy – Duke Power, największego koncernu energetycznego w regionie. Rola ta stawia go w dość niezręcznej sytuacji, biorąc pod uwagę skalę zniszczeń spowodowanych niedawnym wyciekiem popiołu węglowego, katastrofą ekologiczną, która rozegrała się w Karolinie Północnej za jego kadencji.

Tradycyjne polskie powiedzenie głosi, że ryba psuje się od głowy. Słowa te zdecydowanie oddają sytuację, jaka panuje w moim rodzimym stanie. Obie strony sporu politycznego próbują się wzajemnie zniszczyć, a Bogu ducha winni obywatele dostają rykoszetem. Można powiedzieć, że ryba już zepsuła się w całości.

W 2011 roku dziennik „The News & Observer" ze stolicy stanu, Raleigh, szczegółowo opisał powszechną korupcję, jaka zadomowiła się w Stanowym Biurze Śledczym Karoliny Północnej. Funkcjonariuszy przyłapano na preparowaniu materiału dowodowego i fałszowaniu wyników badań laboratoryjnych, by sąd przychylił się do aktów oskarżenia i wydał orzeczenia skazujące. Dotyczyło to setek spraw. Wskutek udanego śledztwa dziennikarskiego ponownie nadano im bieg, lecz w biurze nadal pracują ci sami ludzie, którzy postępują jak dawniej. Prawdziwa zmiana jakościowa zajdzie dopiero wtedy, gdy biuro zostanie przewietrzone i władzę w nim obejmie nowa ekipa, która ustanowi nowe reguły postępowania.

Jak gdyby na potwierdzenie moich słów, w 2014 roku legendarny amerykański dziennikarz telewizyjny Bill Moyers nakręcił film dokumentalny zatytułowany *State of Conflict: North Carolina* (Karolina Północna. Stan w konflikcie), który wyciągnął na światło dzienne skalę korupcji powiązanej z rozległą siecią wpływów i nieudokumentowanymi darowiznami pieniężnymi na prowadzenie działalności politycznej. Na skutek nacisków lokalnych władz film ten nie doczekał się jednak lokalnej premiery. Żadna z pozostających w konflikcie stron tej dwugłowej bestii nie życzyła sobie, by opinia publiczna dowiedziała się o skali problemów trapiących Karolinę Północną.

Władza sądownicza Karoliny Północnej zarówno na szczeblu stanowym, jak i federalnym uważana jest powszechnie za jedno z najbardziej skorumpowanych środowisk, jakie istnieją. Zasady rzetelnego procesu sądowego obowiązują tu jedynie pozornie, a przysługujące niegdyś obywatelom gwarantowane konstytucyjnie prawa dziś już zwyczajnie nie mają mocy.

By nie być gołosłownym, wspomnę, że w pierwszym tygodniu po zatrzymaniu nie pozwolono mi do nikogo zadzwonić ani skontaktować się z dziećmi. Co więcej, nie udzielono zgody na kontakt ze mną ich opiekunowi – naszemu lokalnemu komendantowi policji – ani nie poinformowano go o moim miejscu pobytu. Robert Cook wydzwaniał w mojej sprawie do wszystkich znanych mu osób i usiłował dowiedzieć się więcej o mojej sytuacji drogą oficjalną, aż ostatecznie napisał do sędziego Sądu Dystryktowego USA dla Wschodniego Dystryktu Karoliny Północnej, W. Earla Britta, i poskarżył się na moje bezprawne zatrzymanie.

Wcześniej nie zdawałem sobie sprawy ze skali korupcji panującej wśród sądów i prokuratury federalnej w Stanach Zjednoczonych, ale już w 2006 roku docierały do mnie pewne informacje w kwestii samego FBI. Dorastając, miałem bowiem okazję nasłuchać się opowieści wujecznego dziadka, Greera Woltza. Wuj był jednym z nielicznych agentów FBI, którzy ostali się w szeregach organizacji, gdy w 1924 roku John Edgar Hoover przejął ją od swojego poprzednika, założyciela FBI, prokuratora generalnego Charlesa Josepha Bonapartego (wnuka Napoleona).

Powołanie do istnienia FBI nigdy nie zostało zatwierdzone przez Kongres, o czym chętnie się dziś zapomina. Mało tego, Kongres w istocie potępił zapędy prokuratora generalnego Bonapartego, by wysługiwać się pracą agentów w dochodzeniach umotywowanych politycznie, przyrównując takie praktyki do działalności „czarnych gabinetów", a samych agentów nazywając „służbistami i szpiegami"[1].

Prezydent Theodore Roosevelt zaproponował Kongresowi utworzenie Federalnego Biura Śledczego już w 1907 roku, lecz kilku kongresmenów, w tym senator Benjamin „Pitchfork" Tillman z sąsiedniej Karoliny Południowej, zwróciło się do Białego Domu z opinią, że powołanie służby policyjnej na szczeblu federalnym jest niekonstytucyjne. Z tego względu Kongres nie zgodził się na powstanie FBI, lecz Roosevelt mimo to powołał biuro do istnienia za pomocą kolejnego niekonstytucyjnego narzędzia prawnego, które dziś znamy pod nazwą prezydencki dekret wykonawczy.

---

[1] John F. Fox, Jr., *The Birth of the Federal Bureau of Investigation*, lipiec 2006 roku (fbi.gov).

Po niespełna kilku tygodniach od powołania FBI agentów Roosevelta przyłapano w biurze senatora Tillmana na przeglądaniu korespondencji służbowej. I tak oto, od samego początku, FBI łamie prawo.

Przynajmniej dawniej, za czasów wujka Greera, w FBI obowiązywały pewne standardy (choć samo biuro działało bezprawnie). Wówczas do FBI mogli dołączyć jedynie biegli rewidenci księgowi oraz absolwenci wydziałów prawa, zresztą zawsze w garniturze i pod krawatem. Wujek Greer nawet po odejściu z FBI nadal chodził w garniturze – i w garniturze go pochowano.

Mnie nie odczytano praw i nie okazano nakazu aresztowania, a do tego ubiór młodzików z FBI w żaden sposób nie wskazywał na fakt, że prowadzą oni oficjalne działania służbowe. Zapytałem ich wprost, czy są z wykształcenia biegłymi rewidentami lub prawnikami, mając w pamięci słowa wuja o takim wymogu zatrudnienia, lecz najwidoczniej mężczyźni ci nie znali historii własnej agencji rządowej na tyle dobrze, by wiedzieć, do czego się odnoszę. Co do ich ubioru: mnie żona nie wypuściłaby z domu w takim stroju, a już z pewnością nie mógłbym w nim godnie reprezentować własnego państwa.

Dziś całkowita degrengolada panująca w FBI stanowi wiedzę powszechną. Sytuacja wyglądała podobnie już w 2006 roku, ale dawniej mało kto zdawał sobie z niej sprawę. Chcieliśmy wierzyć, że agenci FBI to „dobre chłopaki". Niedawne skandale pokazały, że jest zgoła inaczej. Zacytuję Spensera S. Hsu z dziennika „The Washington Post" z 18 kwietnia 2008 roku: „Departament Sprawiedliwości Stanów Zjednoczonych oraz FBI przyznały, że niemal każdy biegły z elitarnej jednostki kryminalistyki sądowej FBI **składał fałszywe wyjaśnienia przed sądem w niemal wszystkich postępowaniach**, w których FBI przedstawiało dowody przeciwko oskarżonym w sprawach karnych, **przez okres ponad dwu dziesięcioleci** przed rokiem 2000" (podkreślenie autora)[2].

---

[2]Spenser S. Hsu, „FBI admits flaws in hair analysis over decades" (FBI przyznaje się do błędów w analizie włosów na przestrzeni dziesięcioleci), „The Washington Post", 18 kwietnia 2015 roku, www.washingtonpost.com/local/crime/fbi-overstated-forensic-hair-matches-in-nearly-all-criminal-trials-for-decades/2015/04/18/39c8d8c6-e515-11e4-b510-962fcfabc310_story.html

A skoro FBI i Departament Sprawiedliwości otwarcie przyznały się do preparowania dowodów i składania fałszywych wyjaśnień w niemal każdym postępowaniu na szczeblu federalnym od dziesięcioleci, to jakim prawem instytucje te nadal istnieją? Dlaczego zagraniczni przywódcy wciąż zapraszają do siebie **jakiekolwiek** obce instytucje rządowe oraz **jakichkolwiek** obcych agentów, a w szczególności przedstawicieli agencji, która **sama przyznała się do podejmowania bezprawnych działań?**

FBI jest organizacją z nadania politycznego. Tak samo Departament Sprawiedliwości. Obie instytucje podlegają nie władzy sądowniczej, jak sądzi większość Amerykanów, a władzy prezydenckiej[3]. Za prezydentury Republikanina George'a W. Busha Departament Sprawiedliwości prowadził siedmiokrotnie więcej postępowań przeciwko Demokratom niż Republikanom. Za prezydentury Baracka Obamy stosunek ten nie uległ zasadniczo zmianie, lecz partie zamieniły się zaledwie miejscami.

Bezprawne działania tego rodzaju stanowią nic innego, jak odmianę terroryzmu, należy więc nazywać je po imieniu. Napisałem tę książkę jako ostrzeżenie. Nie pozwólcie, by i w Polsce ryba zepsuła się od głowy.

---

[3]Artykuł 28 paragraf 501 Kodeksu Stanów Zjednoczonych (28 U.S.C. § 501): „Departament Sprawiedliwości jest departamentem wykonawczym Stanów Zjednoczonym podlegającym rządowi federalnemu".

Rozdział 3

18 KWIETNIA 2006 ROKU, GODZINA 8.46

Tamtego poranka droga do Charlotte, którą przez lata przemierzałem setki razy, z tylnego siedzenia radiowozu FBI wydała mi się nie znajoma i krzepiąca, lecz obca albo wręcz wroga.

Mój umysł nadawał na najwyższych obrotach. Co się stało? Kiedy znów zobaczymy dzieci? Agent Curran wspomniał o postawieniu mnie w stan oskarżenia, więc ewidentnie odbyło się już posiedzenie przed wielką ławą przysięgłych, ale jak to możliwe, skoro termin spotkania w Charlotte ustaliłem z FBI zaledwie kilka dni wcześniej? Miałoby to sens jedynie wtedy, gdyby agenci federalni, którym zgodziłem się pomóc, z nieznanych mi powodów w pośpiechu wnieśli przeciwko nam zarzuty. Może po prostu zależało im, by przetrzymać nas na terytorium Stanów Zjednoczonych? W przeciwnym razie moglibyśmy wrócić na Bahamy. Ale czy to w ogóle legalne?

Znam się nieco na prawie, ponieważ mój dziadek ze strony ojca, Osler Woltz, był poważanym radcą prawnym. W późniejszym okresie jego życia, gdy byłem nastolatkiem, służyłem mu jako szofer i dotrzymywałem towarzystwa w sądzie, poznając przy okazji większość tajników postępowania sądowego z pierwszej ręki. Już wtedy, w latach siedemdziesiątych, posiedzenia przed wielką ławą przysięgłych odbywały się za zamkniętymi drzwiami, chociaż w zamierzeniu miały być otwarte dla publiczności, a bezstronni uczestnicy postępowania mieli deliberować o faktach przed wyłonionymi wśród obywateli ławnikami, aby dać świadectwo prawdzie.

Jeśli zatem wielka ława przysięgłych rzeczywiście rozpoznawała moją sprawę, jej posiedzenie również musiało było odbyć się za zamkniętymi drzwiami. Nie ulegało wątpliwości, że nie miałem prawnej reprezentacji przed sądem, skoro dopiero teraz dowiedziałem się o sprawie. Sąd nie dysponował dowodami, by postawić mi zarzuty – bo żadne dowody nie istniały. W pierwszym odruchu uznałem, że materiał dowodowy został **spreparowany**.

Ale dlaczego? To ja byłem dyrektorem finansowym, który dobrych parę lat wcześniej złożył zawiadomienie o prowadzeniu nielegalnej działalności przez klienta. Ja sam powiedziałem znanemu politykowi, by zabierał się ze swoimi pieniędzmi z naszego funduszu. Nawet przedstawiciele bahamskich i brytyjskich organów nadzoru finansowego zwrócili mi uwagę, że jestem dyrektorem finansowym, a nie policjantem, i wobec tego nie powinienem odrzucać klientów z własnej inicjatywy, dopóki bezpośrednio nie zainterweniuje w tej sprawie rząd Stanów Zjednoczonych. Zrobiłem to, ponieważ nie chciałem dopuścić, by nasz fundusz balansował na granicy prawa. Gdy kapitał pochodził z nieujawnionego źródła, dziękowaliśmy klientowi za współpracę. Tak też się stało w przypadku klienta, o którym miałem rozmawiać z FBI tamtego poranka, a także klientów jego kancelarii prawnej.

Zgłoszenie SAR, które miało być tematem rozmów tamtego dnia, dotyczyło sławnego polityka, Sama Currina, który najpierw był federalnym prokuratorem śledczym dla Wschodniego Dystryktu Karoliny Północnej, a później sędzią na szczeblu stanowym, by z czasem zostać przewodniczącym Republikanów w Karolinie Północnej. I chociaż był moim przyjacielem na kilka lat wcześniej, nim został moim klientem, zignorował kilka wezwań od naszego działu prawnego o ujawnienie źródła dochodów, którymi dysponowaliśmy w imieniu jego kancelarii prawnej. Odmowa współpracy z jego strony wzbudziła moje podejrzenia i skłoniła do złożenia zawiadomienia o prowadzeniu podejrzanej działalności zarówno w urzędzie nadzoru finansowego Bahamów, jak i na Anguilli, która stanowi terytorium zależne Wielkiej Brytanii. Następnie zmusiliśmy Sama, by przeniósł majątek w inne miejsce.

Agent Curran kierował należącym do FBI sedanem. Wiózł mnie do własnego dystryktu. Od razu w aucie zaczął zadawać mi pytania.

– Jak to się stało, że Sam Currin został pańskim klientem?

Curran ustawił lusterko wsteczne tak, by móc spojrzeć mi prosto w oczy.

– Czy zostałem formalnie zatrzymany? – zapytałem, ale nie doczekałem się odpowiedzi. – Jeśli tak, to nie zamierzam odpowiadać na pańskie pytania. Nie mam pojęcia, co tu robię, i zamierzam milczeć do chwili, aż będę mógł skontaktować się z adwokatem.

Z ust Currana padały kolejne pytania, lecz milczałem.

Jeśli moje samowolne zatrzymanie bez nakazu i odczytania mi praw rzeczywiście dotyczyło Sama Currina, najwidoczniej chcą, bym zeznawał przeciwko niemu i jego klientom jako świadek. Ale w jakim celu?

– Dlaczego pomógł pan Currinowi ukryć taką kwotę? – zapytał nagle agent Curran.

Jego prowokacyjne pytanie doprowadziło mnie do szału – nie wątpię, że zadał je właśnie w tym celu. Chciałem móc wszystko odkręcić w tamtej chwili. Powiedzieć Curranowi wprost, że nie „ukryliśmy pieniędzy Sama", ale wręcz **sami** zrezygnowaliśmy z dalszej współpracy, ponosząc ogromną stratę jako spółka, gdy tylko Sam Currin odmówił podania źródła dochodów. Wiedziałem jednak, że najlepiej będzie, gdy nie powiem Curranowi ani słowa. Pod nieobecność prawnika FBI mogło przeinaczyć moje wypowiedzi, a wtedy moje własne słowo liczyłoby się przeciwko słowu agentów – a dokładnie aż trzech agentów. Aha! Pewnie dlatego dotrzymywali mi towarzystwa w aucie. Mieli posłużyć jako świadkowie w sprawie.

Jeśli więc miałem rację i pochwycili mnie, bym złożył zeznania przeciwko Samowi Currinowi w charakterze świadka, dlaczego, u licha, zatrzymali również moją żonę? Jako zakładniczkę...? Takie sytuacje zdarzają się wprawdzie w innych państwach, ale w Stanach Zjednoczonych? Wówczas jeszcze to do mnie nie docierało.

Rozdział 4

CO SIĘ STAŁO?

WYPACZENIA przy procedowaniu przed wielką ławą przysięgłych stanowią jedną z głównych przyczyn korupcji w amerykańskim wymiarze sprawiedliwości. W świetle konstytucji każde postępowanie powinno rozpocząć się od otwartego posiedzenia przed wielką ławą, podczas którego zarówno oskarżyciel, jak i oskarżony w myśl zasady kontradyktoryjności powinni mieć takie samo prawo do powoływania świadków i przedstawiania dowodów. Szesnastu spośród dwudziestu obywateli wybranych losowo spośród ogółu społeczności powinno zadecydować, czy po pierwsze, popełniony czyn wypełnia znamiona przestępstwa, i po drugie, czy wyrządzona szkoda jest wystarczająco duża, by opłacało się nadać sprawie dalszy bieg. Obecnie jednak podczas posiedzenia przed wielką ławą materiał dowodowy przedstawia wyłącznie oskarżyciel publiczny, czyli prokurator. Oskarżony nie ma głosu, często jest zresztą nieobecny.

Interes narodu w wymiarze sprawiedliwości reprezentował dawniej przewodniczący wielkiej ławy przysięgłych, a sędzia jedynie dbał o przebieg posiedzenia. Przewodniczącym był obywatel o nieposzlakowanej opinii bądź prawnik wybierany spośród ogółu społeczności. Do obowiązków przewodniczącego należało przedstawienie przed wielką ławą przysięgłych materiału dowodowego zarówno na korzyść, jak i na niekorzyść oskarżonego z zachowaniem bezstronności. Po wypełnieniu powinności przed sądem ponownie stawał się zwyczajnym obywatelem lub praktykującym prawnikiem i wracał na łono społeczności. Powrót ten stanowił zatem mechanizm samokontroli, który zapewniał uczciwość i sprawiedliwość postępowania przygotowawczego. Jednak już w latach trzydziestych dziewiętnastego wieku w co większych amerykańskich miastach wprowadzono stanowisko oskarżyciela publicznego, co doprowadziło do spadku znaczenia wielkiej ławy.

Dziś wszyscy przysięgli *de facto* wybierani są przez oskarżyciela publicznego, czyli prokuratora. Najczęściej są to osoby sprzyjające państwu. Od czterdziestu lat wypowiadam się i piszę na temat postępującego rozkładu praw obywatelskich w Stanach Zjednoczonych i ani razu nie wezwano mnie do sądu jako przysięgłego. Moi prorządowi znajomi i współpracownicy wzywani są często, czasami wręcz raz do roku.

Z czasem więc amerykański wymiar sprawiedliwości całkowicie odszedł od praktyk opisanych w konstytucji. Jak dowiadują się obecnie amerykańscy studenci pierwszego roku prawa, zdaniem pogrążonego w niesławie nowojorskiego sędziego Sola Wachtlera prokurator „jest w stanie postawić w stan oskarżenia nawet kanapkę z szynką"[1]. Wszelkie prawa przysługujące dawniej obywatelom przed czcigodną wielką ławą przysięgłych dziś zostały im w istocie odebrane, a celem samego wymiaru sprawiedliwości stało się nie stanie na straży, lecz przeciwnie – naruszanie praw obywatelskich.

Skutkiem wypaczeń jest to, że obecnie prokuratorzy działają bezkarnie i bez opamiętania. Posiedzenia odbywają się w całkowitej tajemnicy, na modłę sowiecką. Jeśli podejrzany w ogóle jest obecny, i tak pozbawiony jest zagwarantowanej mu konstytucyjnie reprezentacji prawnej. Bardzo rzadko się zdarza, by wielka ława odmówiła wydania aktu oskarżenia, ponieważ oskarżyciele publiczni przedstawiają jedynie dowody obciążające.

Nie wiem dokładnie, jak wyglądało posiedzenie przed wielką ławą w mojej sprawie – odbyło się pod moją nieobecność. Do dziś nie otrzymałem odpisu protokołu. Mogę jedynie domniemywać, że prokuratorzy

---

[1]Popularna wypowiedź sędziego Sola Wachtlera została uwieczniona w powieści *The Bonfire of the Vanities* Toma Wolfe'a z 1987 roku, na której podstawie nakręcono film *Fajerwerki próżności* (1990). Dziś zwrot ten pojawia się regularnie w amerykańskiej telewizji w dramatach sądowych.

posunęli się do kłamstw, by wielka ława zgodziła się na wydanie aktu oskarżenia. Przedstawili fałszywych świadków i spreparowany materiał dowodowy. Gdy zarzuciłem prokuratorom, że w mojej sprawie posunęli się do krzywoprzysięstwa przed wielką ławą, by ta zgodziła się na wydanie aktu oskarżenia, usłyszałem jedynie, że nie może być żadnej mowy o krzywoprzysięstwie – prokuratorzy... nie składają bowiem wyjaśnień pod przysięgą.

Dopóki prokuratorzy nie będą pociągani do odpowiedzialności za naruszanie praw obywateli Stanów Zjednoczonych – jak również obywateli innych państw – będą oni nadal postępować bezprawnie w poczuciu bezkarności i braku zahamowań.

Rozdział 5

18 KWIETNIA 2006 ROKU, GODZINA 11.00

Gdy już dotarliśmy do Charlotte, mnie i moją żonę wepchnięto do osobnych cel w areszcie marshala federalnego[1]. Areszt znajdował się w gmachu sądu federalnego. Rozebrano mnie, przeszukano, sfotografowano i pobrano mi odciski palców, jednak w tamtej chwili nadal myślałem jedynie o dzieciach. Wiedziałem wprawdzie, że pod opieką Roberta będą bezpieczne, ale zachodziłem w głowę, jak on im wyjaśni zaistniałą sytuację. Przecież wiedział jeszcze mniej niż ja sam... Co takiego sobie pomyślą?

Czy Robert, będąc komendantem policji, zdoła pociągnąć za kilka sznurków, by zainterweniować w mojej sprawie?

Godzinę później trafiłem na salę rozpraw i wydarzenia nabrały jeszcze bardziej surrealistycznego wydźwięku. Najpierw skuto nam ręce i nogi, abyśmy jak niebezpieczni kryminaliści przemaszerowali niespełna piętnaście metrów do sali rozpraw urzędującego sędziego Davida W. Keeslera. Odczytał nam absurdalne zarzuty z aktu oskarżenia. Wśród nich znalazły się między innymi: „udział w zmowie w celu osiągnięcia korzyści majątkowej na niekorzyść Stanów Zjednoczonych" (bo zarzut zmowy jest niemal obowiązkowy!), „utrudnianie działania wymiarowi sprawiedliwości", „składanie fałszywych zeznań" i „manipulowanie świadkiem".

---

[1]Marshale federalni to funkcjonariusze specjalnej jednostki policji, którzy odpowiadają za bezpieczeństwo sądów, zatrzymania i aresztowania podejrzanych, transport więźniów i poszukiwanie zbiegów.

Vernice i ja siedzieliśmy obok siebie w ławie oskarżonych. Trzymaliśmy się za ręce tak mocno, jak gdyby miało od tego zależeć nasze życie.

Zarzuty w żaden sposób nie odnosiły się do niczego, o czym miałem wiedzę lub co sam mogłem popełnić. Kto je spreparował – i dlaczego? Skąd tam się wzięło „manipulowanie świadkiem"? Jak długo żyję, nie znałem żadnego świadka, którym mógłbym w jakikolwiek sposób manipulować, nie mówiąc już o tym, że nie miałem ku temu żadnego powodu. Mało tego, przecież w ogóle **nie mieszkaliśmy** w Stanach. Jak więc i kiedy mielibyśmy popełnić tak straszliwe czyny?

Do tego składnie fałszywych zeznań i utrudnianie działania wymiarowi sprawiedliwości. Nigdy nie zeznawałem przed sądem i nie miałem do czynienia z żadną sprawą sądową, w której mógłbym popełnić takie czyny.

Po odczytaniu aktu oskarżenia sędzia Keesler podkreślił z powagą w głosie, że jeśli zostanę uznany za winnego popełnienia zarzucanych mi czynów, muszę się liczyć z karą do czterdziestu pięciu lat pozbawienia wolności.

Pamiętam, że uważnie się wówczas przyjrzałem dwóm młodym prokuratorom, Matthew Martensowi i Kurtowi Meyersowi. Obaj mieli na twarzach ten sam wyraz samozadowolenia, jakby czerpali radość z faktu, że ja i moja żona przechodzimy właśnie drogę przez mękę. Przypominali mi kolegów łobuzów z dzieciństwa, którzy wyrywali muchom skrzydełka.

Obaj wiedzieli, że przedstawione nam zarzuty mijają się z prawdą i zwyczajnie zostały spreparowane. Sami musieli je spreparować i przedłożyć wielkiej ławie przysięgłych kilka dni wcześniej.

– Czy rozumie pan postawione panu zarzuty, panie Woltz? – zapytał sędzia.

– Nie, proszę Wysokiego Sądu – odparłem. – Nie rozumiem z tego nic a nic.

Następnie sędzia Keesler odczytał zarzuty Vernice, dodając, że jeśli zostanie uznana za winną, grozi jej do trzydziestu pięciu lat pozbawienia wolności. Vernice wpiła we mnie paznokcie z taką siłą, że niemal rozszarpała mi skórę, ślady zeszły dopiero następnego dnia. Gdy sędzia Keesler chciał się upewnić, że Vernice zrozumiała zarzuty, moja żona milcząco kiwnęła głową.

Cała ta maskarada nie miała najmniejszego sensu – chyba że... Przypomniałem sobie, co takiego wcześniej tego dnia agent Curran powiedział o Samie Currinie. Dotarło do mnie, że rząd federalny postawił nas w stan oskarżenia jedynie po to, by zatrzymać nas w Stanach Zjednoczonych i zmusić nas do zeznawania w charakterze świadków przeciwko Currinowi. Żadna inna teoria nie trzymała się kupy. Ale kto taki mógł dysponować wystarczającymi środkami, by zapolować na tak znanego polityka jak Sam Currin, mając do dyspozycji jedynie wątpliwej jakości poszlakę o **potencjalnej** nielegalnej działalności na podstawie mojego zgłoszenia SAR? Jeśli nieznani mocodawcy rzeczywiście dysponowali jedynie moim zgłoszeniem, ryzykowali, że cała sprawa rozsypie im się nagle jak domek z kart.

Gdy wczytałem się w nagłówek aktu oskarżenia, aż przeszły mnie dreszcze.

Stany Zjednoczone przeciwko Howellowi i Vernice Woltzom, sygn. 3:06-cr-074, Sąd Dystryktowy USA dla Zachodniego Dystryktu Karoliny Północnej, Wydział w Charlotte.

Innymi słowy, mieliśmy przeciwko sobie cały naród.

Rozdział 6

CO SIĘ STAŁO?

O Samuelu T. Currinie słyszała większość mieszkańców mojego rodzimego stanu, Karoliny Północnej. To on był ofiarą, na którą polowali moi prześladowcy. Ponieważ jednak liczę się z tym, że poza stanem, a już z pewnością za granicami państwa Currin pozostaje osobą nieznaną, pozwolę sobie napisać o nim parę słów.

Urodził się w mieście Oxford w Karolinie Północnej pod koniec lat czterdziestych ubiegłego wieku jako niechciane dziecko. Niczym w powieściach Dickensa jako niemowlę Sam został porzucony w koszyku na schodach sierocińca. Nikt nie wie, skąd pochodził ani kim byli jego biologiczni rodzice. Wychowywał się w sierocińcu wśród innych podopiecznych, a w szczególności zaprzyjaźnił się z młodzieńcem o imieniu Tommy Dew, który otoczył młodego Sama troską i traktował jak własnego brata.

Sam był dzieckiem wątłym i chorowitym, ale wyjątkowo zdolnym. Pracownicy sierocińca dość szybko doszli do wniosku, że gdyby tylko zapewnić mu odpowiednie warunki, chłopak mógłby wyrosnąć na wartościowego człowieka. I tak oto został adoptowany przez poważaną oksfordzką rodzinę Currinów, która zapewniła mu znacznie lepsze wykształcenie niż to, które mógłby otrzymać jako wychowanek sierocińca.

Skończył studia prawnicze na Uniwersytecie Wake Forest w Winston-Salem w Karolinie Północnej. Wkrótce potem zaangażował się w ruch przeciwko Partii Demokratycznej, która trzymała Karolinę Północną w garści od czasów wojny secesyjnej. Poparł Jessego Helmsa, prawicowego dziennikarza i prezentera telewizyjnego, w kampanii do Senatu Stanów Zjednoczonych. I rzeczywiście, po ponad stu latach władzy Demokratów Helms zdobył mandat senatora w imieniu Republikanów. Jego zwycięstwo było tym bardziej zdumiewające, że ów charakterny prezenter w jednej z transmitowanych na żywo audycji nazwał ówczesnego (republikańskiego) prezydenta Richarda Nixona „komunistą", czego prezydent miał mu nigdy nie zapomnieć. Nie zapomniało mu tego również wielu Republikanów, więc Helms narobił sobie wrogów po obu stronach sceny politycznej.

Currin został bliskim współpracownikiem senatora. Przeprowadził się do Waszyngtonu, gdzie rewolucja Republikanów trwała w najlepsze. Gdy ostatecznie zakończył współpracę z senatorem, prezydent Ronald Reagan mianował go na stanowisko prokuratora federalnego dla Wschodniego Dystryktu Karoliny Północnej. Następnie Currin został sędzią sądu rejonowego na szczeblu stanowym, by w latach 1966–1999 pełnić funkcję stanowego przewodniczącego Partii Republikańskiej. Innymi słowy, został grubą rybą, a te zawsze spotykają się z niechęcią.

W latach osiemdziesiątych ubiegłego wieku W. Earl Britt, któremu przypięto łatę „żółtego psa Demokratów"[1], ubiegał się u prezydenta Jimmy'ego Cartera o powołanie go na stanowisko sędziego federalnego sądu dystryktowego. Britt, który urodził się w wiosce o nazwie McDonald (populacja 114 osób), był wzorcowym ultrakonserwatywnym Demokratą starej daty (odbiegał zatem od wizerunku współczesnego Demokraty o umiarkowanych lub liberalnych poglądach) i pełnił ważną rolę w lokalnej polityce. Był niewysokim mężczyzną z kompleksem niższości. Jeden z jego ówczesnych rywali podsumował go jako „jedną z najbardziej złośliwych i mściwych osób, jakie kiedykolwiek zamieszkiwały hrabstwo Robeson".

Senator Jesse Helms znał W. Earla Britta osobiście i uważał, że nie nadaje się on na stanowisko federalnego sędziego. Polecił więc swojemu

---

[1] *Yellow dog Democrat* to określenie używane na Południu w stosunku do zagorzałych zwolenników Partii Demokratycznej, którzy zagłosowaliby na kandydata ukochanej partii nawet wtedy, gdyby ta zamiast człowieka wystawiła w wyborach „żółtego psa".

szefowi sztabu, Samowi Currinowi, by ten zrobił wszystko, co w jego mocy, by Senat nie uznał nominacji sędziowskiej W. Earla Britta.

Zajadła bitwa o ławę sędziowską wspominana jest w Karolinie Północnej po dziś dzień, jednak w 1980 roku znajdujący się w rękach Demokratów Senat ostatecznie przyjął kandydaturę W. Earla Britta. Nim klamka zapadła, senator Helms w pojednawczym geście wycofał swoje zastrzeżenia, lecz w mniemaniu W. Earla Britta rękawica już została rzucona. I chociaż ostatecznie otrzymał upragnione stanowisko, nigdy nie zapomniał Helmsowi jego afrontu, ani też nie zapomniał roli, jaką odegrał Sam Currin.

Właśnie wtedy zostało zasiane ziarno tego, co federalny prokurator śledczy dla Zachodniego Dystryktu Karoliny Północnej, Matthew Martens, nazwał w mojej obecności „trzydziestoletnimi porachunkami" między W. Earlem Brittem a Samuelem T. Currinem.

Wkrótce po przegłosowaniu nominacji Britta w Senacie powołano Currina na stanowisko prokuratora federalnego w tym samym sądzie, w którym W. Earl Britt orzekał jako sędzia rejonowy. Niechęć obu mężczyzn względem siebie pogłębiała się i plotka głosi, że Sam Currin i W. Earl Britt nie potrafili nawet przebywać w jednym pomieszczeniu.

Historia nabiera tempa w 2006 roku, gdy rząd Bahamów powiadamia federalnych i Demokratów o moim zgłoszeniu. Możliwość odegrania się na Currinie została Brittowi podana jak na tacy. Ty zaś już teraz, Czytelniku lub Czytelniczko, rozumiesz z mojej sytuacji więcej, niż wówczas rozumiałem ja sam.

Miałem to nieszczęście, że znalazłem się między młotem a kowadłem – w ogniu politycznej wendetty, która nie miała nic wspólnego ani ze mną, ani ze sprawiedliwością jako taką. Byłem zaledwie pionkiem w politycznej grze. Formalnie władza sędziego Britta nie sięgała dystryktu, w którym zmówił się z prokuraturą, by przyszpilić Sama. W świetle zasad etyki sędziowskiej nie mógł rozpoznawać sprawy, w której jedną ze stron był jego bliski znajomy... A właściwie zagorzały wróg. Dziś uważam, że poplecznicy Britta byli pewni zwycięstwa do tego stopnia, że postanowili złamać wszelkie zasady. Ja zaś byłem jedynie pionkiem w wielkiej grze polityki, a ta jest krwawym przedsięwzięciem.

Rozdział 7

PIERWSZA NOC

18 kwietnia 2006 roku
Areszt śledczy hrabstwa Mecklenburg w Charlotte, Zachodni Dystrykt
Karoliny Północnej

GDY zapoznano nas z zarzutami i postawiono w stan oskarżenia, zostaliśmy odprowadzeni do przepełnionych cel, w których przyszło nam spędzić noc z wieloma innymi zatrzymanymi. Nie byłem w stanie skupić się nawet na tyle, by przeczytać grubaśny akt oskarżenia. Zatrzymani opuszczali pojedynczo areszt marshala federalnego w gmachu sądu, by stawić się na posiedzeniach w sprawie wymiaru kaucji[1], lecz ani jeden nie wrócił zadowolony. Sędzia Keesler nie zwykł zwalniać oskarżonych za kaucją.

Obiecałem sobie, że gdy tylko nadarzy się okazja, odświeżę amerykańską konstytucję, by przekonać się, czy błędnie zapamiętałem ósmą poprawkę do tejże. Ostatecznie wyszło na moje: z treści ósmej poprawki wynikało wprost, że Ojcowie Założyciele Stanów Zjednoczonych dopuszczali zwalnianie za kaucją **wszystkich** oskarżonych. Wręcz podkreślali, że wartość kaucji nie może być „nadmierna".

Po upływie kilku godzin sąd uznał, że tego dnia sprawiedliwość została już wymierzona, i zakończył rozpoznawanie spraw. Mnie i moich

---

[1]Prawo zwolnienia z aresztu za kaucją przyznane jest na mocy ósmej poprawki do Konstytucji Stanów Zjednoczonych, ale jak pokazują dane amerykańskiego Departamentu Sprawiedliwości, w Stanach regularnie odmawia się tego prawa siedemdziesięciu siedmiu procentom ofiar amerykańskiego wymiaru sprawiedliwości.

nowych kompanów skuto kajdankami i łańcuchami, a następnie odwieziono do aresztu śledczego hrabstwa Mecklenburg.

Powłócząc nogami, skrępowani wbijającymi się w skórę kajdanami, udaliśmy się na parter, by następnie wpakować się do niewielkiego vana. Stał zaparkowany na otwartym słońcu pośrodku zamkniętego dziedzińca za gmachem sądu, i przysięgam, że temperatura wewnątrz wynosiła około pięćdziesięciu pięciu stopni Celsjusza. Funkcjonariusz policji kazał mi wsiąść do vana niemal na samym końcu – i wówczas byłem mu po cichu wdzięczny tę małą uprzejmość.

Ale jak miało się okazać, preferencyjne traktowanie nie miało nic wspólnego z uprzejmością. Nasz ostatni kompan – młody czarny mężczyzna z sięgającymi ramion dredami – siedział na wózku inwalidzkim. A ponieważ został postrzelony przez brata w kręgosłup, stracił panowanie nad własną fizjologią, co niestety dało o sobie znać chwilę wcześniej. Funkcjonariusze celowo wpuścili mnie do vana na koniec, abym siedział obok ubrudzonego nieszczęśnika, którego zresztą częściowo usadzili na moich kolanach.

Mimo kajdan na dłoniach przytrzymywaliśmy mężczyznę, ile sił w rękach, by tylko nie osunął się na podłogę auta. Jeden z siedzących za nim mężczyzn przytrzymał go w miejscu łokciem, a ja z kolei złapałem go za lewy rękaw. Bardziej pomóc nie mogłem, gdyż moje ręce spętane były łańcuchem na wysokości talii.

Pucołowaty funkcjonariusz zaśmiał się, wskazał na mnie dłonią i krzyknął:

– Nie jest wam tam czasem za gorąco?

Następnie zajął miejsce w oddzielonej szklaną szybą kabinie vana i zaczął się demonstracyjnie wachlować, ciesząc się strumieniem zimnego klimatyzowanego powietrza.

Woń unosząca się w tylnej części była nie do zniesienia, a temperatura również robiła swoje. Skupiłem się na tym, by nie zwymiotować. Moi kompani niedoli – głównie czarni, zaprawieni w bojach faceci z półświatka – nie odezwali się ani słowem. Toaletowe upokorzenie młodzieńca, wzmożone celową próbą poniżenia nas przez funkcjonariuszy prawa, sprawiły, że milczeliśmy jak jeden mąż.

Po chwili zresztą całkowicie zapomniałem o własnej niedoli. Ujrzałem, jak funkcjonariusze powoli prowadzą moją żonę z gmachu sądu do zaparkowanego nieopodal sedana. Widok stawiającej małe kroczki Vernice – nadal w koszuli nocnej, skutej w nagich kostkach łańcuchami, a w rękach i talii kajdankami – był szokujący.

Wprawdzie nasze małżeństwo od pewnego czasu przeżywało trudne chwile, ale gdy tylko ujrzałem, jak po siedemnastu spędzonych wspólnie latach moją żoną poniewierają bezczelne osiłki, z miejsca wybaczyłem jej wszystko.

Rejestracja w areszcie hrabstwa Mecklenburg okazała się kolejną drogą przez mękę. Wcześniej przecież „dopełniono formalności" w areszcie sądowym. Dlaczego zatem przetrzymywano nas godzinami w celach, które okazały się jeszcze mniejsze i brudniejsze niż te w gmachu sądu?

Pod ścianami celi stały ławki z twardego drewna, a w rogu znajdowała się muszla klozetowa, która przyciągała uwagę niepowtarzalnym bukietem zapachów. Mniej więcej co pół godziny funkcjonariusz wzywał kolejnego aresztanta na pobranie odcisków palców, sporządzenie fotografii policyjnej i przesłuchanie – po raz drugi w ciągu ostatnich dwunastu godzin. Te wszystkie scenki w amerykańskich filmach o możliwości wykonania telefonu przez zatrzymanego są zmyślone. Błagałem, by pozwolili mi zadzwonić do Roberta Cooka i dowiedzieć się, co u moich dzieci. W końcu mężczyzna stracił cierpliwość i zagroził mi, że jeśli odezwę się choć raz, to czeka mnie karcer. Nie wiedziałem, co to jest karcer, ale uznałem, że lepiej nie zaspokajać ciekawości.

Chcesz, Czytelniku, poznać kolejny mit na temat amerykańskiego wymiaru sprawiedliwości? Nie pozwolono mi skontaktować się z prawnikiem.

Po upływie kolejnych kilku godzin podzielono nas na niewielkie grupy, a następnie pokonaliśmy kilka pięter windą i znaleźliśmy się w wysoko położonej części kompleksu.

– Przynajmniej coś ruszyło – powiedziałem.

– Nie rób sobie nadziei – odparł jeden z moich kompanów z sądu. – Dopiero się zaczyna. To tutaj spędzimy większość czasu.

A ponieważ ostatnie pięć godzin spędziłem bezczynnie w celi kilka pięter niżej, a wcześniejszą część dnia zmarnowałem w celi w areszcie marshala federalnego w gmachu sądu, uznałem, że mężczyzna żartuje.

Nie żartował. Kolejne tego dnia cele okazały się jeszcze mniejsze. Ulokowano nas w klitkach rozmiarów szafy, w których znajdowały się jedynie bardacha i ława. Ta ostatnia mogłaby od biedy pomieścić dwu mężczyzn niewielkiej postury, ale nas było czterech – jeden wielkolud i trzech mężczyzn średniego wzrostu.

Po upływie następnych ośmiu lub dziewięciu godzin oznajmiono nam, że „dopełniono formalności" – i pora na kolejne.

Otrzymałem plastikową bransoletę identyfikacyjną ze swoim zdjęciem policyjnym, a następnie nadano mi numer, który już wkrótce miał zastąpić moje imię, nazwisko i godność. Osadzeni federalni, tacy jak ja, otrzymali bransolety niebieskie, a stanowi – pomarańczowe. Następnie podzielono nas na grupy po dziesięciu, abyśmy zamienili odzież prywatną na jaskrawopomarańczowe drelichy, które widziałem już w gmachu sądu, a które zdawały się oznajmiać całemu światu: „JESTEM WINNY". Nie mogłem się nadziwić, że niewinnych, bo przecież dopiero oczekujących na wyrok obywateli Stanów Zjednoczonych można zmusić do stawienia się przed sądem w podobnym stroju. Jednak wkrótce sytuacja miała się jeszcze pogorszyć.

Zmuszono nas, abyśmy rozebrali się do naga i przeszli zbiorowo do pomieszczenia z natryskami, w którym, tuż poza ich zasięgiem, na plastikowym krzesełku siedział funkcjonariusz służby więziennej. Człowiek ten zerwał się na nogi i nakazał nam, abyśmy unieśli moszny, by mógł przeprowadzić inspekcję. Powoli, z niezrozumiałego dla mnie powodu mężczyzna przeskanował nasze genitalia, a następnie kazał nam się kolejno wypiąć i rozewrzeć szeroko pośladki, aby mógł zajrzeć i tam.

– Proszę odkaszlnąć – nakazywał każdemu badanemu z osobna, przyglądając się z bliska jego odbytowi.

Odniosłem wrażenie, że mężczyzna lubi swoją pracę. Do dziś zastanawiam się, czy rajcował go sam fakt, że może upokorzyć drugiego człowieka, czy też podniecały go nasze genitalia.

(Sąd Najwyższy Stanów Zjednoczonych wyraził zgodę na tak poniżające traktowanie aresztowanych i usunął obowiązujące dotąd konstytucyjne ograniczenia w tej materii. Dziś podobnie traktowani są wszyscy zatrzymani, którzy trafią w ręce amerykańskich funkcjonariuszy służby więziennej).

Po zakończeniu rewizji osobistej kazano nam założyć jaskrawą odzież więzienną, a następnie wydano nam: pięciocentymetrowej długości szczoteczkę do zębów (by nie dało się wystrugać z niej więziennej kosy), niewielką tubkę pasty do zębów, która była tylko trochę dłuższa o tubki kleju „Kropelka", oraz małą kostkę mydła.

Następnie zabrano nas na jedno z wyższych pięter ogromnego kompleksu do miejsca zwanego modułem mieszkalnym[2].

Wydano nam po cienkim materacu, starym kocu wojskowym, dwóch niewielkich rozmiarów prześcieradłach i ręczniku wielkości tego do twarzy i rąk. Do tego miały sprowadzać się moje doczesne dobra w najbliższej przyszłości.

Nasz przydział wydała nam przysadzista kobieta, która sprawiała wrażenie osoby wiecznie obrażonej na świat. Miała tak mocno spięte włosy, że aż napinały skórę wokół jej oczu.

Gdy już przydzieliła nas do konkretnej celi, zapytałem, kiedy dostaniemy poduszki. Przeszyła mnie wzrokiem bez słowa.

Pozostali aresztowani się zaśmiali, więc zaśmiałem się wraz z nimi. Widocznie wzięli mnie za prawdziwego wesołka.

Jeden ze współosadzonych, który już się zorientował, że ma do czynienia z kompletnym żółtodziobem, doradził mi szeptem:

– Zamiast poduszki złóż w kostkę spodnie.

Był wczesny poranek, a ja już miałem serdecznie dość czekania.

Strażnik zaprowadził mnie do celi na wyższym poziomie i zatrzasnął za mną duże stalowe drzwi. Ich złowrogie echo rozeszło się po moim ciele. Tamtego dźwięku nie zapomnę już nigdy.

---

[2]Moduł to dwupoziomowy, całkowicie zamknięty blok więzienny, który składa się z cel w liczbie od 48 do 52, dwu telewizorów, wspólnej powierzchni rekreacyjnej wielkości mniej więcej małej jadalni oraz przytwierdzonych na stałe do podłogi stołów i krzeseł ze stali nierdzewnej.

Przypomniałem sobie pewien film więzienny, *Skazani na Shawshank*, w którym aktor i zarazem narrator, Morgan Freeman, powiedział, że gdy do aresztu trafia nowa partia zatrzymanych, jest niemal pewne, że pierwszej nocy komuś zdrowo odbije. Miałem nadzieję, że tą osobą nie będę ja.

Niemiłosiernie piekły mnie oczy. Miałem na sobie tygodniowe soczewki kontaktowe, które już dzień wcześniej nosiłem od trzech dni, a także tanią parę okularów do czytania, których nie ściągałem z nosa, by mi ich przypadkiem nie zabrali. Gdyby nie soczewki i okulary, nie poznałbym z bliska własnych rąk – w tamtych latach byłem ślepy jak kret. Moje szkła kontaktowe miały +2,0 dioptrii. Idealnie nadawały się do spoglądania w dal podczas jazdy samochodem, a także bym nie wpadał na ściany, spacerując. Okulary do czytania również miały +2,0 dioptrii, co razem dawało +4,0 dioptrii – i właśnie tyle potrzebowałem, by dostrzec cokolwiek z bliska.

Znalazłem w celi plastikowy kieliszeczek na leki, który widocznie należał do mojego poprzednika – posłużył mi za pojemnik na soczewki.

Nie miałem przy sobie płynu do soczewek, ale poprzedni mieszkaniec niewielkiego (dwa na trzy metry) apartamenciku pozostawił po sobie kilka skarbów – w stalowej ramie, która miała mi posłużyć za łóżko, znalazłem malutką papierową saszetkę soli oraz po kilka saszetek cukru, musztardy i czarnego pieprzu.

Wysypałem sól z saszetki i przyrządziłem z niej roztwór z myślą o soczewkach, które następnie umieściłem w plastikowym kieliszeczku, gdy nagle zza żelaznych drzwi celi usłyszałem dźwięk przekręcanego klucza.

– Rewizja – oznajmiła strażniczka o wiele łagodniejszym tonem niż poprzednio. – Wyjdź, oprzyj dłonie o drzwi i stań w rozkroku.

Od poprzedniej rewizji nie minął nawet kwadrans. Strażniczka dosłownie złapała mnie za krocze i powiedziała:

– Wygląda na to, że trafił mi się bogaty, biały chłopiec.

– Na to wygląda – odparłem bez entuzjazmu. Nic innego nie przychodziło mi do głowy.

Bo cóż można odpowiedzieć strażniczce z kaburą na biodrze, w której tkwi paralizator o napięciu pięćdziesięciu tysięcy woltów?

Gdy skończyła mnie obmacywać, wkroczyła do celi i bez słowa zaczęła ją przeszukiwać, pozostawiając po sobie bajzel. Następnie zabrała musztardę, pieprz i kieliszeczek z roztworem soli, i wylała jego zawartość – łącznie z soczewkami – do muszli klozetowej. Zdążyłem jedynie wydusić z siebie:

– Nie, proszę! Tam są moje soczewki!

– No cóż, trudno – odparła. Odstawiła pusty pojemniczek na stalową półkę nad muszlą klozetu i zatrzasnęła za sobą mocno stalowe drzwi.

Opadłem na podłogę w pobliżu muszli klozetowej, chwyciłem się jej krawędzi i podparłem głowę o dłoń.

Zaledwie kilka godzin wcześniej byłem poważanym obywatelem ze znanego rodu o dawnych tradycjach. Dobrze wykształcony, bogaty, służyłem radą premierom i prezydentom. Zaledwie kilka dni wcześniej byłem na lunchu z czarującą żoną premiera Bahamów w Nassau, podczas którego wspomniałem o moim doktoracie i zaproponowałem kilka zmian w strategii ekonomicznej i fiskalnej kraju. Co by sobie o mnie pomyśleli premier wraz z żoną, gdyby mnie teraz ujrzeli?

W czasie krótszym niż jeden dzień straciłem bogactwo, pozycję i przywileje. Oparty o muszlę klozetową, prosiłem Boga, by przywrócił mi wzrok. Nawet po tylu latach pamiętam myśl, która kłębiła mi się po głowie: „Jestem pewien, że to wszystko ma jakiś ukryty cel, ale proszę, przynajmniej pozwól mi widzieć."

Była to jedna z najtrudniejszych chwil w moim życiu.

Z otępienia wyrwał mnie jakiś dźwięk. Wisielczą ciszę, która panowała dotąd w bloku więziennym, przerwał krzyk, po którym nastąpiły błagania dobiegające z celi poniżej.

– Wypuśćcie mnie! Trafiłem tu przez pomyłkę! Proszę! Wypuśćcie mnie!

Po chwili krzyki i jęki mężczyzny zamieniły się w płaczliwe skomlenie, aż w końcu nieszczęśnik zamilkł na dobre.

Z zamkniętymi oczyma siedziałem oparty o muszlę klozetową, nie mogąc się zdecydować, czy dalej się nad sobą użalać, czy jednak czuć swego rodzaju ulgę. Nie załamałem się jako pierwszy. Nie straciłem nad sobą panowania i nie rozpłakałem się. I właśnie w tamtej chwili obiecałem sobie, że nikt nie sprowokuj mnie do niegodnej reakcji i nie zmusi, bym uronił choć jedną łzę – i nie ma najmniejszego znaczenia, jak długo będzie trwał ten koszmar.

Gdy otworzyłem oczy, na metalowej muszli klozetowej ujrzałem niewielkie plamki – kropelki domowej roboty roztworu soli w miejscu, gdzie strażniczka wylała zawartość kieliszeczka na leki. Jedna z kropel była całkiem duża – i miała idealnie okrągły kształt. W bladej poświacie celi mieniła się na niebiesko. Narzuciłem na nos ocalałą parę okularów i zmrużyłem oczy.

Odnalazłem jedno ze szkieł kontaktowych! Błyskawicznie umieściłem je w oku i zacząłem rozglądać się po podłodze, ścianach muszli klozetowej, a nawet wodzie w samej muszli w poszukiwaniu drugiej soczewki, jednak bez skutku.

Prosiłem niebiosa o przywrócenie wzroku, ale nie doprecyzowałem, że chcę widzieć obojgiem oczu. Mogłem prośbę przedstawić inaczej. Niemniej moja modlitwa została wysłuchana.

Wewnątrz malutkiej celi panowało lodowate zimno. Za strój więzienny robiła znoszona dwuczęściowa płócienna piżama z krótkim rękawem. Złożyłem w kostkę spodnie piżamy, by posłużyły mi za poduszkę, położyłem się na niewielkim materacu na żelaznej ramie i przykryłem się kocem. Wprawdzie bez spodni było mi chłodno, ale muszę przyznać, że dobrze się spisały jako poduszka.

I właśnie w tamtej chwili ogarnął mnie spokój nie do opisania. Zdałem sobie sprawę, że przetrwam wszystko. Nic nie dzieje się bez powodu.

Rozdział 8

CO SIĘ STAŁO?

O BECNIE dziewięćdziesiąt sześć procent osadzonych, których postawiono w stan oskarżenia, z czasem przyznaje się do zarzucanego im przestępstwa – i to niezależnie od tego, czy faktycznie są winni. Gdy przytaczam te liczby podczas publicznych wystąpień, z sali zawsze pada pytanie: „Ale kto o zdrowych zmysłach przyznałby się do przestępstwa, którego nie popełnił?".

To bardzo skomplikowana kwestia, więc zajmijmy się nią już teraz.

Po pierwsze, prawo federalne w Stanach Zjednoczonych wymaga, by rozprawa w postępowaniu karnym rozpoczęła się w ciągu siedemdziesięciu dni od aresztowania lub postawienia zarzutów. O winie lub niewinności oskarżonego powinna obowiązkowo przesądzać na publicznej rozprawie ława przysięgłych składająca się z członków wspólnoty oskarżonego[1]. Wspomniane warunki procesowe nie pojawiają się wyłącznie w jednej z ustaw Kodeksu Stanów Zjednoczonych (artykuł 18 paragraf 3161 Kodeksu Stanów Zjednoczonych) – są również zagwarantowane na mocy szóstej poprawki do Konstytucji Stanów Zjednoczonych. Mimo to ich niedopełnienie stanowi problem numer jeden. Owszem, nadal formalnie obowiązują, ale nie jest mi znana sytuacja, by amerykańskie sądy na szczeblu tak stanowym, jak i federalnym trzymały się litery prawa.

---

[1] W zamierzeniu Ojców Założycieli Stanów Zjednoczonych – co zostało wyraźnie stwierdzone w ich pismach – „członkami społeczności" oskarżonego byli jego sąsiedzi i przyjaciele, którzy wywodzili się z lokalnej społeczności. Innymi słowy, chodziło o osoby, które dobrze poznały oskarżonego z charakteru. Dziś jednak państwo nie dopuszcza do ławy przysięgłych osób, które mogą znać oskarżonego osobiście, ponieważ ich obecność zwiększyłaby szansę na jego uniewinnienie.

Po drugie, ofiary amerykańskiego systemu penitencjarnego szybko dowiadują się od starszych stażem, że wbrew pozorom już lepiej siedzieć w federalnym zakładzie karnym niż w okręgowym areszcie śledczym. Obywatele przetrzymywani są w obskurnych, brudnych i niebezpiecznych aresztach śledczych tak długo, aż nie pozostanie im nic innego, jak przyznać się do **czegokolwiek**, byle tylko wydostać się na wolność. Szerzą się tam choroby, takie jak HIV, AIDS, MRSA i wirusowe zapalenie wątroby typu C. Areszty stają się drugim domem dla najbiedniejszych, bezdomnych, chorych umysłowo, zboczeńców i narkomanów – i to częstokroć na całe lata. Jest ich niezliczona, trudna do oszacowania liczba. Według szacunków „The Washington Post" w Stanach Zjednoczonych jest znacznie więcej aresztów niż szkół średnich[2].

Dlaczego współcześnie amerykańskie areszty śledcze i zakłady karne cierpią na „syndrom drzwi obrotowych"? Ponieważ nikt nie zatrudni **przestępcy**. Mamy do czynienia z błędnym kołem. Byli osadzeni nie mogą znaleźć pracy, ponieważ ciąży na nich piętno przestępstw, których mogli wcale nie popełnić. Wyrok nie zostaje zatarty nawet po odbyciu kary w całości. By przeżyć, dawni osadzeni często rzeczywiście schodzą na złą drogę i ponownie lądują za kratami.

Jednak w świetle amerykańskiego prawa nawet osobom oskarżonym o najgorsze zbrodnie przysługuje prawo do rozprawy przed ławą przysięgłych w ciągu siedemdziesięciu dni – i w ten sposób docieramy do kolejnego problemu. Co takiego się dzieje, gdy państwo ani nie kieruje się prawem, ani nie wypuszcza na wolność przetrzymywanych bezprawnie obywateli?

Nie dzieje się nic. Nieszczęśnicy ci wegetują za kratami całymi miesiącami, aż w końcu nie widzą innego wyjścia, jak tylko przyznać się do czegoś, czegokolwiek... Byle tylko opuścić te przerażające miejsca.

Prawo federalne zabrania również przetrzymywania oskarżonego w areszcie z jakiejkolwiek przyczyny, jeśli czas oczekiwania na rozprawę przekroczył dziewięćdziesiąt dni (termin ten uwzględnia już ewentualne

---

[2] www.washingtonpost.com/news/wonk/
wp/2015/01/06/the-u-s-has-more-jails-than-colleges-heres-a-map-of-where-those-prisoners-live/

opóźnienia w postępowaniu), ale zasada ta również jest całkowicie bagatelizowana zarówno na szczeblu stanowym, jak i federalnym. Zgodnie z prawem (artykuł 18 paragraf 3164(c) 18 Kodeksu Stanów Zjednoczonych) sąd **winien umożliwić** oskarżonemu opuszczenie aresztu za poręczeniem majątkowym, którego wartość nie powinna być dla oskarżonego nadmiernie obciążająca. Gdy przetrzymywano mnie bezprawnie w aresztach śledczych, sądy nie zastosowały się do tego prawa ani razu. Spotkałem tysiące współosadzonych – niemal wszystkich przetrzymano znacznie dłużej, niż zezwala na to prawo.

Po trzecie, z chwilą niedopełnienia obowiązku procesowego w terminie siedemdziesięciu dni pełnomocnik oskarżonego winien złożyć wniosek o odrzucenie aktu oskarżenia na mocy artykułu 18 paragraf 3162(a)(2) Kodeksu Stanów Zjednoczonych (istnieje jedynie kilka sytuacji, w których przedłużenie terminu oczekiwania na nadanie postępowaniu dalszego biegu jest uzasadnione), a sąd **w świetle prawa** winien taki wniosek uwzględnić. Kodeks nie dopuszcza innej możliwości. Akt oskarżenia należy odrzucić, oskarżonego zaś należy zwolnić – i sprawa zakończona.

Sam jednak nie miałem przyjemności spotkać adwokata, ani też nie słyszałem o żadnym, który by kiedykolwiek złożył taki wniosek. Dlaczego? Ponieważ oni też boją się prokuratorów i ukarania przez sędziego (za postępowanie w zgodzie z amerykańskim prawem i amerykańską konstytucją!)[3].

By uzmysłowić sobie rozmiar szkód, jakie system wyrządza swoim ofiarom, warto przypomnieć głośną ostatnio na świecie historię pewnego młodzika z Nowego Jorku. Kalief Browder popełnił samobójstwo **po odzyskaniu wolności po trzech latach bezprawnego osadzenia bez procesu w nowojorskim zakładzie karnym Rikers Island**. Świat zainteresował się tematem, ale media nie wspomniały o jednym – jak często do tego dochodzi. W okręgowym areszcie śledczym hrabstwa Mecklenburg

---

[3]Obecnie Sąd Dystryktowy USA dla Zachodniego Dystryktu Karoliny Północnej rutynowo nakłada kary porządkowe na obrońców, którzy złożą wspomniany wniosek, chociaż jego złożenie wynika wprost z prawa federalnego i zarazem stanowi obowiązek obrońcy względem klienta, w którego imieniu, nie zaś w imieniu sądu, pracuje.

w Charlotte, gdzie przetrzymywano mnie bezprawnie w latach 2006–2007, śmierć z rąk własnych bądź wskutek działań osób trzecich ponosił średnio jeden osadzony na miesiąc. Nikt jednak nie monitoruje tego, ilu nieszczęśników odbiera sobie życie **później**, już będąc na wolności, w wyniku tego, co przydarzyło im się za czterema ścianami zakładu karnego. Śmierć Browdera skupiła uwagę opinii publicznej na upokarzającym traktowaniu nieletnich w nowojorskim zakładzie karnym, ale nie została powiązana z cierpieniem milionów dorosłych Amerykanów.

Pobyt w areszcie potrafi zadziałać na osadzonego jak bomba z opóźnionym zapłonem. Doskonale pamiętam mężczyznę, któremu pomogłem przed paru laty, a który przyznał mi się, że został siedmiokrotnie zgwałcony przez współosadzonych i strażników, gdy po raz pierwszy trafił za kraty jako nastolatek. Już na wolności usiłował popełnić samobójstwo poprzez przedawkowanie leków. Matka znalazła go nieprzytomnego w łazience, a pogotowie ratunkowe przeczyściło mu żołądek. Gdy go poznałem, był już po pięćdziesiątce, znerwicowany, samotny i uzależniony od narkotyków – tego ostatniego nauczył się za kratami.

Podobną historią może podzielić się dwadzieścia dwa procent oskarżonych, a pozostałe siedemdziesiąt osiem procent widziało takie sytuacje na własne oczy.

Gdy trafiasz za kratki, powoli popadasz w zapomnienie w przeludnionej celi, często kładziesz się spać na samej podłodze, jesteś poddawany aktom przemocy i agresji. Przez dwadzieścia cztery godziny na dobę, siedem dni w tygodniu musisz chronić się przed drapieżcami (zarówno w drelichach więźniów, jak i uniformach strażników). W dowolnej chwili może dojść do wybuchu przemocy. Twój znudzony umysł nie potrafi skupić się na niczym, jak na ewentualności, że ktoś cię skrzywdzi... I na odliczaniu kolejnych niekończących się godzin bezprawnej udręki.

Obawiam się, że rząd Stanów Zjednoczonych nauczył się i przejął więcej od swoich nieprzyjaciół z dwudziestego wieku, niż zachował z nauk własnych osiemnastowiecznych Ojców Założycieli. Ojcami obecnego wymiaru sprawiedliwości i systemu penitencjarnego są Józef Stalin i Adolf Hitler, nie zaś Jerzy Waszyngton i Thomas Jefferson, a sądy nie kierują się już prawem.

Dość powiedzieć, że w amerykańskich aresztach śledczych i zakładach karnych przebywa obecnie więcej osób cierpiących na zaburzenia psychiczne niż we wszystkich amerykańskich szpitalach psychiatrycznych razem wziętych[4]. Wiele takich osób zaczyna chorować **dopiero na miejscu** wskutek pobytu w instytucji przypominającej przerażający łagier. Trzy największe na świecie skupiska osób cierpiących na zaburzenia psychiczne znajdują się w okręgowym zakładzie karnym hrabstwa Los Angeles w Kalifornii, w zakładzie karnym Rikers Island na obrzeżach Nowego Jorku oraz w okręgowym zakładzie karnym hrabstwa Cook w Chicago w Illinois[5].

---

[4]Dahlia Lithwick, „Prisons Have Become America's New Asylums" (Zakłady karne stały się zakładami dla osób z zaburzeniami psychicznymi), „Slate", 5 stycznia 2016 roku, www.slate.com/articles/news_and_politics/jurisprudence/2016/01/prisons_have_become_warehouses_for_the_mentally_ill.html

[5]Matt Ford, „America's Largest Mental Hospital is a Jail" (Największym szpitalem psychiatrycznym w Stanach Zjednoczonych jest pewien areszt śledczy), „The Atlantic", www.theatlantic.com/politics/archive/2015/06/americas-largest-mental-hospital-is-a-jail/395012/; Abby Sewell, „Mentally ill inmates are swamping the state's prisons and jails"(Zakłady karne i areszty śledcze stanu [Kalifornia] borykają się z ogromną populacją osadzonych cierpiących na zaburzenia psychiczne), „Los Angeles Times", 19 czerwca 2016 roku, www.latimes.com/local/california/la-me-mentally-ill-inmate-snap-story.html

Rozdział 9

GWAŁTOWNE PRZEBUDZENIE

NAGLE zostałem wyrwany z głębokiego snu. Z pewnej odległości dobiegła mnie seria dziwnych trzasków o narastającym natężeniu. Gdy dźwięk docierał już z bliska, usłyszałem również syczenie powietrza. Za sprawą automatycznego mechanizmu drzwi mojej celi otworzyły się z hukiem.

Wiecznie zdenerwowana strażniczka krzyknęła, że wszyscy aresztanci mają zebrać się na dole na apel. Słowo to momentalnie skojarzyło mi się z dzieciństwem i szkołą podstawową, bo tam słyszałem je po raz ostatni. Próbowałem puścić głośne nawoływania strażniczki mimo uszu w nadziei, że ponownie zapadnę w sen, lecz ona była nieustępliwa. Chodziła od celi do celi, miotając bluzgami i rozkazami. Przemieniłem poduszkę z powrotem w więzienny drelich z gumowym ściągaczem. „Sól" – przypomniałem sobie. Potrzebuję soli, by przygotować roztwór do soczewek kontaktowych. Pamiętaj o soli.

Strażniczka kazała nam ustawić się w kolejności alfabetycznej, a następnie się odmeldować, jakby miała nas za przedszkolaków. Gdy tylko skończyliśmy, kazała nam zrobić to od początku, gdy tymczasem sama zaczęła wydawać nam ciężkie plastikowe tacki z niewielkimi porcjami kaszy kukurydzianej, jajek w proszku i dwoma kromkami białego pieczywa.

Zająłem miejsce przy jednym z dziewięciu sześciennych stalowych stołów i zatrzymałem wzrok na tacy.

Przypominający z wyglądu bezdomnego starszy mężczyzna z naprzeciwka przyglądał mi się z nieskrywaną uwagą.

– Nie jesteś głodny? – zapytał.

Pokręciłem głową i przekazałem mu tackę z jedzeniem.

– Nie zamierzam tu siedzieć tak długo, by ciekła mi ślina na widok czegoś takiego – odparłem.

Jeden z siedzących przy stole odpowiedział mi o wiele życzliwszym i łagodniejszym tonem, niż na to zasługiwałem.

– Lepiej się najedz. Znajdujesz się w areszcie śledczym i masz na sobie bransoletę więźnia federalnego. Stąd możesz trafić jedynie tam, do federalnego zakładu karnego.

Gdy już zjedliśmy śniadanie w środku nocy i naburmuszona strażniczka kazała nam udać się z powrotem do cel, uświadomiłem sobie, że zupełnie zapomniałem o soli, z której miałem sporządzić roztwór.

Była dopiero 4.45 rano. Ledwo zacząłem ponownie odpływać w krainę snu, gdy ponownie dobiegły mnie trzaski i podniesiony głos strażniczki:

– Zmiana warty! Zmiana warty! Natychmiast stawić się na zmianę warty!

Powoli ustawialiśmy się w linii, a strażniczka bombardowała nas kolejnymi komendami.

– Koszule w spodnie, ręce z kieszeni. I poprawcie spodnie na dupach! Jeśli nie stawicie się tu w ciągu dwu minut, czeka was doba w izolatce!

Zegar ścienny wskazywał godzinę 6.30 rano. Ktoś z kolejki zaczął nas uciszać, co oznaczało, że zmiennik strażniczki był już u wejścia do modułu (tzw. „przesuwaka", który miał postać drzwi przesuwnych). Wśród więźniów zapanowała całkowita cisza.

Potężne stalowo-szklane drzwi rozsunęły się i do modułu wparowała strażniczka zmiany dziennej. Obie strażniczki nawijały z ożywieniem, jakby opowiadały sobie jakiś kawał, ale gdy tylko skończyły, na ich twarzach znów zawitały srogie miny. I wtedy strażniczka dzienna zarządziła kolejny apel.

Kazała nam ustawić się w linii, zaprezentować opaski więzienne i zająć miejsca przy stołach, by mogła się przyjrzeć nowo przybyłym, co zdało się trwać wieczność. Następnie ponownie trafiliśmy do cel, jednak nie na długo.

Warunki panujące w areszcie skojarzyły mi się z czasami, gdy wraz z żoną opiekowaliśmy się nowo narodzonymi dziećmi. Wstawaliśmy, karmiliśmy dzieci, zmienialiśmy pieluchy i kładliśmy się spać o niestworzonych porach dnia. W tamtych czasach pragnęliśmy jedynie ciszy, spokoju ... i snu.

Zrobiłbym wszystko, byle tylko wtedy ponownie usłyszeć płacz dzieci i móc się nimi zająć. Bez przerwy martwiłem się o los moich synów i zastanawiałem się, co też musi kłębić się w ich głowie.

O dziewiątej ponownie zerwano nas na nogi. W popelinowej piżamie czułem się niemal nagi i było mi lodowato zimno. Strażniczka ogłosiła, że nie możemy korzystać z koców, dopóki nie nastanie noc, a za położenie się spać na pryczy czeka nas kara. Zasady, niezliczone zasady, których jedynym celem było uzmysłowienie nam, kto tu rządzi. Zaczęło do mnie docierać, jak nisko upadliśmy jako państwo.

O jedenastej ponownie ustawiliśmy się w kolejności alfabetycznej, by zjeść lunch, który składał się z dwu kanapek na białym pieczywie. Wyglądały niedobrze i je również komuś odstąpiłem. Następnie zamknięto nas w celach na kilka godzin, o drugiej znów wypuszczono, a o czwartej znów odliczono, by wydać nam obiad. Po obiedzie znów trafiliśmy do cel, po czym o siódmej znów nas wezwano na środek na następną zmianę warty i apel wieczorny. Potem znów nas zamknięto i znów zerwano na nogi, by ostatecznie zamknąć nas w celach na noc. Zastanawiałem się, jak długo wytrzymam podobną musztrę. I wtedy przypomniałem sobie o mojej obietnicy: nieważne, jak długo będzie trwał mój koszmar – nie złamię się i nie zostanę sprowokowany do okazania **żadnej** emocji, łącznie z obrzydzeniem.

Rozdział 10

CO SIĘ STAŁO?

Zakłócenia snu wymuszają u osadzonych uległość lepiej niż jakiekolwiek inne działania stosowane przez strażników – i właśnie dlatego zasady postępowania, jakie panują za kratami, przewidują, że osadzeni mają spać nie dłużej niż cztery godziny bez przerwy. Brak snu uznawany jest za torturę przez komisję Organizacji Narodów Zjednoczonych, która zajmuje się sprawami więźniów, a także przez Konwencje Genewskie. Stany Zjednoczone zobowiązały się kierować ustaleniami obu, ale ewidentnie je ignorują.

Mało tego, wszystkie metody tortur (za wyjątkiem waterboardingu, czyli podtapiania), o których obecnie wiadomo, że stosowane są w nielegalnych zagranicznych placówkach „antyterrorystycznych" CIA, w tym w niedawnej placówce w Polsce – pozbawianie snu, nękanie nagłymi, głośnymi dźwiękami, światło palące się przez dwadzieścia cztery godziny na dobę, pobicia, kładzenie osadzonych spać na betonowej podłodze, pozbawianie ich możliwości uprawiania ćwiczeń, pozbawianie opieki dentystycznej, przetrzymywanie osadzonych w izolatkach – stosowane są również w niemal wszystkich aresztach śledczych w Stanach w stosunku do obywateli amerykańskich, których nie skazano w postępowaniu sądowym, co mogę potwierdzić z autopsji.

Gdy państwo wyrzeka się własnego prawa oraz humanitarnego traktowania własnych obywateli, sprawiedliwość i praworządność błyskawicznie ustępują miejsca przemocy. Jak zanotował Martin Luther King Jr. 16

kwietnia 1963 roku zza krat celi w Birmingham w stanie Alabama, „niesprawiedliwość gdziekolwiek jest zagrożeniem dla sprawiedliwości wszędzie"[1]. Stany Zjednoczone wyzbyły się sprawiedliwości nie tylko w nielegalnych zagranicznych placówkach, gdzie torturowani są obcy więźniowie, lecz także na terytorium własnego państwa w stosunku do własnych obywateli. Z jednej strony amerykańscy przywódcy mają czelność pouczać przedstawicieli innych państw o konieczności poszanowania praw człowieka, z drugiej zaś sami biją światowe rekordy w łamaniu tychże. I nie jest to zdanie moje, są to słowa organizacji pozarządowej Human Rights Watch, która otworzyła ostatnio biuro na trzydziestym ósmym piętrze wieżowca Empire State Building, by zająć się palącą kwestią masowego więziennictwa w Stanach Zjednoczonych. Jej przewodniczący uważa to za „jeden z najgorszych przypadków łamania praw człowieka w dwudziestym pierwszym wieku"[2].

Żadne inne państwo w historii ludzkości nie przetrzymywało w aresztach i zakładach karnych większego odsetka własnej ludności niż rzekoma „Kraina Wolności". Ani Adolf Hitler, ani Józef Stalin – ani żaden inny dyktator z przeszłości – nawet nie zbliżyli się do tego, co George W. Bush wespół z Barackiem Obamą wyrządzili obywatelom własnego państwa. Wprawdzie amerykańscy przywódcy nie zabijają ofiar w tej samej liczbie, co Hitler i Stalin, ale zdeklasowali obu dyktatorów pod względem liczby osadzonych, których pozamykali na całe dziesięciolecia, tym samym rujnując im życie.

Doświadczyłem tego na własnej skórze. Całymi tygodniami zmuszano mnie do spania na betonowej podłodze razem z sześćdziesięcioma innymi mężczyznami (ponieważ wszystkie cele były akurat zajęte) w nieludzko przepełnionych, ogarniętych przemocą aresztach. Pozbawiano mnie snu przez okresy trwające do dwudziestu jeden dni, przy nieustannie włączonym świetle i nieprzerwanym hałasie, aż w końcu straciłem przytomność, gdy wskutek wycieńczenia i odwodnienia doszło u mnie do niewydolności krążenia i zapaści serca. Odratowali mnie

---

[1] Martin Luther King Jr., *Letter from Birmingham Jail* (List z więzienia Birmingham) z 1963 roku.
[2] Cytat padł podczas rozmowy z Laurą Pitter, przedstawicielką organizacji, w Nowym Jorku w 2015 roku.

lekarze. Przenoszono mnie z miejsca na miejsce po aresztach rozrzuconych po całych Stanach Zjednoczonych, by zarówno moja rodzina, jak i obrońca zgubili trop, co stanowiło metodę tortur znaną jako „terapia dieslowa"[3]. Dotkliwie mnie bito, a dwukrotnie niemal straciłem życie. Musiałem podać do sądu władze federalne Stanów Zjednoczonych tylko po to, by usunięto mi ropień zęba (po siedemnastu miesiącach bólu), a przez cały okres bezprawnego pozbawienia wolności (siedem lat) nie zajęto się moim zmaltretowanym barkiem ani nie udzielono mi opieki medycznej z prawdziwego zdarzenia. Pozbawiono mnie prawa dostępu do opieki prawnej, mimo że do dziś nie skazano mnie na rozprawie sądowej i pozostaję niewinny, nigdy też nie udowodniono mi popełnienia jakiegokolwiek przestępstwa.

Wciąż docierają do mnie opinie ignorantów (bądź też osób, które są beneficjentami obecnego systemu), że „mimo wszelkich niedociągnięć Stany Zjednoczone nadal mogą poszczycić się najlepszym wymiarem sprawiedliwości świata".

To nieprawda. Amerykański wymiar sprawiedliwości plasuje się obecnie na samym końcu rankingu. Jeden z czołowych amerykańskich sloganów propagandowych: „Kraj wolnych, ojczyzna dzielnych ludzi", odbierany jest w kategoriach smutnej ironii przez każdego, kto miał okazję spędzić dowolną ilość czasu za amerykańskimi kratami. W Stanach Zjednoczonych znajduje się więcej osób pozbawionych wolności niż w jakimkolwiek innym państwie w historii ludzkości. Słowa hymnu nie powinny przejść przez usta żadnemu amerykańskiemu przywódcy do momentu, aż obecny system nie zostanie zniszczony.

Próżno jednak spodziewać się szybkiej reakcji. Za sprawą Kongresu amerykańscy obywatele mogą dziś trafić za kratki na 314 tysięcy sposobów, mimo że konstytucja wymienia wprost jedynie trzy rodzaje przestępstw, których ściganie znajduje się w jurysdykcji władz federalnych –

---

[3]Terapia dieslowa (ang. *diesel therapy*) to bardzo kosztowna, powszechnie stosowana w Stanach metoda tortur. Polega na tym, że osoby, które prokuratura chce złamać, skuwane są łańcuchami i przewożone autokarami z aresztu do aresztu i z zakładu karnego do zakładu karnego, by uniemożliwić im kontakt z innymi więźniami i zatrzymanymi, utrudnić im sen i odebrać im poczucie jakiejkolwiek stałości. Na przestrzeni osiemdziesięciu siedmiu miesięcy bezprawnego pozbawienia wolności w Gułag Ameryce zastosowano tę metodę wobec mnie aż dwadzieścia dziewięć razy.

są to piractwo, podrabianie papierów wartościowych i monet oraz zdrada stanu. Na mocy dziesiątej poprawki do konstytucji wymierzanie kar za pozostałe przestępstwa miało pozostać domeną poszczególnych stanów. Mało tego, za sprawą niewyjaśnionego dotąd mechanizmu Kongres przekazał kompetencje prawotwórcze grupie *quasi*-federalnych, zarządzanych prywatnie agencji[4], które do dziś napisały i egzekwują ponad trzysta tysięcy spośród tych praw. Kompetencje tych instytucji wykraczają poza kompetencje rządu federalnego, a określone są one w kontrakcie społecznym zawartym z obywatelami Stanów Zjednoczonych – czyli w amerykańskiej konstytucji.

Cyceron, rzymski mąż stanu i prawodawca, napisał ponad dwa tysiące lat temu: „Im więcej praw, tym mniej sprawiedliwości". Dziś w „Krainie Wolności" obowiązuje więcej praw niż w jakiejkolwiek (innej) tyranii.

Obecnie w Stanach Zjednoczonych funkcjonuje ponad 18 tysięcy jednostek organów ścigania, które egzekwują 314 tysięcy praw godzących w codzienne, ludzkie zachowania, które w czasach mojej młodości w ogóle nie były uważane za przestępstwa. Według badania Uniwersytetu Harvarda przytoczonego przez adwokata Harveya Silverglate'a w książce *Three Felonies a Day: How the Feds Target the Innocent* (Trzy przestępstwa dziennie. Jak rząd federalny poluje na niewinnych, 2009), typowy obywatel Stanów Zjednoczonych popełnia trzy przestępstwa federalne dziennie. Robi to całkowicie bezwiednie, ponieważ nowe prawa są tak niejasne, mało precyzyjne i nieprzemyślane, że nikomu o zdrowych zmysłach nie przyszłoby do głowy, że je łamie (do momentu aresztowania).

Gdy zatem nadejdzie twoja kolej, drogi czytelniku, i trafisz na celownik służb jako potencjalna ofiara, wystarczy im twój numer telefonu i

---

[4]Amerykańskie Biuro Agencji Federalnych przyznaje, że technicznie rzecz biorąc agencje te nie należą formalnie do rządu. W świetle prawa należeć do niego nie mogą, ponieważ nie są wymienione wprost w Konstytucji Stanów Zjednoczonych i jako takie zakazane są na mocy dziesiątej poprawki do tejże. Jednak Kongres bezprawnie obszedł dziesiątą poprawkę, delegując uprawnienia na zarządzane prywatnie spółki i *quasi*-federalne agencje. Zajmują się one zagadnieniami, którymi w ramach porządku konstytucyjnego nie może zajmować się sam Kongres. Wzmianki o powyższej sytuacji nie pojawiają się w amerykańskiej prasie, a gdy w 2014 roku wygłosiłem mowę na ten temat w ramach konferencji TED Talk (która dostępna jest w serwisie YouTube pod adresem www.youtube.com/watch?v=BPvfi-Je97o), otrzymałem pogróżki ze strony marshali federalnych. Gdy nie posłuchałem, zaczęły się telefony od agentów federalnych, którzy grozili mi śmiercią. Dzwoniono do mnie z zagranicznych numerów, które, jak sprawdził później mój adwokat, formalnie w ogóle nie istniały.

parę dni monitorowania przez Agencję Bezpieczeństwa Narodowego[5], by wtrącić cię za kraty. Służby mogą pozbawić cię wolności dożywotnio – i robią to bez chwili wahania.

Zastanów się, drogi czytelniku, nad tym następnym razem, gdy odwiedzisz Stany Zjednoczone i znajdziesz się w amerykańskim kościele lub teatrze, albo nawet już w drodze do celu na pokładzie samolotu. Jedna na cztery osoby w twoim otoczeniu straciła demokratyczne prawo głosu. Została pozbawiona prawa do obrony, domu i rodziny, a także szans na znalezienie dobrej pracy i perspektyw na przyszłość. Płaci podatki jak każdy inny, ale utraciła dostęp do wielu świadczeń, na które nadal łoży pieniądze.

A gdy Stany Zjednoczone po raz kolejny poproszą przedstawicieli twojego, czytelniku, państwa o udzielenie im pomocy w kwestii sal tortur, nielegalnych więzień, bezprawnych ekstradycji oraz innych niehumanitarnych czynów, koniecznie powiedz „nie". Świat, a także ci, którzy już przecierpieli swoje wskutek wypaczeń amerykańskiego wymiaru sprawiedliwości, będą ci bardzo wdzięczni.

---

[5]Agencja Bezpieczeństwa Narodowego, czyli NSA (National Security Agency), została powołana niekonstytucyjnie w 1952 roku przez urzędującego wówczas prezydenta Harry'ego S. Trumana. Została utworzona w drodze prezydenckiego dekretu wykonawczego, a jej istnienie nie zostało zatwierdzone przez Kongres. Dziś agencja zbiera poufne dane należące nie tylko obywateli amerykańskich, lecz także do obywateli państw trzecich, w tym dane należące do polityków z pierwszych stron gazet, co wykazał niedawno były pracownik NSA Edward Snowden. I chociaż NSA działa poza prawem, kolejni prezydenci bronią jej istnienia. Nie inaczej postępuje obecnie urzędujący Barack Obama. W połowie grudnia 2013 roku sędzia Sądu Dystryktowego USA Richard Leon wydał orzeczenie, w którym uznał, że ten „niemal Orwellowski" program masowego gromadzenia danych przypuszczalnie jest sprzeczny z konstytucją. Dodał: „Nie potrafię sobie wyobrazić bardziej dyskryminującej i arbitralnej inwazji prywatności niż systematyczny, wysoce zaawansowany technologicznie program gromadzenia i archiwizowania danych osobowych bez uprzedniego nakazu sądowego. Program o tej skali ogólności z pewnością narusza konstytucyjną ochronę przed nieuzasadnionymi rewizjami, którą Ojcowie Założyciele zagwarantowali w czwartej poprawce do Konstytucji Stanów Zjednoczonych. Osobiście wierzę, że autor tekstu konstytucji, James Madison, który ostrzegał nas przed ograniczaniem wolności obywatelskich wskutek stopniowych, milczących naruszeń ze strony sprawujących władzę, przewraca się obecnie w grobie".

Rozdział 11

20 KWIETNIA 2006 ROKU, GODZINA 3.45

Posiedzenie w sprawie warunkowego zwolnienia z aresztu za poręczeniem majątkowym – część 1

„Czwarta poprawka do Konstytucji Stanów Zjednoczonych została wprowadzona z myślą o ukróceniu praktyki pozbawiania obywateli wolności przed samą rozprawą".

Torres *versus* McLaughlin, sygn. 163 F.3d.169 (3ʳᵈ Cir. 1998)

20 kwietnia 2006 roku, godzina 3.45
Zachodni Dystrykt Karoliny Północnej

Tʌᴍᴛᴇᴊ nocy nie zmrużyłem oka. Pisałem mowę obronną, odpierając linijka po linijce stawiane mi zarzuty. Na drugiej stronie aktu oskarżenia, ponieważ strażniczki odmówiły mi papieru. Pożyczyłem krótki ołówek[1], a następnie ostrzyłem go o betonową podłogę celi, ilekroć się stępił. W akcie oskarżenia znajdowało się tyle kłamstw, że wypunktowanie wszystkich niespójności, dezinformacji i przeinaczeń zajęło mi całą noc. W końcu padłem z wyczerpania o poranku w dniu, w którym miało odbyć się posiedzenie w sprawie warunkowego zwolnienia z aresztu za poręczeniem. I już miałem zaraz zapaść w sen, gdy drzwi celi otworzyły

---

[1] Ołówki normalnej długości i długopisy są zabronione, ponieważ mogą posłużyć osadzonym jako broń. W większości aresztów i zakładów karnych można nabyć jedynie krótkie ołówki „golfowe", którymi na wolności golfiści zapisują wyniki.

się same. Tym razem nie usłyszałem trzasków ani krzyków strażniczki. Z niewielkiego głośnika dobiegł mnie ściszony głos:

– Woltz, masz rano wizytę w sądzie.

„Ale nocą?" – zachodziłem w głowę, szukając okularów, by móc z kolei odnaleźć kieliszeczek z soczewką. Domowej roboty roztwór był nieco bardziej słonawy niż ten kupny. Zaczęło mnie piec lewe oko. W tamtej chwili doceniłem fakt, że została mi zaledwie jedna soczewka – przynajmniej nie podrażnię sobie drugiego oka.

Gdy tylko umieściłem soczewkę w oku, przestałem łzawić. W końcu mogłem zerknąć na wiszący poziom niżej zegar ścienny: była 3.45 rano.

– Woltz! Pośpiesz się! – dobiegł mnie głos z głośnika. – Sędzia nie będzie czekał wiecznie.

– Dobrze, kochanie – odparłem sarkastycznie pod nosem, chociaż, jak się miało okazać, niewystarczająco cicho.

– Co takiego, Woltz? – strażniczka podniosła głos. – Nie życzę sobie z rana pyskowania! Masz dwie minuty, by stawić się przed przesuwakiem.

Rozczochrany i marzący o kawie (której w amerykańskich aresztach nie serwują), opuściłem celę w jaskrawopomarańczowych drelichach i japonkach.

Gdy dotarłem do stanowiska strażniczki, zapytałem:

– Gdzie mogę się przebrać w strój, w którym stawię się na posiedzeniu? Tutaj czy bezpośrednio w sądzie?

Kobieta spojrzała się na mnie, jakbym urwał się z choinki – zresztą tak się wówczas czułem. – Już go masz na sobie – odparła, wywracając oczyma.

– Nie mogę stawić się w sądzie w drelichach! – odparłem. – Wyglądam jak... kryminalista!

– Nie trafiłeś tu za piękne oczy, Woltz. Coś na pewno przeskrobałeś. Ale to nie moja sprawa. Ja mam dopilnować, że znajdziesz się po drugiej stronie przesuwaka.

Na te słowa strażniczka wskazała przesuwak – tworzącą śluzę przestrzeń zakończoną z obu stron przesuwanymi drzwiami. Jedne drzwi prowadziły do naszego modułu, drugie zaś na korytarz kompleksu.

Wewnątrz przesuwaka znajdowało się już kilku więźniów. Odczekaliśmy około dwudziestu minut, aż pojawił się strażnik. Mężczyzna przesunął kartę magnetyczną przez czytnik nieopodal drzwi, a te się otworzyły. Naszym oczom ukazał się korytarz.

– Za mną, gęsiego, trzymając się prawej strony korytarza – powiedział krótko strażnik.

Na parterze wpakowano nas do przepełnionej celi zwanej po angielsku *bull-pen* – zagrodą dla bydła.

Po godzinie otworzyły się drzwi i nawet ci osadzeni, którzy jeszcze przed kilkoma sekundami wydawali się otępiali, ożywili się nagle i rzucili się w ich stronę. Najwidoczniej coś się miało zdarzyć.

Całe szczęście stałem w pobliżu wejścia, jako że wszystkie miejsca siedzące zajęte były przez leżących młodzieńców. Jakiś strażnik wepchnął mi w dłonie papierową torebkę.

– Trzymaj za dno – powiedział. – Jest wilgotna.

Kilku innych osadzonych złapało po torbie, po czym wróciło się na koniec kolejki po następną. W amerykańskich aresztach ten, kto się waha, głoduje. Mężczyźni z końca kolejki zaczęli krzyczeć z pretensjami, gdy strażnik zaczął opuszczać celę.

Ten jednak uniósł w powietrze puste dłonie ze słowami:

– Cóż, miałem po jednej torebce dla każdego. Ktoś wam zwinął torbę? Nie mój problem.

Umierałem z głodu. Wówczas, trzeciego dnia, posmakowałyby mi nawet jajka w proszku. W papierowej torebce znalazłem cztery kromki białego pieczywa, które zostały niemiłosiernie zgniecione, tak że z objętości wydawały się pojedynczą kromką; śliską, plastikową torebkę z dwoma plasterkami mięsa o podejrzanej proweniencji; a także bliżej nieokreśloną żółtą masę, która miała z wyglądu przypominać ser. Oprócz tego dostałem słodki soczek i pomarańczę.

Kanapki i soczek oddałem komuś za kolejne pomarańcze, które pożarłem w całości, łącznie ze skórką. Gdy drzwi celi otworzyły się ponownie i pojawił się w nich strażnik, by zebrać śmieci po śniadaniu, znów zapytałem o strój:

– Kiedy dostaniemy ubrania, w których pojawimy się w sądzie? Mam dziś rano posiedzenie w sprawie kaucji i muszę się wcześniej przebrać.

Strażnik spojrzał na mnie i pokręcił głową.

– Bardzo śmieszne. – Po czym opuścił celę.

– Musiałbyś im pokazać nakaz sądowy, by pozwolili ci stawić się na posiedzeniu we własnych ciuchach – powiedział jeden z osadzonych. – Widać, że nie orientujesz się, jak obecnie działa system. Ilekroć pojawisz się w sądzie, twoja wina ma się rzucać w oczy tak bardzo, jak to tylko możliwe.

– Przecież to nielegalne! – odparłem z oburzeniem.

Mężczyzna kiwnął głową.

– Litera prawa to ostatnia rzecz, jaką się tu przejmują.

Zachodziłem w głowę, jakim cudem sądom i prokuratorom pozwalano, by zmuszały niewinnych obywateli bez prawomocnego wyroku do stawienia się przed sądem w łańcuchach i jaskrawopomarańczowych drelichach. Przecież wszyscy obecni, łącznie z sędzią, od razu wyrobią sobie zdanie o takim osobniku. Nawet papież w takich ciuchach wyglądałby na zbrodniarza.

Spojrzałem przez okno celi, które wychodziło na korytarz. Był tam zegar – dobiegała ósma rano. Czekaliśmy już czwartą godzinę, a nawet nie opuściliśmy aresztu.

Nadal próbowałem pogodzić się ze świadomością, że wystąpię przed sądem w jasnopomarańczowej piżamie, gdy w celi pojawili się marshale federalni ze skórzanymi torbami wypełnionymi po brzegi kajdanami i łańcuchami. Uświadomiłem sobie, że sprawy mają się jeszcze gorzej.

Z celi dla kobiet wyprowadzono moją żonę. Wyglądała, jakby przepłakała całą noc. Patrzyłem, jak owijają jej talię długim łańcuchem, nagie kostki skuwają kajdanami, a ręce łączą kolejną parą kajdanek z łańcuchem w tułowiu, by żona nie mogła się poruszyć. Na jej twarzy malowały się zarazem opór, smutek i upokorzenie.

Spojrzałem jej w oczy. Patrzeliśmy na siebie przez zbrojoną, wzmocnioną metalową siatką szybę. Nie zamieniliśmy ani słowa. Sytuacja, w której się znaleźliśmy, wymykała się ludzkiemu pojęciu. Vernice nie była nawet obywatelką Stanów Zjednoczonych, mimo że zawsze wierzyła w ideę amerykańskiego snu. Teraz przekonywała się, że miała do czynienia z niczym więcej, jak właśnie snem... Albo czczą propagandą.

Opuściliśmy gmach aresztu i wsiedliśmy do vana, który zabrał nas do sądu dystryktowego. Na miejscu wprowadzono nas tylnym wejściem do wnętrza kompleksu i trafiliśmy do tych samych celi, w których siedzieliśmy dwa dni temu. Nie miałem okazji, by porozmawiać z żoną. Zabronili nam zbliżać się do siebie i ilekroć próbowałem do niej podejść, by zapytać się, czy miała okazję skontaktować się z dziećmi, dobiegał mnie krzyk strażników.

Po ponad godzinie w przepełnionej celi do drzwi podszedł marshal federalny.

– Woltz?

Zabrano mnie do niewielkich rozmiarów sali. Po drugiej stronie zbrojonego szkła z metalową siatką ujrzałem twarz, która wydała mi się znajoma, ale nie potrafiłem sobie przypomnieć, z kim mam do czynienia. Mężczyzna wskazał dłonią ścienny telefon, po czym sam podniósł własną słuchawkę.

– Howell? Tu David Freedman z Winston-Salem. Dzwoniła Laurie i prosiła, bym się tu dziś zjawił.

Laurie, moja była żona, jest sędzią sądu dystryktowego w moim rodzimym stanie, Karolinie Północnej. Gdy tylko dowiedziała się o sytuacji, w jakiej się znaleźliśmy, wykonała parę telefonów, by znaleźć mnie i mojej żonie obrońców.

Prawnik, którego wysłała tamtego dnia na posiedzenie, David Freeman, pracował w kancelarii Freda Crumplera, który od lat polował ze mną na przepiórki.

– To stąd pana kojarzę – uznałem. – Musiałem pana widzieć w biurze Freda.

– Zgadza się. Tak myślałem, że mnie pan rozpozna. Mamy tylko minutę, więc pozwoli pan, że pokrótce o sobie opowiem. Niedawno otrzymałem tytuł najlepszego obrońcy specjalizującego się w procesach karnych w Karolinie Północnej od kwartalnika „The North Carolina State

Bar". Pokazał mi przez szybę kwartalnik, na którego okładce widniało jego zdjęcie. Zasłonił jednak dłonią tytuł czasopisma. Może przez przypadek. Nie wiedziałem, że stanowa izba adwokacka wydawała kwartalnik.

– Laurie poprosiła mnie, abym podjął się waszej obrony – dodał Freedman. – Czy nie ma pan nic przeciwko?

– Skąd – odparłem. – Cieszę się, że ktoś mi pomoże się stąd wydostać.

– I na tym właśnie skupmy się dziś rano. Czy przyznał się pan do winy?

Pytanie Freedmana mnie zaskoczyło. Czy ten jegomość w ogóle zadał sobie trud, by zaznajomić się moją sprawą?

– Jestem niewinny przecież! – odparłem. – Nie złamaliśmy żadnego prawa. Nie potrafię zrozumieć, dlaczego się tu znaleźliśmy. Jeszcze dziś prześlę panu pocztą akt oskarżenia, na który naniosłem własne komentarze. Mogę udowodnić, że wszystkie stawiane mi zarzuty są nie tylko zmyślone, lecz wręcz niemożliwe!

– Śledczy są najwyraźniej innego zdania, ale tym zajmiemy się później – odparł Freedman.

Czyżby na jego twarzy zawitał uśmieszek?

– Jest pan pewien, że chce pan upierać się przy niewinności? – zapytał.

Zacząłem się szczerze niepokoić. Mojemu własnemu obrońcy ewidentnie zależało na tym, abym przyznał się do stawianych mi zarzutów, i to jeszcze zanim zadał mi jakiekolwiek pytanie.

– Oczywiście, że chcę. Przecież właśnie panu powiedziałem, że te zarzuty to jakiś nonsens. Nie mam zielonego pojęcia, o co im chodzi!

Mężczyzna zmierzył mnie spojrzeniem, które zdawało się mówić: „Dobra, dobra, wszyscy tak twierdzą", a następnie wstał, co najwyraźniej miało zasygnalizować, że nasze przygotowania do posiedzenia właśnie dobiegły końca.

– Do zobaczenia za kilka minut – powiedział. Odłożył słuchawkę na widełki i tyle go widziałem.

A mnie wręcz zamurowało. Siedziałem jak głupi ze słuchawką w ręku. Po rozmowie trafiłem z powrotem do celi, lecz po kilku minutach ponownie wezwano mnie na zewnątrz, a następnie wraz z żoną, oboje skuci łańcuchami, trafiliśmy w końcu na salę sądową.

Na miejscu ujrzałem matkę, dwu braci, byłą żonę, sędziego, naszego przyjaciela Roberta Cooka oraz garstkę krewnych i przyjaciół. Komendant Cook stawiał się na każdym posiedzeniu w mojej sprawie, ale przez całe miesiące nie pozwolono mu ze mną porozmawiać, więc nie dowiedziałem się, co z dziećmi.

Nie wykonałem ani jednej rozmowy telefonicznej od chwili, gdy w dniu porwania mnie i mojej żony agent FBI Doug Curran pozwolił mi przedzwonić do Roberta, by ten pod naszą nieobecność zajął się dziećmi. Nie miałem pojęcia, do kogo dotarła wieść o naszym zatrzymaniu, ale najwyraźniej informacja rozeszła się po rodzinie i znajomych.

W obecności sędziego zdjęto nam kajdanki i łańcuchy. Ostatecznie i tak już wyglądaliśmy na kryminalistów – łańcuchy były jedynie wisienką na torcie.

Moja matka zmrużyła oczy, by pozbyć się łez. Nie mogła patrzeć na tę farsę. Gdy nasze oczy się spotkały, matka powiedziała bezgłośnie: „Nadal cię kocham".

I impreza rozkręciła się na dobre.

Najpierw sąd wywołał jednego z dwu zadowolonych z siebie młodych śledczych, którzy byli obecni podczas odczytania aktu oskarżenia. Mężczyzna, który na oko miał około dwudziestu pięciu lat, przedstawił się jako federalny prokurator śledczy Kurt Meyers.

– Reprezentuję Stany Zjednoczone przeciwko Howellowi i Vernice Woltzom – powiedział wyraźnie z siebie zadowolony.

Następnie zaczął wachlować stertą papierów i krzyknął w stronę sędziego:

– Wysoki Sądzie, Woltzowie już od dawna widnieją w rejestrze karnym!

– W ogóle nie widniejemy w żadnym rejestrze – krzyknąłem. – To kłamstwo!

„Najlepszy obrońca specjalizujący się w procesach karnych w Karolinie Północnej" najwidoczniej uznał, że należy puścić bezpodstawne oskarżenia mimo uszu, bo kazał mi usiąść i siedzieć cicho.

– Ale on kłamie! – powiedziałem na tyle głośno, że moje słowa dotarły do sędziego.

Sędzia David Keesler usłyszał moje słowa, bo poinstruował młodego prokuratora, by ten podał mu plik dokumentów. Okazało się, że składał się on z całkowicie pustych, niezadrukowanych kartek (pomijając okładkę). Popadłem w konflikt z prawem raz, jako siedemnastolatek – dostałem mandat za przekroczenie prędkości.

– Panowie, dajcie spokój. Mandat za przekroczenie prędkości? I to anulowany ze względu na błąd pomiaru? – Wyraźnie zdegustowany sędzia Keesler pokręcił głową na znak niezgody.

Przedstawiciel amerykańskich władz federalnych, którego właśnie przyłapano w sądzie na krzywoprzysięstwie, w żaden sposób się nie krygował z tym faktem, a sędzia nie udzielił mu nawet reprymendy. Co tu się działo?

Następnie prokurator Meyers oznajmił sędziemu, że wraz z żoną jesteśmy „spiskowcami" o międzynarodowej renomie. Powiedział, że jesteśmy właścicielami spółek finansowych zarejestrowanych w różnych państwach (co akurat jako jedyne nie mijało się z prawdą), ale ujął to tak, jakby sam ten fakt stanowił działalność przestępczą, chociaż, rzecz jasna, nasze spółki podlegały organom nadzoru finansowego trzech różnych państw: Wielkiej Brytanii, Bahamów i Saint Lucii.

W dalszej kolejności prokurator Meyers oznajmił, że posiadamy konta bankowe na Bermudach i w Szwajcarii (kolejne kłamstwo), że dysponujemy wystarczającymi środkami, by udać się tam osobiście na pokładzie prywatnego odrzutowca, by pobrać środki finansowe z banków.

Czegoż to człowiek się o sobie nie dowie... Wprawdzie dawniej, owszem, posiadałem czterdziestoletnią, jednosilnikową Cessnę 182, a lata później – stary, wylatany samolot dwusilnikowy, ale o kupnie własnego odrzutowca nie mógłbym nawet pomarzyć.

Następnie prokurator oznajmił sędziemu, że jeśli ten wypuści mnie za kaucją, bezzwłocznie udam się na lotnisko, gdzie po prostu... „przywłaszczę sobie" odrzutowiec. To jak to w końcu było? Miałem własny odrzutowiec czy zamierzałem ukraść cudzy...?

Następnie Meyers powiedział, że mamy wraz z żoną prawo stałego pobytu na Bahamach i wobec tego z pewnością uciekniemy ze Stanów Zjednoczonych, gdy tylko opuścimy areszt za kaucją. Kolejne kłamstwo. Ja sam miałem wizę studencką, ponieważ otworzyłem przewód doktorski na jednym z uniwersytetów w Nassau, ale zarówno moja żona, jak i mój syn John otrzymali zaledwie wizy tymczasowe i co dziewięćdziesiąt dni wracali do Stanów Zjednoczonych lub do Trynidadu. Status rezydenta jest umocowany w prawie. Posiada go choćby osoba z Kanady, której zezwolono na pobyt w Stanach Zjednoczonych na okres kilku miesięcy. Ja sam nie otrzymałem statusu rezydenta na Bahamach, o czym obaj prokuratorzy federalni doskonale wiedzieli. Jednocześnie usiłowali przekonać sąd, że tuż po zapłaceniu kaucji opuścimy Stany Zjednoczone.

Prokurator Meyers podsumował swój tok myślenia następująco:

Jeśli porwę odrzutowiec (co jest możliwe z uwagi na fakt, że miałem licencję pilota – chociaż nie obejmowała ona odrzutowców) i **jeśli** udam się nim z rodziną w miejsce, w którym cieszę się statusem rezydenta (mimo że takiego statusu nie miałem), to już nie będę mógł zostać poddany ekstradycji, ponieważ Stany Zjednoczone i Bahamy nie zawarły między sobą dwustronnego traktatu ekstradycyjnego (kolejne kłamstwo), a zatem możliwe, że nie odpowiem karnie za stawiane mi zarzuty.

Pierwszym krokiem bahamskiego parlamentu po uzyskaniu przez ten kraj niepodległości i uniezależnieniu się od Wielkiej Brytanii było zawarcie dwustronnego traktatu ekstradycyjnego ze Stanami Zjednoczonymi.

Zgodnie z obowiązującym prawem i przepisami władze federalne Stanów Zjednoczonych nie miały żadnego powodu, by pozbawić mnie wolności – więc po prostu takie okoliczności spreparowały. Jednak przedstawiciele tych władz kłamali tak zuchwale i bezczelnie, że na ich kłamstwa nie dał się nabrać nawet sędzia Keesler.

I właśnie w tamtej chwili zastanowiłem się, co takiego młodzi prokuratorzy powiedzieli wielkiej ławie przysięgłych przed dwoma tygodniami, że udało im się postawić nas w stan oskarżenia. Skoro tak bezczelnie i otwarcie okłamali sędziego sądu dystryktowego – i to w **naszej obecności** – to jak bardzo musieli nakłamać wielkiej ławie przysięgłych jedenaście dni przed naszym zatrzymaniem, gdy nie było nikogo, kto mógłby ich przyłapać na łgarstwie? Sfabrykowali całą sprawę w ciągu kilku dni, gdy tylko zgodziłem się **dobrowolnie** odpowiedzieć na pytania o własnym zawiadomieniu o prowadzeniu podejrzanej działalności przez jedną z politycznych ofiar systemu.

A co miała do powiedzenia ta bezwolna kukła adwokacka, która siedziała obok mnie? W reakcji na kolejne kłamstwa raz za razem szturchałem mojego prawnika. Czy na pewno reprezentował mój interes?

– Dlaczego pan nie reaguje?

– Cicho, nie teraz. – Były to jedyne słowa, na które zdobył się mój obrońca.

Prokurator Meyers zwrócił się w naszą stronę i obrzucił nas nienawistnym spojrzeniem, jednocześnie wytykając nas palcem. Dosłownie wykrzyczał sędziemu Keeslerowi, że „stanowimy zagrożenie dla społeczności!", po czym dodał, że jesteśmy „GROOOŹNYMI LUDŹMI!!!".

Vernice spojrzała na mnie, po czym wskazała nas oboje. Na jej twarzy malowało się zdziwienie, jakby chciała powiedzieć: „To o nas...?". Ale przecież byliśmy jedynymi osobami na sali ubranymi w pomarańczowe drelichy więzienne i ze skutymi kajdanami kostkach, więc najwyraźniej chodziło właśnie o nas.

Przez cały ten czas „najlepszy obrońca specjalizujący się w procesach karnych w Karolinie Północnej" jedynie zbijał bąki. Dosłownie półleżał z zamkniętymi oczyma, podtrzymując dłońmi podwójny podbródek.

Jednak prokuratorowi było jeszcze mało. Wystąpienie zakończył słowami:

– Howell Woltz stanowi zagrożenie dla interesów ekonomicznych Stanów Zjednoczonych.

Są niedorzeczne, ale znajdują się w stenogramie z posiedzenia sądu.

Następnie prokurator oznajmił sędziemu, że jestem tak wpływową osobą, iż z pewnością wkradłem się w łaski jakiegoś nieludzko bogatego anioła stróża, który bez wątpienia zstąpi z niebios i udzieli mi schronienia, nawet gdyby podobna przysługa miała mnie kosztować milion dolarów.

Słowa prokuratora aż mnie zamurowały. Ale banialuki o aniołach stróżach najwyraźniej nie przekonały sędziego, który pokręcił głową i zwrócił się do prokuratora Meyersa:

– Cóż za niestworzona historia.

Następnie sędzia zobowiązał władze federalne, by zwolniły mnie z aresztu bez poręczenia majątkowego. Zwolnienie z aresztu odbywa się najczęściej za poręczeniem majątkowym, które stanowi formę zabezpieczenia na wypadek niestawiennictwa oskarżonego w sądzie. Zwolnienie bez poręczenia majątkowego oznacza, że sąd w ogóle nie daje wiary wyssanym z palca ostrzeżeniom.

Jednak zanim rozradowaliśmy się z Vernice na dobre, prokuratorek wzniósł dłoń i krzyknął:

– Państwo odwołuje się od decyzji, Wysoki Sądzie!

Sędzia Keesler przeszył mnie wzrokiem, a w jego spojrzeniu dojrzałem zarówno współczucie, jak i zaniepokojenie. Następnie wzruszył ramionami i uniósł ręce w geście, który miał sygnalizować bezsilność.

W tej sytuacji obaj prokuratorzy federalni rzucili się na nas jak sępy. Zaczęli nam zakładać łańcuchy w obecności sędziego i publiczności, w której znajdowali się członkowie mojej rodziny. Uświadomiłem sobie, że jednak nie wyjdziemy na wolność.

Moja matka podeszła od tyłu do ławy oskarżonych.

– Nadal cię kocham. – Powtórzyła słowa, które wyszeptała na samym początku posiedzenia.

– Chyba nie dajesz wiary ich słowom, mamusiu? – Nie pamiętam już, czy słowa te wypowiedziałem głośno, czy jedynie w myśli. Byłem w szoku.

Marshale zaczęli wyprowadzać mnie z sali. Gdy obejrzałem się za siebie, pękło mi serce. Ujrzałem swoich krewnych, których twarze zdradzały mieszane uczucia: szok, bezsilność, ale i poczucie wstydu, żal.

Skoro farsa, która rozegrała się przed moimi oczyma, przekonała moich krewnych, którzy mnie znali i kochali, to czy nie wpłynie tym bardziej na osoby, które nigdy nie widziały mnie na oczy, łącznie z sędzią i ławą przysięgłych?

W ciszy podreptaliśmy do naszych tymczasowych cel. Ani ja, ani Vernice nie wydobyliśmy z siebie ani słowa. Dlaczego ci młodzi prokuratorzy byli wobec nas tak agresywni? Odniosłem wrażenie, że wplątałem się w jakąś grubszą sprawę, o której istnieniu nie miałem pojęcia.

Możliwe, że służby zainteresował się mną ze względu na moje publikacje o władzach Stanów Zjednoczonych? Czy naprawdę jednak o nie chodziło? Stanowiłem takie zagrożenie wobec ich interesów, czy też po prostu znalazłem się w niewłaściwym miejscu o niewłaściwym czasie?

Wówczas nawet nie podejrzewałem, że moje analizy i prognozy gospodarcze zaskarbiły sobie wiernych czytelników.

Rozdział 12

CO SIĘ STAŁO?

SENTENCJĘ „szata czyni człowieka" przypisuje się Williamowi Szekspirowi. Jednak znawcy i miłośnicy angielskiego dramatopisarza wiedzą, że słowa te brzmią w istocie nieco inaczej. Poloniusz, nudnawy szambelan królewski z szekspirowskiego *Hamleta*, wypowiada bardzo celne słowa: „Bowiem ubranie zdradza grunt człowieka" (w tłumaczeniu Józefa Paszkowskiego).

Nie ulega wątpliwości, że ocenianie na podstawie wyglądu leży w ludzkiej naturze. Inaczej oceniamy osoby, które są dobrze ubrane, inaczej zaś nieschludnie bądź niedorzecznie. Gdyby uliczny żebrak ubrał się we frak, założył krawat i wypucowane na glanc buty, przechodnie by go wyśmiali, gdyby poprosił ich o parę groszy. Z drugiej strony gdyby ów żebrak w łachmanach pojawił się w restauracji na eleganckim przyjęciu, szef sali bez pytania złapałby go za kołnierz i wyrzucił na ulicę wyłącznie na podstawie ubioru i wyglądu.

Nasza własna samoocena również często dyktowana jest ubiorem.

Pamiętam, że w dzieciństwie duże wrażenie zrobiło na mnie opowiadanie „Szata czyni człowieka" Henriego Duvernoisa, które czytaliśmy w piątej klasie na zajęciach z angielskiego. W opowiadaniu Duvernoisa trzej francuscy zbrodniarze postanawiają obrobić w biały dzień modną paryską kamienicę. Dwaj „mądrzy" złodzieje mieli dokonać kradzieży, podczas gdy trzeci – głupi „Tango" – miał przebrać się za policjanta i stać na czatach, by odwrócić uwagę od skoku. W toku włamania „Tango" zostaje serdecznie pozdrowiony przez przechodzącego nieopodal policjanta, a także pochwalony przez starszą damę, której pomógł przejść na drugą stronę ulicy. Po raz pierwszy w życiu ludzie zwracają się do „Tanga" z szacunkiem... ze względu na jego mundur. Mało tego, dzięki mundurowi (oraz uczuciom, jakie wyzwala) tak wzrasta samoocena „Tango", że mężczyzna postanawia zerwać z przestępczą przeszłością.

Gdy z kamienicy wybiegają wspólnicy „Tanga", mężczyzna dmucha w gwizdek, by wydać kolegów policji.

Wziąłem sobie do serca morał opowiadania: wygląd zewnętrzny wpływa nie tylko na to, jak widzą cię inni, lecz także na to, jak widzisz się sam. Gdy w niespokojnych latach siedemdziesiątych studiowałem na Uniwersytecie Wirginii w Charlottesville, wymóg stawiania się na zajęciach pod krawatem został już zniesiony jako staroświecki, ale ja nadal dotrzymywałem tradycji z szacunku. Chciałem uszanować zasady, które panowały na uczelni, odkąd wprowadził je sam jej założyciel, Thomas Jefferson.

Gdy tamtego dnia wkroczyłem na salę rozpraw federalnego sądu dystryktowego jako obywatel bez prawomocnego wyroku, który nie popełnił żadnego przestępstwa – i to obywatel w jaskrawopomarańczowych więziennych drelichach – odniosłem wrażenie, że zmuszenie mnie do przywdziania stroju zbrodniarza miał sprawić, że będę wyglądał jak zbrodniarz i zarazem jak zbrodniarz się poczuję, i że jednocześnie zostanę tak odebrany przez osoby postronne – z sędzią na czele (a przecież mój los spoczywa w jego rękach).

Nikt, łącznie z moją matką i sędzią, nie mógł tamtego dnia zobaczyć we mnie osoby, którą jestem w istocie. Przebrawszy mnie za przestępcę, prokuratorzy federalni Matthew Martens i Kurt Meyers sprawili, że stałem się przestępcą w oczach wszystkich osób zgromadzonych na sali.

Dlaczego oskarżeni obowiązkowo stawiają się w amerykańskich sądach w stroju, który skutkuje tak jednoznacznymi uprzedzeniami? Czyżby nie chodziło już o sprawiedliwość, a jedynie o skuteczne skazywanie? W moim doświadczeniu odpowiedź jest, niestety, twierdząca. W Ameryce wszyscy podejrzani i oskarżeni traktowani są z góry jak kryminaliści.

Czy naprawdę chodziło o moje publikacje, w których przewidywałem załamanie gospodarcze kraju? Gdy w toku posiedzenia dwaj federalni prokuratorzy śledczy zaczęli odczytywać fragmenty moich artykułów o konieczności ograniczenia więzi gospodarczych ze Stanami Zjednoczonymi, poczułem się nieswojo. Moje prognozy się spełniły, ponieważ zawczasu zrozumiałem, jak sytuacja potoczy się w przyszłości. Gospodarka Stanów ulegnie załamaniu.

Jestem ekonomistą, nauczycielem i pisarzem, który w marcu 2006 roku miał czelność ostrzec klientów (głównie Europejczyków), że w październiku 2008 roku, a zatem za dwa i pół roku od chwili wygłoszenia prognozy, w Stanach Zjednoczonych dojdzie do poważnej zapaści finansowej, ponieważ państwo zezwoliło na funkcjonowanie w obrocie (a także sponsorowało powstanie) „papierów wartościowych zabezpieczonych hipoteką" – instrumentów finansowych, dzięki którym podupadające kredyty hipoteczne zamieniły się w inwestycje AAA o bezpiecznym profilu ryzyka. Już sama ta ocena była kłamliwa, ale bańka pękła tak naprawdę wskutek przekraczającej wszelkie pojęcie spekulacji tymi toksycznymi instrumentami pochodnymi. Pozwolicie, że w kwestii instrumentów CDO (Collateralized Debt Obligation) spuszczę zasłonę milczenia, ponieważ nawet zachwalające je w wniebogłosy osoby nie wiedziały, czym właściwie handlują.

Dalsza perspektywa rozwoju sytuacji gospodarczej w Stanach Zjednoczonych była oczywista nie tylko dla ekonomistów, lecz także dla każdego, kto kierował się w prognozach zdrowym rozsądkiem. Moi oponenci również zdawali sobie sprawę z nadchodzącego krachu, ale to mnie w kwietniu 2006 roku ogłoszono zdrajcą, bo przestrzegłem inwestorów przed nieuniknionym. Przekonywałem ich, że gdy tylko w 2007 i 2008 roku w przypadku kredytów hipotecznych wysokiego ryzyka zacznie obowiązywać klauzula o wzroście odsetek, słabo wypłacalni właściciele nieruchomości przestaną spłacać hipoteki, nieruchomości przejdą na własność banków, a gospodarka Stanów Zjednoczonych poleci na łeb na szyję. Czas pokazał, że miałem rację.

Teraz już pewnie rozumiesz, drogi czytelniku, skąd te pokłady kierowanej w moją stronę nienawiści. Uważam, że oszustwa należy wyciągać na światło dzienne. Obywatele, którzy reprezentowani są przez rząd, mają prawo wiedzieć, kto taki kupił sobie lojalność ich przedstawicieli – i w jakim celu.

Rozdział 13

PIERWSZY WEEKEND ZA KRATAMI

„Ustawa Bail Reform Act z 1966 roku reformująca
mechanizm zwolnienia za poręczeniem majątkowym
ustanawia, że oskarżony oczekujący na rozprawę sądową w
areszcie śledczym o niskim rygorze winien mieć zapewnione
prawo do opuszczenia aresztu za poręczeniem majątkowym,
o ile zwolnienie takie nie stoi w sprzeczności ze stawieniem
się oskarżonego na rozprawie i nie stanowi zagrożenia dla
bezpieczeństwa lokalnej społeczności [...]".

Stany Zjednoczone *versus* Gebro,
sygn. 948 F.2d. 1118 (9th Cir. 1991)

21 kwietnia 2006 roku – Zachodni Dystrykt Karoliny Północnej

JEDYNĄ „reformą", jaka dokonała się w Stanach Zjednoczonych wskutek wprowadzenia ustaw Bail Reform Act z lat 1966 i 1984, było pozbawienie zdecydowanej większości oskarżonych możliwości zwolnienia z aresztu za poręczeniem majątkowym. Z tego, co powiedzieli mi inni osadzeni po moim powrocie do modułu, mieliśmy z żoną ogromne szczęście, że sędzia Keesler w ogóle zgodził się na zwolnienie za kaucją. Gorzej, że jego decyzja została zakwestionowana. Jedno jest pewne – mój obrońca nie zadał sobie żadnego trudu, by mi to objaśnić. Ulotnił się z sali sądowej niczym kieszonkowiec, który dorwał portfel – co zresztą nie odbiega daleko od prawdy. Zapłaciliśmy mu ogromną kwotę, a on nie kiwnął palcem, by nam pomóc. Nie ustosunkował się do ani jednego bezpośredniego polecenia. Odniosłem wrażenie, że grał do innej niż ja bramki.

Dopadła mnie depresja. Pozbawiono mnie dostępu do telefonu. Wydany mi przez strażników kod PIN nie działał lub zwyczajnie był fałszywy.

Nowi znajomi z aresztu powiedzieli mi, że w przypadku zatrzymanych, których zgarnęli federalni, jest to standardowa praktyka.

– Federalni nie przebierają w środkach – skwitował jeden z obecnych w areszcie. – Puszkują cię i masz siedzieć cicho, chyba że zaczniesz dla nich kablować.

Był weekend, ale w naszym pawilonie nie było żadnych lektur za wyjątkiem publikacji religijnych Kościoła Adwentystów Dnia Siódmego i Narodu Islamu. Sam interesowałem się wiarą Indian. Zawsze pociągała mnie oszałamiająca historia mojego sławnego przodka, pułkownika Williama Hollanda Thomasa, urodzonego w 1805 roku białego mężczyzny, który został przygarnięty przez Indian, Czirokezów Wschodnich. Poznał tajniki ich mowy i związał z nimi swój los do tego stopnia, że mianowano go wodzem. Z czasem uratował północnokarolińskich Czirokezów przed wymarciem, tworząc na terenie stanu rezerwat Qualla. Jednak w ostatnich dekadach życia tułał się od jednego szpitala dla psychicznie chorych do drugiego. Fakt ten spędzał mi sen z powiek, ponieważ powoli docierało do mnie, że czeka mnie podobna odsiadka w zamknięciu.

I chociaż całe życie interesowałem się szesnastoma głównymi religiami świata, nadal powracam do źródeł, jakie kryją się w wierzeniach Indian – jednej z najstarszych ścieżek rozwoju duchowego. Nie ustanawiała ona żadnych reguł ani praw prócz konieczności okazywania **szacunku**. Szacunek ten bowiem odnosi się również do wszystkich innych ścieżek rozwoju duchowego, które prowadzą ku temu, co boskie. Piękno indiańskich wierzeń tkwi w ich prostocie – skoro na przemierzającej czeluści kosmosu ognistej skale pojawiło się życie, wszyscy jesteśmy ze sobą spokrewnieni. Drzewa, kwiaty, zwierzęta i ryby, jak pewnego razu przekazał mi Starszy, nie są czymś, co należy eksploatować bez końca. Są naszymi braćmi i siostrami w Stworzeniu i należy traktować je z należytym szacunkiem. Każde stworzenie skrywa bowiem iskrę bożą, która dawniej, nim ochłodziła się temperatura na Ziemi, znajdowała się w sercu planety, z którego wzięło się życie. Iskra ta była naszym Ojcem, Ziemia zaś – naszą Matką. Należy oddawać im cześć, tak jak należy czcić wszelkie aspekty otaczającego nas świata.

Spacerowałem w tę i we w tę po malutkim pomieszczeniu rekreacyjnym, aż na moich stopach odcisnął się ślad po tanich klapkach japonkach. Odpłynąłem wyobraźnią daleko w las nieopodal rodzinnego gospodarstwa, jednak nie potrafiłem oddalić myśli o własnych dzieciach na tyle długo, by znaleźć ukojenie w medytacji.

Gdy tak krążyłem bez celu już trzecią godzinę, w rozmowę ze mną wdał się miły, młody chłopak o imieniu Eugene. Stojąc na rękach i opierając się nogami o ścianę, robił akurat pompki, jedną za drugą. Wcześniej nie znałem nikogo, kto potrafiłby zrobić choćby jedną, normalną.

– Jak tu właściwie trafiłeś? – zapytał. – Zupełnie tu nie pasujesz.

Eugene, Afroamerykanin, nosił okulary z niewielkimi soczewkami, które nadawały mu wygląd młodego specjalisty, a nawet profesora.

– Nie wiem – odpowiedziałem z rozbrajającą szczerością. – Naprawdę nie mam pojęcia.

– Jeśli mówisz prawdę, to oznacza, że czegoś od ciebie chcą – rzucił od niechcenia Eugene między kolejnymi seriami pompek przy ścianie. – Pewnie chcą, abyś zeznawał przeciwko komuś innemu. Wpakowali cię tu, by cię złamać, aż zatańczysz, jak ci zagrają.

Nie chciałem się uzewnętrzniać przed obcym, więc zmieniłem temat.

– A ty? Jak długo tu siedzisz?

– Dziewięć miesięcy.

– Dziewięć miesięcy? – ledwie stłumiłem wrzask. – Tkwisz tu od dziewięciu miesięcy? Bez rozprawy? Przecież to nielegalne!

Eugene się uśmiechnął.

– Inni siedzą dłużej. O wiele. Wkrótce się przekonasz, że w Karolinie Północnej władzom wolno wszystko. Nie trzymają się żadnych zasad.

Albo pójdziesz im na rękę, albo będziesz tu tkwił, aż się złamiesz na dobre. Jednego kolesia z Dominikany – ciągnął Eugene – trzymają tu już od dobrych kilku lat. Odmówił składania fałszywych wyjaśnień, ale nie mogą doprowadzić do rozprawy, bo nie mają przeciwko niemu żadnych dowodów.

– To dlaczego go po prostu nie wypuszczą i nie przyznają się do błędu? – zapytałem jak ostatni naiwny.

Uśmiech mężczyzny był szczery, bez cienia protekcjonalności:

– Ty naprawdę nic nie wiesz, prawda?

– Na to wygląda.

– Gdyby go nagle wypuścili po tylu latach, mógłby ich pozwać za bezprawne pozbawienie wolności. Muszą go więc złamać, aż zgodzi się przyznać do stawianych mu zarzutów, byle tylko mogli uprawomocnić fakt, że i tak trzymają go za kratkami – skwitował Eugene.

– Potworne. – Aż mnie zatkało.

– Sam tkwię tu, ponieważ nie zamierzam przyznać się do czegoś, czego nie zrobiłem, a już z pewnością nie zamierzam składać fałszywych zeznań przeciwko osobom, których nie znam, w sprawach, o których nie mam pojęcia.

– Ale czegoż oni mogą ode mnie chcieć? Pracuję w sektorze finansowym na Bahamach. Zatrzymali również moją żonę.

– Widać bardzo liczą na twoją pomoc i postanowili znaleźć na ciebie haka – odparł. – To częste zagranie. Męczą kogoś, kogo kochasz, aż się złamiesz i zeznasz wszystko, o co cię poproszą.

– Jak im to uchodzi na sucho? – zapytałem.

– Nikogo nie obchodzi, co tu się wyprawia, aż nie doświadczy tego na własnej skórze – odparł Eugene. – Zresztą sam pomyśl. Czy przed paroma dniami w ogóle obchodziły cię warunki, jakie panują w aresztach i zakładach karnych? Spędzało ci sen z powiek, czy osoby oskarżone o popełnienie przestępstwa traktowane są sprawiedliwie?

Sam sobie odpowiedział, nim zdążyłem otworzyć usta.

– Strzelam, że jeszcze trzy dni temu sam byłeś twardzielem o poglądach republikańskich, który uważał, że osadzonych trzeba trzymać krótko.

Słowa mężczyzny mnie zabolały, ponieważ niemal trafił w sedno, z tą różnicą, że byłem wyborcą niezależnym i nie głosowałem na żadną z dwu największych partii. Eugene czytał we mnie jak w otwartej księdze. Wprawdzie idea wolności i swobód obywatelskich była mi bliska, ale do tamtego momentu nie poświęcałem uwagi reformie prawa penitencjarnego.

– A moja żona? – spytałem.

– Podejrzewam, że skoro ją też przetrzymują, to chcą cię zmusić do złożenia fałszywych zeznań. Gdyby zależało im na prawdzie, nie potrzebowaliby na ciebie dodatkowego haka. Wystarczyłby im sam fakt, że trzymają tu ciebie. Zatrzymali twoją żonę, by zabezpieczyć swoje interesy. Kim są twoi współoskarżeni?

– Chodzi ci o pozostałe osoby wymienione w akcie oskarżenia?

– Tak. To właśnie twoi współoskarżeni.

– Pierwszy z nich to jakiś prawnik z Wilmington, który przysłał nam paru klientów. Ledwo go kojarzę. Drugi jest byłym prokuratorem federalnym i sędzią z Raleigh – odpowiedziałem. – Przez kilka lat był również stanowym przewodniczącym Partii Republikańskiej.

Eugene obdarzył mnie długim i znaczącym spojrzeniem, po czym powiedział:

– Mowa o prokuratorze federalnym, który jednocześnie był sędzią i lokalnym przewodniczącym partii politycznej, a ty nadal zastanawiasz się, czego od ciebie chcą? Przecież w Karolinie Północnej pokusa utarcia mu nosa jest ogromna. Zrobią wszystko, by cię tu przetrzymać, aż będziesz im potrzebny.

Nie podobały mi się słowa Eugene'a, ale na swój przewrotny sposób były logiczne.

– Po rozmowie z tobą też skłaniam się ku takiej wersji – odparłem.

– Sędzia Keesler zgodził się wczoraj na zwolnienie nas za poręczeniem majątkowym, zresztą bez zabezpieczenia, ale prokuratorzy odwołali się od orzeczenia. Nie miałem pojęcia, że mieli do tego prawo.

– Dziś postępują, jak im się żywnie podoba – odparł Eugene. – Dziwi mnie sam fakt, że sędzia w ogóle chciał zwolnić cię za kaucją. Teraz sędziowie boją się prokuratorów. A skoro prokuratorzy odwołali się od decyzji, prawdopodobnie szukają odpowiednio usłużnego sędziego, by cię tu jeszcze potrzymać. W świetle prawa muszą stawić się przed sędzią Sądu Dystryktowego USA dla Zachodniego Dystryktu, a zatem w Wydziale w Charlotte. Pozostaje ci mieć nadzieję, że twój obrońca tego dopilnuje.

– Przecież nie mogą dobrać sobie sędziego – zaprotestowałem. – Ani sądu. To niezgodne z prawem.

Nie miałem już ochoty ciągnąć rozmowy. Okazała się zbyt stresująca, tym bardziej że kryło się w niej ziarno prawdy. Zmieniłem temat.

– Jak ci się udało wnieść tu wojskowe trepy? – zapytałem. – Pozostali więźniowie noszą klapki japonki lub trampki.

– Zajmuję się sprzątaniem – odparł Eugene. – Dostałem zezwolenie od lekarza.

– Mógłbym ci dziś pomóc? Muszę się czymś zająć, bo inaczej zwariuję – powiedziałem, momentalnie żałując, że ostatnią część zdania wypowiedziałem na głos.

Przez następnych kilka godzin szorowaliśmy prysznice, zamiataliśmy, myliśmy podłogę mopami. Praca poza własną celą i rozmowa z Eugene'em przyniosły mi ukojenie. Mój towarzysz okazał się inteligentnym rozmówcą, który do tego pasjonował się sztuką. Po kolacji pokazał mi swoje szkice i wkrótce zgromadziła się wokół nas grupka mężczyzn.

Jeden z osadzonych był w złym humorze, ponieważ zbliżały się urodziny jego synka, któremu obiecał przesłać kartkę z jego ulubioną postacią z bajki.

Eugene zgodził się naszkicować postać, jednak chłopiec wybrał postać o imieniu SpongeBob Kanciastoporty. Ani jego ojciec, ani Eugene nie mieli pojęcia, jak wygląda SpongeBob. Ojciec chłopca był już bliski łez. Obiecał synowi kartkę urodzinową i chciał, by odpowiadała opisowi solenizanta.

Wycofałem się na pewną odległość, by przyjrzeć się zgromadzonej nad Eugene'em grupie osadzonych. Siedmiu zbitych w gromadę czarnych mężczyzn zamartwiało się nad urodzinową kartką chłopca, który ani nie był ich synem, ani nie był z nimi w żaden sposób spokrewniony. Mimo to groźnie wyglądający, doświadczeni życiem mężczyźni wczuli się w niedolę kolegi. Eugene narysował kilka bajkowych postaci, ale żadna z nich nie była SpongeBobem Kanciastoportym. Ze wszystkich zgromadzonych przy stole mężczyzn zaledwie jeden oglądał bajkę o SpongeBobie, jednak i on nie był w stanie przytoczyć wyglądu postaci na tyle, by Eugene mógł ją naszkicować. Ojciec był już gotów się poddać, gdy Eugene klepnął go w ramię i podał mu szkic.

Gdy mężczyzna ujrzał szkic, na jego twarzy zawitał szeroki uśmiech.

– Kubuś Puchatek!

Eugene idealnie odwzorował misia o malutkim rozumku, który na obrazku w jednej dłoni trzymał balonik, w drugiej zaś – beczułkę miodu.

– Wszystkie dzieci lubią Kubusia Puchatka – powiedział jeden z obecnych tonem, który sugerował, że i on skrycie lubi tę postać.

– Mój syn od dziecka ubóstwiał Puchatka – powiedział ojciec. – Jestem pewien, że spodoba mu się kartka.

Eugene skupił się na tym, by dokończyć kartkę, a mój umysł działał na pełnych obrotach, by zrozumieć sytuację, której byłem świadkiem. Poczułem się niczym Grinch z książki Dr. Seussa. Miałem wrażenie, że tamtego dnia moje serce urosło trzykrotnie.

Osadzeni z mojego pawilonu mieli groźny wygląd, a ich głosy brzmiały nieprzyjemnie. Musieli przyjmować takie pozy, by przeżyć w niebezpiecznych warunkach na ulicy, czyli na wolności, czy też w równie trudnych warunkach w zamknięciu, czyli tam, gdzie większość z nich miała spędzić długie lata w samotności.

Tamtego dnia stałem się świadkiem rozczulającej sceny, która objawiła ich prawdziwą naturę. Wiedziałem, że już nigdy nie spojrzę na nich tak, jak dawniej. Okazali się jedynie skrzywdzonymi ludźmi. Jako Afroamerykanie codziennie zmagali się z przeciwnościami losu, których sam nie doświadczyłem jako urodzony w czepku białas.

W ich pełnym przemocy świecie, o którym z dnia na dzień dowiadywałem się coraz więcej, szansa przeżycia zależała od tego, jak byli postrzegani przez otoczenie. Groźne usposobienie było w istocie pewną formą obrony. „Nie zadzieraj ze mną, bo pożałujesz" – do tego sprowadzała się ich mowa ciała. Im groźniej wyglądali i się zachowywali, tym mniejsza była szansa, że sami staną się ofiarami.

Moje myśli znów skupiły się na młodym artyście.

– Masz prawdziwy talent, Eugene – spróbowałem zagaić rozmowę, gdy pozostali stracili zainteresowanie obrazkiem.

– Chcę się podszkolić za kratami i zająć grafiką reklamową – odparł Eugene.

– Jak chcesz, mogę ci przesłać kilka albumów o sztuce, gdy tylko mnie stąd wypuszczą – zaproponowałem.

Mężczyzna spojrzał na mnie znad rysunku.

– **Jeśli** cię stąd wypuszczą. Nie chcę ci psuć nastroju, ale obaj jedziemy na tym samym wózku. A skoro wzięli twoją żonę za zakładniczkę, prawdopodobnie masz jeszcze bardziej przechlapane niż ja. Im prędzej to sobie uświadomisz i się z tym pogodzisz, tym lepiej to zniesiesz.

Dopiero wtedy do mnie dotarło, że i mnie, być może, czeka wieloletnia odsiadka, jeśli pójdę w ślady współosadzonych i odmówię przyznania się do winy i składania fałszywych zeznań przeciwko osobom trzecim.

Świadomość ta spadła na mnie jak grom z jasnego nieba. Momentalnie straciłem wiarę w to, że zostanę sprawiedliwie potraktowany. Zastąpiło ją poczucie strachu objawiające się ściskiem żołądka. Życie wymykało mi się spod kontroli, zawłaszczone przez jakąś potężną i niepowstrzymaną siłę.

Zrozumiałem, że muszę znaleźć coś, co pomoże mi przetrwać. Sam sobie nie poradzę. Mój nowy przyjaciel miał rację. Znalazł ukojenie w sztuce. A teraz ja muszę uczepić się czegoś, co zapewni mi spokój ducha.

I wtedy moja rozpacz ustąpiła miejsca myśli: przecież zawsze chciałem zostać pisarzem; może trzeba mi było odsiadki w zakładzie karym, by potraktować pisanie na serio? Postanowiłem, że opiszę mój pobyt w amerykańskim areszcie. Eugene podzielił się ze mną kartkami ze szkicownika. Opisałem wszystko, co stało się do tej pory, i obiecałem sobie, że będę pieczołowicie dokumentował kolejne dni.

W ciągu kilku dni opracowałem system – przesyłałem matce pocztą kolejne zapiski. Po latach miały się stać zalążkiem obecnej książki.

Szybko doszedłem do wniosku, że Stany Zjednoczone mojej młodości już nie istnieją. W mojej Ameryce nie mógłby istnieć gułag. To już nie Stany Zjednoczone, a jakieś podszywające się pod nie państwo, którego zostałem więźniem.

Gułag Ameryka.

Rozdział 14

CO SIĘ STAŁO?

ZAŁOŻĘ się, że do tej pory musiała przemknąć ci przez głowę myśl: „Przecież ten Howell Woltz musiał coś nabroić". Wcześniej, nim sam stałem się ofiarą amerykańskiego wymiaru sprawiedliwości, pomyślałbym to samo. Dziś już udowodniłem ponad wszelką wątpliwość, że nie popełniłem żadnego przestępstwa. Zacznijmy od tego, że przez te lata nie skazał mnie prawomocnie żaden sąd, a mimo to spędziłem 87 miesięcy w aresztach śledczych. Ale załóżmy, że niektórzy nadal wierzą w amerykański wymiar sprawiedliwości i nurtuje ich kwestia mojej niewinności.

Jestem w trakcie odzyskiwania dobrego imienia. Państwo musiało zwrócić mi środki pieniężne, które bezprawnie zajęło w 2006 roku. W świetle prawa jestem dziś osobą niewinną, ale walka o dobre imię i odzyskanie funduszy zajęła mi, bagatela, dziesięć lat okupionych ogromnymi cierpieniami. Wydałem na nią mnóstwo pieniędzy. Straciłem żonę, synów, dobre imię, przyjaciół, zdrowie i status doradcy prezydentów i premierów. Dziś jestem jedynie „byłym przestępcą", który już nigdy nie odzyska tego, co mu odebrano. W piątym roku aresztu moi synowie przestali odbierać telefony i odpisywać na listy. Moja żona powiedziała im, że przesiaduję za kratami „z własnej woli" i bardziej zależy mi na uczciwości niż na własnych dzieciach. Że mogłem wyjść na wolność, gdybym tylko poszedł na współpracę. Do dziś synowie nie utrzymują ze mną żadnego kontaktu.

Do tego właśnie sprowadza się Gułag Ameryka: w trzech przypadkach na cztery sytuacja oskarżonych jest podobna do mojej, przy czym większość ofiar amerykańskiego wymiaru sprawiedliwości nie dysponuje wystarczającymi środkami (ani konieczną nieustępliwością), by podjąć walkę z największym despotą świata. Czasami i ja żałuję, że podjąłem tę walkę. Stanąłem naprzeciw wroga i wygrałem – jednak koniec końców musiałem opuścić Stany Zjednoczone, by uchronić tak siebie, jak i własną rodzinę przed zemstą.

Do świata międzynarodowej finansjery trafiłem właściwie przez przypadek. Nie planowałem kariery w finansach, ale zacząłem dryfować w tym kierunku w latach siedemdziesiątych. Byłem wówczas właścicielem zakładu tekstylnego w Stanach Zjednoczonych. Zaopatrywaliśmy przedsiębiorstwa w tkaniny i dzianiny na potrzeby konfekcji damskiej, głównie na suknie, sukienki i spódnice. Wkrótce potem amerykański przemysł włókienniczy załamał się, gdy nasz rząd zawarł umowy handlowe z innymi państwami. Zalała nas fala zagranicznych ubrań i większość zakładów poszła z torbami.

Wtedy wykupiłem udziały w nowojorskiej spółce handlowej The Porterfield Company. Moim partnerem był tajemniczy starszy dżentelmen pochodzenia szkockiego, John Grant, który pod koniec II wojny światowej pracował kolejno dla dwu agencji wywiadowczych – Biura Służb Strategicznych i CIA. Po wojnie ożenił się z obywatelką Rodezji (dzisiaj Republika Zimbabwe) i pracował jako szpieg dla amerykańskiego rządu w Botswanie, dla niepoznaki pilotując stare dolnopłaty Douglas DC-3 dla botswańskiej linii lotniczej.

Sprzedawaliśmy koszule z dzianiny spółkom takim jak Polo, Brooks Brothers i L.L.Bean. Siedziba spółki mieściła się na 56th Street na Manhattanie. Reprezentowaliśmy zakłady tekstylne z Karoliny Południowej i Peru.

Z czasem podjęliśmy współpracę z drugą spółką, by rozpocząć działalność produkcyjną w Republice Haiti. Gdy po dwu latach kierownik zakładu w Port-au-Prince zmarł na białaczkę, ktoś musiał go zastąpić. A ponieważ byłem najmłodszy, traf chciał, że rola ta przypadła mnie. Z biegiem czasu wykupiłem pozostałych udziałowców i przekształciłem spółkę w największe przedsiębiorstwo odzieżowe na Haiti, a koniec końców – w największego pracodawcę w państwie.

W 1985 roku mój serdeczny przyjaciel Jimmy Jones przedstawił mnie właścicielom spółki, dla której pracował, którzy za jego namową postanowili wykupić moje przedsiębiorstwo na Haiti. Poleciałem do Miami, by spotkać się z głównym udziałowcem, ceniącym prywatność miliarderem Victorem Posnerem, który przyklepał umowę.

I tak oto w wieku zaledwie trzydziestu dwu lat zostałem milionerem. Wkrótce potem moja ówczesna żona Laurie (wówczas adwokat, a obecnie sędzia sądu dystryktowego w moim rodzimym stanie) zaszła w ciążę i urodziła nam się córka Kate. Nieustanne podróże na Haiti i z powrotem zaczęły mi przeszkadzać w pełnieniu roli męża i ojca, więc z czasem Laurie i Kate przeprowadziły się do Port-au-Prince.

Rodzinna sielanka nie trwała jednak długo. Wkrótce w Republice Haiti doszło do otwartego buntu przeciw władzom. Niemal codziennie świstały kule i ludzie ginęli na ulicach. Komuniści żądali ustąpienia dyktatora Jeana-Claude'a Duvaliera i rozpisania demokratycznych wyborów. Zaczęli palić opony i paraliżować ulice Port-au-Prince krwawymi demonstracjami, pozbawiając życia każdego, kto stanął na ich drodze.

Gdy pewnego wieczoru zastałem naszego dżipa z szybami wybitymi kamieniami lub przestrzelonymi z broni, uznałem, że Laurie i Kate nie zostaną na Haiti ani dnia dłużej.

Sam omal nie straciłem życia. Uratował mnie fakt, że sforsowałem terenówką barykadę z płonących opon, gdy w moją stronę leciały kule i metalowe słupki. Gdy w końcu się zatrzymałem, okazało się, że przez tylną i przednią szybę przebiega słup drogowskazu, którym usiłowali mnie zabić rebelianci. Zresztą to on uchronił mnie tamtej nocy przed śmiercią, bo za dnia się okazało, że nosi wiele śladów po kulach.

Wspólni przyjaciele przedzwonili do Laurie z wieścią, że zostałem zabity na głównej trasie, Route Nationale 1, nim dotarłem do domu. Świadkowie założyli, że zmarłem w pożarze wśród rozpalonych opon, ale w rzeczywistości jedynie osmaliłem sobie brwi i włosy i „opaliłem" twarz.

Gdy opuszczałem poczerniałe mitsubishi pajero, Laurie zbiegała akurat po schodach z bagażami. Następnego dnia odleciała samolotem linii Pan Am, by już nigdy nie powrócić.

Ja natomiast byłem jednym z tych młodych przedsiębiorców, którzy postawili wszystko na jednej szali. Nie mogłem opuścić Haiti, ponieważ straciłbym dorobek całego życia. A od mojego losu zależał los ponad dwu tysięcy pracowników spółki, a na Haiti brak zatrudnienia często oznaczał, że cała rodzina przymierała głodem.

Po odlocie Laurie sytuacja na Haiti uległa pogorszeniu. Ilekroć wojsko odbijało ulice z rąk komunistów, by uczciwi ludzie mogli udać się do pracy, jego posunięcia były surowo potępiane w zagranicznej prasie. Z czasem wojsko ustąpiło pola, a kraj pogrążył się w anarchii.

Gdy wybuchła rewolucja, nowy właściciel spółki, Victor Posner, postanowił zamknąć lub sprzedać działalność na Haiti. Nikt o zdrowych zmysłach nie odkupiłby zakładu w okresie rewolucji, kiedy ten wyłącznie przynosił straty, ale sam pomogłem stanąć na nogi wielu pracownikom. Do roku 1986 wielu z nich otrzymało od nas edukację i fach w rękach. Wielu pomogliśmy wykupić własne mieszkanie i kupić samochód. Wszyscy pracownicy mieli zapewnioną darmową opiekę medyczną, a na terenie samego przedsiębiorstwa znajdował się niewielkich rozmiarów szpital z zakładową kadrą lekarską. Ponadto pracownicy mieli dostęp do zakładowego sklepu, w którym mogli kupić produkty spożywcze po hurtowych cenach amerykańskich (na mój koszt, dzięki czemu ceny stanowiły zaledwie jedną czwartą tego, co zdzierali na obywatelach Haiti miejscowi baronowie). Niektórzy zresztą później sprzedawali te produkty sąsiadom, nieźle na tym zarabiając.

Otworzyliśmy również lokalną szkołę, która zapewniała pracownikom bezpłatną edukację. Dziś mogę powiedzieć, że wtedy kierowałem się nie rozumem, a sercem, ale szczerze kochałem moich pracowników – i ufam, że z wzajemnością. Nie mogłem dopuścić do tego, by Victor Posner zamknął nasz zakład, więc go odkupiłem. Nadal prowadziliśmy działalność w okresie rewolucji, chociaż ta przynosiła nam ogromne straty.

Pewnego wieczoru wraz z dziewięcioma innymi przedsiębiorcami, którzy nadal usiłowali działać w Republice Haiti, udaliśmy się do rezydencji pułkownika Hérarda Abrahama, głównodowodzącego wojska, położonej u stóp łańcucha Montagnes Noires. Poprosiliśmy o zgodę na uruchomienie konwoju, który transportowałby pracowników z satelickiej gminy Carrefour na teren parku przemysłowego w Port-au-Prince i z powrotem. Zależało nam na eskorcie wojskowej, która udaremniałaby ataki rebeliantów.

Widok pułkownika Abrahama siedzącego wraz z innym wojskowym w salonie, nie na sofie, a na siedzeniu wymontowanym z vana, i pijącego miejscowe piwo marki Prestige był doprawdy komiczny. By stawić czoła nieludzkim upałom, obaj mężczyźni rozebrali się do białych bokserek i podkoszulków. Siedzieli skuleni, wpatrzeni w niewielki ekran telewizora, na którym leciał z kasety program fitness z instruktorką, a dziś znaną aktorką, Jane Fondą. Jednak sami wojskowi nie dali się porwać ćwiczeniom, co pozwala mi przypuszczać, że puszczali kasetę fitness w celach innych niż zdrowotne.

Ideę konwoju dla pracowników miał przedstawić mój serdeczny przyjaciel, Victor Boulos, drugi po mnie największy pracodawca w kraju. Pułkownik Abraham był typowym wojskowym, ale zachował na tyle człowieczeństwa, by zależało mu na dobru pracowników. Nie odrywając wzroku od Jane Fondy, wskazał mnie, jedynego białego człowieka i obcokrajowca w salonie, dłonią ze słowami, że to „moja" wina (miał zapewne na myśli amerykańskich dziennikarzy), że na Haiti nadal panują niepokoje społeczne. Dodał, że ilekroć wojsko powstrzymywało gangi komunistów przed paleniem opon i zabijaniem ludzi na ulicach, amerykańscy dziennikarze oskarżali je o naruszanie praw człowieka, a ambasada groziła wstrzymaniem funduszy. Gdy do tego w końcu doszło, Haiti ostatecznie pogrążyła się w anarchii.

Pułkownik przyklasnął naszej propozycji, ale nie zgodził się na wojskową eskortę. Pozwolił nam jednak sprowadzić bezcłowo do kraju flotę używanych ciężarówek z Miami, a także zezwolił na dostarczenie samolotem całej ładowni broni palnej, abyśmy mogli uzbroić się przeciwko atakom. Przez cały okres niepokojów codziennie rano i wieczorem woziliśmy bezpłatnie każdego, kto nadal chciał pracować, i to niezależnie od przedsiębiorstwa.

Miejsce pułkownika Abrahama wkrótce zajął inny wojskowy, ale zezwolenie na konwój pozostało w mocy aż do upadku władz.

Uzbroiliśmy się w ośmiostrzałowe strzelby Winchester 1300 Defender, ale zamiast naboi z prawdziwego zdarzenia mieliśmy śrutowe[1], więc i tak mogliśmy przeciwników zaledwie zadrasnąć. Szczęśliwie okazało się, że na co dzień poza nielicznymi sytuacjami nie mieliśmy z broni żadnego użytku. Zainspirowaliśmy się filmem „Czas apokalipsy", w którym postać grana przez Roberta Duvalla kazała żołnierzom odtwarzać na pełen głośnik muzykę klasyczną z pokładów helikopterów. Wkrótce komuniści zaczęli usuwać z trasy opony na sam dźwięk Mozarta dobiegający z zamontowanych na dachach ciężarówek głośników, tak by konwój z pracownikami mógł bezpiecznie dojechać do parku przemysłowego.

Codziennie o czwartej rano wsiadałem do ciężarówki na czele konwoju kierowanej przez niejakiego Wilsona. Zostałem trzykrotnie postrzelony, ale nie opuściłem ani jednego konwoju. Zakładowy lekarz robił nam opatrunki, abyśmy następnego dnia z rana mogli ponownie wyruszyć w trasę. Byłem wtedy tak przemęczony, że kolejne miesiące zlewają mi się w całość, ale udało nam się ocalić zakład i miejsca pracy.

Pewnego razu zaprosiłem do konwoju amerykańskiego kongresmena Roberta Dornana z Kalifornii, gdy ten odwiedził wyspę, by przekonał się, jak naprawdę wygląda codzienność na Haiti. Tamtego dnia przed świtem Dornan wsiadł do ciężarówki na czele konwoju. Jadąc trasą, uświadomił sobie, że trafił w zupełne inne miejsce niż to, które znał z opowieści pracowników ambasady. Ci zazwyczaj nie wyściubiali nosa poza hotelowe bary i grodzone osiedla w Pétionville, gdzie mieściły się rezydencje członków korpusu dyplomatycznego.

Wkrótce po wizycie Dornana rozdzwoniły się telefony od przedstawicieli amerykańskich władz, w tym kilka z Białego Domu, z pytaniem,

---

[1] Śrut strzelniczy nr 8 (o średnicy 2 mm) stosowany jest przez myśliwych polujących na niewielkie ptaki. Z kilkumetrowej odległości śrut taki nie jest w stanie zabić ani poważnie zranić większej zwierzyny.

co tak naprawdę dzieje się na wyspie. Zaproszono mnie do Białego Domu na spotkanie z ówczesnym sekretarzem stanu, George'em Shultzem, oraz jego zastępcą, Elliottem Abramsem, abym zdał szczegółową relację.

Ostatecznie w 1986 roku wspierany przez USA dyktator Jean-Claude Duvalier zbiegł z kraju na pokładzie odrzutowca US Air Force. Ster rządu objął generał Henry Namphy, ale wskutek niepokojów społecznych władza zmieniła się jeszcze ośmiokrotnie.

W tamtych trudnych latach nasze zakłady na Haiti przestawiły się na całkowitą integrację pionową procesów produkcyjnych – od momentu sprowadzenia kontenerów z surowcami bezpośrednio z Chin każdy kolejny etap produkcji zachodził już na miejscu. Tworzyliśmy własne wzory, cięliśmy tkaninę i robiliśmy z niej jeansy, które następnie były fabrycznie postarzane (takie były wówczas modne), składane i pakowane. Na miejscu produkowaliśmy nawet kartonowe etykiety konkretnych producentów wraz z metkami z ceną, by jeansy z hurtowni w mieście Medley w stanie Floryda mogły trafić bezpośrednio na sklepowe półki. Przez cały okres kolejnych zamachów stanów i rewolucji produkowaliśmy jeansy dla No Excuses, Bon Jour, Tres Jolie, Laura Apparel, Power Blues sieci K-Mart i wielu innych marek.

By zagwarantować w tamtych czasach regularne dostawy jeansu z Chin, musiałem wystawiać dostawcom akredytywy z sześciomiesięcznym wyprzedzeniem, płacąc całą kwotę z góry. A ponieważ działalność w czasach rewolucji przynosiła same straty, musiałem znaleźć sposoby na zmniejszenie kosztów działalności.

Za pośrednictwem pewnej spółki z Vancouver dowiedziałem się o działalności nowo powstałego banku Royal Credit Bank założonego przez brata ówczesnego króla Jordanii, Husajna I, który typowany był na następcę tronu. Ostatecznie Husajn I przekazał władzę synowi, więc byłem w stanie odkupić bank po rozsądnej cenie (mniejszej niż koszt założenia własnego banku i uzyskania licencji bankowej), a następnie, za zgodą odpowiedniego organu nadzoru, zostałem jego właścicielem. Planowałem wykorzystać kapitalizację banku, by wydawać akredytywy typu *back-to-back* bez konieczności opłacania surowców z wielomiesięcznym wyprzedzeniem przy jednoczesnym stosowaniu dźwigni finansowej w celu wykupienia tkanin dla wszystkich zakładów.

Mój plan nigdy jednak nie wszedł w życie. Zakłady zostały znacjonalizowane przez władze po wygranej wspieranego przez komunistów Jeana-Bertranda Aristide. Podczas inauguracji prezydentury, na którą Aristide zaprosił Fidela Castro, prezydent wygłosił filipikę przeciwko Stanom Zjednoczonym i ówczesnemu prezydentowi George'owi H.W. Bushowi, oświadczając dziennikarzom, że wszyscy Amerykanie i obcokrajowcy na Haiti powinni utonąć w odmętach oceanu. Już wcześniej poplecznicy Aristide'a zaczęli wtrącać do więzienia zagranicznych właścicieli fabryk, wymuszając płacenie okupów (bo USA zakręciły kurek z pieniędzmi i kraj się dławił). Reżim Aristide'a postanowił poratować się pieniędzmi amerykańskich obywateli.

Po dekadzie spędzonej na Haiti wróciłem do Stanów Zjednoczonych w łachmanach... jako właściciel nowo powstającego banku w Hong Kongu, który nie rozpoczął jeszcze działalności. Technicznie więc nie byłem już producentem jeansów, lecz pracownikiem sektora finansowego. A ponieważ w tamtym czasie nie miałem innych opcji, postanowiłem obrócić ten fakt na moją korzyść.

Rozdział 15

TRANSPORT SAMOCHODOWY Z MARSHALAMI FEDERALNYMI

23 kwietnia 2006 roku
Trzy dystrykty sądowe jednego dnia

> „Sądem właściwym miejscowo do rozpoznania sprawy jest
> sąd w dystrykcie, na którego obszarze popełniono czyn
> zabroniony. [...] Jurysdykcja to zdolność prawna danego
> podmiotu do orzekania w danej sprawie, jak również obszar,
> na jakim dany sąd ma prawo do rozpoznawania spraw".

> artykuł 18 paragraf 3232 Kodeksu Stanów Zjednoczonych
> (18 U.S.C. §3232)

> Przestępstwa i postępowanie karne.
> Właściwość rzeczowa i miejscowa sądu.

NA zegarze wybiła czwarta rano. Kazano nam odbębnić codzienny absurdalny rytuał – poranny apel. Zamiast jajka w proszku i kaszy kukurydzianej podano nam owsianą papkę i po pojedynczym kwadratowym gofrze – niedzielny specjał szefa kuchni. Gdyby nie niewielkie zmiany w menu, już wtedy kolejne dni zaczęłyby mi się zlewać w jedną całość.

Powoli przyzwyczajałem się do codziennej rutyny. Gdy tylko podjąłem decyzję o prowadzeniu dziennika, pogodziłem się ze swoim losem i postanowiłem zrobić wszystko, co w mojej mocy, by nad nim zapanować. Całymi godzinami opisywałem szczegółowo kolejne dni. Jakimś cudem znalazł się tu egzemplarz książki *Człowiek w poszukiwaniu sensu* Viktora Frankla o przeżyciach autora w niemieckich obozach koncentracyjnych. Lektura dodała mi otuchy. Dawniej ludzie znajdowali się w gorszych sytuacjach. Często wspominałem również mojego ulubionego filozofa, Epikteta z Hierapolis. W „Diatrybach", które znałem niemal na pamięć, Epiktet przestrzegał, że w życiu tak naprawdę nic nie znajduje się pod naszą kontrolą poza nami samymi.

Przemyślenia Epikteta i Frankla wzięły się z podobnych doświadczeń. Obaj doszli do wniosku, że chociaż nie mamy wpływu na to, że jest nam wyrządzane zło, możemy jednakowoż obrać sposób, w jaki stawimy mu czoła. Własna reakcja to jedyna rzecz, nad którą sprawujemy pełną kontrolę. Zrozumiałem, że zostałem doświadczony właśnie po to, by stawić czoła Gułagowi, nawet jeśli moja rola miałaby ograniczyć się do zdania światu samej relacji.

Na początku uzupełniłem harmonogram dnia o medytację, której oddawałem się samotnie w celi po śniadaniu. Medytowałem od wielu lat, odkąd w latach dziewięćdziesiątych spędziłem nieco czasu w Indiach[1]. Wiedziałem, że muszę skupić się nie na doświadczaniu cierpienia, a na świadomości celu. Musiałem również zatroszczyć się o własne przetrwanie – zarówno fizyczne i emocjonalne, jak i duchowe.

Postanowiłem również zadbać o zdrowie. O ile początkowo w czasie przeznaczonym na rekreację potrafiłem całą godzinę użalać się nad sobą, z biegiem dni zacząłem robić pompki i brzuszki. Spacerowałem również w kółko szybkim krokiem po niewielkim wybiegu, wyobrażając sobie, że jestem na łonie natury. Tamtego dnia spacerowałem tak długo, że całkowicie wyschły mi drelichy, które wieczorem poprzedniego dnia umyłem pod prysznicem. W pewnej chwili dobiegł mnie głos strażnika.

---

[1] W latach dziewięćdziesiątych pracowałem w Indiach nad przedsięwzięciami związanymi z ochroną środowiska, za co podziękowano mi podczas festiwalu World Peace Festival w Alandi w 1998 roku, a następnie nauczałem przedsiębiorczości na politechnice Bapuji Institute of Engineering & Technology w Dawangere.

– Woltz! Zbierz wszystkie manatki i rusz się do przesuwaka. Masz pięć minut. Na parterze czekają na ciebie marshale. Nie każ im fatygować się tu osobiście.

Nie miałem pojęcia, co nas dziś czeka, ale miałem nadzieję, że moi przeciwnicy uświadomili sobie, jak wielki popełnili błąd. Możliwe, że David Freedman naprawdę okazał się najlepszym obrońcą karnym w Karolinie Północnej i sumiennie pracował za kulisami, by przywrócić nam wolność. Może już niedługo nasz koszmar dobiegnie końca. Wstąpiła we mnie nadzieja. Przekazałem notatki Eugene'owi, by ten przesłał je na mój domowy adres.

Miałem ze sobą jedynie więzienne drelichy, więc byłem już gotów po dwóch minutach. Strażnik dał mi pięć, więc pozostały mi jeszcze trzy.

Okazało się jednak, że marshalom się nie śpieszy. Czekałem pośrodku przesuwaka przez niemal pół godziny, nim w końcu ktoś mnie eskortował na parter, gdzie trafiłem do jednoosobowej celi.

Wkrótce potem ujrzałem przez kraty strażnika prowadzącego moją żonę i na krótką chwilę spojrzeliśmy sobie w oczy. Vernice wzruszyła ramionami, jakby chciała powiedzieć, że też nic z tego nie rozumie.

Została umieszczona w celi nieopodal mojej. Po upływie zadziwiająco krótkiego czasu kazano nam zdjąć więzienne stroje i oddano nam z powrotem ubrania.

Wszystko wskazywało na to, że już wkrótce nas wypuszczą!

Ale właśnie wtedy do mojej celi wparował siwowłosy marshal federalny ubrany w rybacki kubrak, bawełnianą koszulkę i spodnie w kolorze khaki. Tuż za nim dreptała niska, ciemnowłosa młoda kobieta z torbą wypełnioną łańcuchami i kajdankami – czyli jednak nas nie wypuszczą.

Marshale związali nas łańcuchami i skuli kajdankami. Pouczyli nas, że nie możemy obok siebie siedzieć ani ze sobą rozmawiać. Następnie posadzili mnie w vanie za żoną, a z przodu w kabinie, która oddzielona była od nas szklaną szybą, puścili na cały głośnik kasetę z wiekową już piosenką *Dr C.C.* Clarence'a Cartera. A ponieważ w kabinie było głośno, mogłem wychylić się ku żonie i zamienić z nią parę słów, tak by nie usłyszeli nas marshale.

Zapytałem się jej, czy może wie, dlaczego nas tak tratują i kto za tym stoi. Zaprzeczyła.

Po krótkiej wymianie zdań nie ryzykowaliśmy już dalszej rozmowy. Wyjechaliśmy trasą z Charlotte. Nie mieliśmy pojęcia, dokąd zmierzamy. W świetle prawa marshale nie mogli wywieźć nas z dystryktu, w którym rzekomo popełniliśmy przestępstwo, a zatem powinniśmy byli zostać na obszarze właściwym dla Wydziału w Charlotte i Zachodniego Dystryktu Karoliny Północnej, skoro to tam przedstawiono nam zarzuty.

Gdy danej sprawie zostanie przypisany sąd właściwy miejscowo, to choćby i ustalono jurysdykcję błędnie, sąd ten pozostaje jedynym sądem, który może rozpoznawać i rozstrzygać daną sprawę przez cały okres jej trwania. Z chwilą przypisania właściwości miejscowej staje się ona wyłączna, więc dokądkolwiek przenosili nas marshale, robili to bezprawnie.

Ojcowie Założyciele Stanów Zjednoczonych na mocy konstytucji zagwarantowali obywatelom ochronę prawną polegającą na zawężeniu właściwości miejscowej sądów, tak by obywatele nie byli sądzeni z dala od własnych dystryktów, w bliżej nieokreślonych miejscach, bez poszanowania dla majestatu prawa.

Pomimo żądania na piśmie mój adwokat nie zrobił nic, by przeciwstawić się temu bezprawiu.

Trzy dystrykty dalej van zajechał na prywatny podziemny parking jednej z wielu przechowalni osadzonych na terenie Wschodniego Dystryktu Karoliny Północnej.

Federalni prokuratorzy śledczy dołożyli wszelkich starań, by zapewnić sobie zwycięstwo. Popełnili przestępstwo federalne. Przetransportowali nas potajemnie do obcego dystryktu bez zapewnionej konstytucyjnie jurysdykcji, by tam rozpoznać naszą sprawę.

Czyżby zamierzali nas zabrać do tego samego sądu, w którym prawdziwy cel ich knowań, Sam Currin, pełnił dawniej funkcję sędziego? Wschodnia część Karoliny Północnej stanowiła bastion Demokratów, odkąd Andrew Jackson założył partię w dziewiętnastym wieku. A ponieważ Sam Currin był dawniej federalnym prokuratorem śledczym z namaszczenia Republikanów, a później pełnił funkcję przewodniczącego partii na szczeblu stanowym, pomysł śledczych był piekielny – i diablo skuteczny. W opanowanym przez Demokratów Wschodnim Dystrykcie Karoliny Północnej Currin nie mógł liczyć na żadną sympatię.

Wskutek knowań śledczych znaleźliśmy się w sytuacji bez wyjścia – z dala od domu i z dala od własnej jurysdykcji, w środowisku, które w dowolnej kwestii na wejściu było uprzedzone przeciwko Samowi Currinowi. Przypomniałem sobie, że prokurator śledczy Kurt Meyers już podczas posiedzenia w Charlotte nazwał nas bliskimi współpracownikami Currina – wtedy jeszcze nie rozumiałem dlaczego.

To przez moją spółkę Sam Currin został zmuszony przenieść działalność. Jako prezes Sterling Trust osobiście złożyłem zawiadomienie o prowadzeniu podejrzanej działalności w sprawie Currina, które pociągnęło za sobą kolejne wydarzenia. I właśnie dlatego teza prokuratora Meyersa o bliskich kontaktach między mną a Currinem nie trzymała się kupy, ale powoli do mnie docierało, co chciał osiągnąć. Czyżby nas tu przetransportował w ramach planu „B", na wypadek gdyby sąd właściwy miejscowo jednak nas zwolnił z aresztu?

Dlaczego jednak śledczy poświęcili tyle uwagi moim przemowom oraz artykułom o postępującej erozji wolności w Stanach Zjednoczonych? Mojej dawnej karierze dziennikarskiej i publicznym wystąpieniom o Konstytucji Stanów Zjednoczonych poświęcili więcej czasu aniżeli samym spreparowanym zarzutom. Poza tym prokuratorzy odczytali przed sędzią moje artykuły o nadchodzącej zapaści gospodarczej w Stanach Zjednoczonych w październiku 2008 roku – co wówczas, w kwietniu 2006 roku, wydawało się nie do pomyślenia – tak jakby moja prognoza, która zresztą dwa i pół roku później sprawdziła się co do joty, była równoznaczna ze zdradą stanu.

Moje przemyślenia ukrócił marshal, który zaparkował van na podziemnym parkingu w odległym Wschodnim Dystrykcie. Mężczyźni zdjęli nam łańcuchy i kajdanki i przekazali nas w ręce funkcjonariuszy kolejnego aresztu śledczego. Któryś raz z kolei rytualnie zamknięto nas w celach na całe godziny, by następnie pozbawić nas ubrań – i ludzkiej godności. Znów musiałem demonstracyjnie unieść mosznę, rozchylić pośladki i odkaszlnąć dla funkcjonariusza Ramosa, by ten mógł się upewnić, że marshale nie przekazali mi żadnej kontrabandy. Bodaj jedyną czynnością, która budzi we mnie większą odrazę niż przemycanie jakichkolwiek przedmiotów w miejscach intymnych, jest późniejsze z nich korzystanie.

Następnie wydzielono mi koszulkę z dekoltem w serek i rozciągliwe, o trzy rozmiary za duże dresy w pionowe jaskrawopomarańczowe i białe paski. Musiałem schować dumę do kieszeni. Kilka godzin później zabrano nas do pielęgniarki. Kobieta zaczęła nam zadawać osobiste pytania, które godziły w naszą prywatność. Tego dnia wczesnym popołudniem nie miała innych pacjentów, więc uwinęliśmy się w połowie czasu, bo zaledwie w cztery godziny lub pięć.

Ponownie skuto nas łańcuchami i kajdankami tylko po to, abyśmy wjechali windą na piętro, mimo że już znajdowaliśmy się w strzeżonym wnętrzu aresztu.

Gdy wjechałem w asyście strażnika na piąte piętro, zdjęto mi kajdanki i kazano mi zabrać matę z obskurnego pomieszczenia, które dawniej służyło więźniom za salę gimnastyczną (obecnie bezprawnie odmawia się im ćwiczeń).

Zabrałem matę do spania i jedną z plastikowych toreb z mydłem, szczoteczką i pastą do zębów oraz kompletem ręczników, które poniewierały się po brudnej podłodze.

Z matą pod pachą i artykułami higieny osobistej w dłoni wkroczyłem do modułu, który w pierwszej chwili sprawiał wrażenie domu wariatów.

Dwaj więźniowie w pomarańczowo-białych drelichach wrzeszczeli na siebie wniebogłosy, gotowi pobić się o jedyny działający telefon. Co najmniej sześćdziesięciu osadzonych w jaskrawych strojach więziennych wrzeszczało, darło się, uprawiało hazard, przeklinało, podciągało się pod schodami i oglądało telewizję z podwieszonego pod sufitem ekranu. Brakowało miejsca, by choćby przykucnąć, nie wspominając o rozłożeniu posłania. Podobnej sceny nie widziałem nawet w filmach.

Odwróciłem się, by zapytać się strażnika, gdzie mam położyć się spać, ale ten już się ulotnił. Zostałem sam z otwartą szczęką pośrodku rozgardiaszu, który toczył się w najlepsze bez mojego udziału, jakbym w ogóle nie istniał.

Na piątym piętrze aresztu w Wake County znajdowały się cztery moduły dla osadzonych – niebieski, żółty, zielony i czerwony. Jak łatwo się domyślić, zawdzięczały nazwy barwom ścian. Pomiędzy modułami znajdowało się okrągłe pomieszczenie nadzoru, w którym funkcjonariusze służby więziennej obserwowali więźniów zza luster weneckich. Zainspirowani, jak sądzę, projektem panoptykonu Jeremy'ego Benthama z XVII w., który zakładał, że osadzeni nigdy nie powinni mieć świadomości, kiedy są obserwowani. W przypadku mojego domu wariatów strażnicy przyglądali się codziennemu szaleństwu zza luster – szaleństwo zaś rozgrywało się w czterech modułach, w których kłębiło się czterokrotnie więcej więźniów niż było cel i miejsc do spania. Gdyby nie elektryczne oświetlenie i jaskrawe drelichy, rozgrywająca się przede mną scena przypominałaby artystyczne wyobrażenia piekła.

Gdy podszedłem do okna i przesuwanych drzwi, okazało się, że podobne sceny rozgrywają się w module zielonym naprzeciwko korytarza oraz umieszczonym po skosie, jedynie częściowo widocznym module czerwonym.

Byłem zaskoczony, jak niewielkie były poszczególne moduły. Przypominały dwupiętrowe, połączone schodami stajnie z ludźmi. Schody prowadzące na drugi poziom modułu były tak zatłoczone przez siedzących, że ledwie można było przejść. Akurat kończyłem liczyć cele w module, gdy zagadał mnie młody biały mężczyzna.

– Wyglądasz, jakbyś nie mógł się odnaleźć – powiedział.

– Bo tak jest – odparłem. – Gdzie oni wszyscy śpią? Odnoszę wrażenie, że w module jest dwa razy więcej osób niż miejsca. Naliczyłem jedynie dwadzieścia cztery cele.

– Tak naprawdę są dwadzieścia trzy – odparł rozmówca. – Szeryf jest przesądny. Na terenie całego zakładu nie ma ani jednego pomieszczenia z numerem trzynaście. Uważa, że trzynastka przynosi pecha. A mężczyzn jest ponad dwa razy więcej niż miejsc do spania. Dziś wieczorem jest nas około sześćdziesięciu, ale jest jeszcze wcześnie. Po zmierzchu zaczną aresztować kolejnych. Co noc zapełniają po brzegi wszystkie moduły.

Mężczyzna wcale nie żartował. Po celi z numerem dwanaście od razu następowała czternasta, a w zasięgu wzroku znajdowało się co najmniej sześćdziesięciu mężczyzn, nie licząc osób, które znajdowały się w celach.

– Nazywam się Michael Sprackland – przedstawił się mężczyzna, wyciągając dłoń. – Jeśli chcesz się przespać, pozostaje korytarz na drugim poziomie. Podłoga na dole jest już zajęta. Chodź. Poproszę kogoś o przesunięcie maty, a może jeszcze gdzieś się wciśniesz.

Spojrzałem w górę. Rzeczywiście, korytarzyk zapełniony był osadzonymi spoczywającymi na matach lub spoglądającymi przez ochronne balustrady. Widok ten przypominał przesadzoną hollywoodzką scenę rodem z filmów klasy B o więzieniach lub domach wariatów z lat trzydziestych. Ale to nie był film. Moje doznania były tak namacalne, że aż zmrużyłem oczy i poczułem ból w uszach. Bezustannie dochodziło do bójek i sporów. Gdy wchodziliśmy schodami na drugi poziom, pewien młody mężczyzna wspiął się na balustradę, gotów zeskoczyć poziom niżej. Odurzony nieznanym narkotykiem, który dostał od innego więźnia, wmówił sobie, że potrafi latać. Całe szczęście niedoszłego ptaka obezwładniono, nim zdążył przetestować skrzydła.

Mój nowy przyjaciel grzecznie poprosił mężczyzn na schodach, by zrobili nam przejście.

Korytarz z balustradą rozciągał się na niemal całej szerokości modułu. Nie przebiegał idealnie poziomo i szczerze powiedziawszy, wyglądał dość nietrwale. Zapchany był do granic. Na drugim poziomie osadzeni leżeli zwróceni do siebie głowami lub nogami jeden obok drugiego na całej szerokości balustrad, a na pierwszym zajmowali całą podłogę, tak że ledwie można było przejść między matami. Mężczyźni rozłożyli maty nawet między metalowymi stołami, które były na stałe przytwierdzone do betonowej podłogi. Nie odważali się opuszczać mat, by nie poddać granic własnego królestwa.

Królestwo to dobre słowo, bo wnętrze modułu przypominało średniowieczne lochy. Nie mogłem uwierzyć, że to, czego doświadczam, dzieje się w sercu Stanów Zjednoczonych. Świadomość, że nikt nie zna miejsca mojego pobytu, napełniła mnie grozą. Skoro agenci federalni, marshale i prokuratorzy śledczy otwarcie łamią moje konstytucyjne prawa, co takiego ich powstrzymuje, by zwyczajnie pozbawić mnie życia?

Z dala od schodów wypatrzyliśmy nieco wolnego miejsca między matami. Michael poprosił leżących nieopodal, by się przesunęli.

– Zejdź na dół, jak rozłożysz posłanie – powiedział Michael. – Opowiem ci co nieco.

Ostrożnie stąpając między leżącymi mężczyznami, skierowałem się do stolika, przy którym siedział Michael wraz z kilkoma innymi osobami. Sympatyczny mężczyzna poprosił jednego z siedzących, by ustąpił mi miejsca. Wskazany przez niego człowiek oddalił się bez słowa na znak szacunku.

– Witaj w domu wariatów. Jestem Edwin z Angier z Karoliny Północnej. Skąd jesteś?

– Jestem tutejszy. Amerykanin. Ale na co dzień mieszkam na Bahamach. A przynajmniej mieszkałem.

– Na Bahamach? – zdziwił się Edwin. – Kurcze. Nikt im się nie wywinie, co nie?

Michael przytaknął.

Dowiedziałem się, że Edwin odsiadywał nieludzko długi wyrok za posiadanie niewielkiej ilości kokainy, który został rozszerzony[2] ze względu na okoliczności obciążające, czyli nadzwyczajnie zaostrzony, bo policja w toku nielegalnego przeszukania w domowej pralni mężczyzny znalazła stary pistolet.

Okazało się, że pewnego roku Edwin próbował dorobić sobie przed Bożym Narodzeniem, by móc kupić dzieciom prezenty. Diler, od którego kupił narkotyki, ujawnił prokuraturze imiona klientów, by skrócić wyrok.

---

[2] Rozszerzenie (zaostrzenie) odpowiedzialności karnej (ang. *sentence enhancement*) to sztuczna metoda, którą posługuje się prokuratura, by znacząco zwiększyć kary pieniężne i wydłużyć kary pozbawienia wolności za te aspekty przestępstwa, do popełnienia których oskarżony się nie przyznał. Wskutek niekonstytucyjnego stosowania takich zaostrzeń Stany wydają rekordowo wysokie wyroki, szczególnie za przestępstwa drobne, które nie wiążą się z użyciem przemocy.

Michael dostał zarzut zmowy w celu prania brudnych pieniędzy[3].

– Wszyscy w końcu idą na ugodę i dobrowolnie przyznają się do winy – stwierdził, na co przytaknął mu Edwin. – W przeciwnym razie wlepiają ci dożywocie. Nie jesteś w stanie z nimi wygrać. Jeśli się uprzesz, że poczekasz na proces, zaczną cię oskarżać o kolejne zmowy i stawiać ci kolejne zarzuty. Wszystko i tak jest ukartowane przeciwko tobie. Nie masz wyboru, musisz pójść na ugodę.

Edwin przytaknął.

– Ale ani ja, ani moja żona nigdy świadomie nie złamaliśmy prawa – zaprotestowałem. – Nie rozumiemy nawet zarzutów z aktu oskarżenia. Nie mogę tak po prostu zadeklarować przed sądem, że zrobiłem coś, czego nie zrobiłem.

– Masz rację – odparł Michael. – To wbrew wszystkiemu, co miało reprezentować sobą państwo. Ale tak już jest i już. Im prędzej to zrozumiesz, tym lepiej na tym wyjdziesz. Gdy zaproponują ci ugodę – a zaproponują, masz to jak w banku – lepiej ich posłuchaj.

– Brzmi jak szalony pomysł, ale Michael ma rację – dodał Edwin.

– Zaproponują ci ugodę kilkakrotnie, najczęściej dwa lub trzy razy – wyjaśniał dalej Michael. –Nie musisz zgodzić się za pierwszym podejściem, ale ani się waż po prostu ich zbyć. Powiedz im, że musisz się poważnie zastanowić. Ale za trzecim razem nie będziesz miał już innego wyboru. Nie zaproponują ci już lepszych warunków. Jeśli wtedy odrzucisz propozycję ugody, po prostu cię zniszczą. I nieważne, czy rzeczywiście jesteś winny. Sądom to nie przeszkadza, a prokuratorom wręcz na tym zależy. Im więcej wsadzą osób, tym większą dostaną premię.

Wydarzenia z ostatnich dni godziły we wszystko, co sądziłem o moim kraju. Zostałem wtrącony do obskurnego domu wariatów w obcym dystrykcie, który nie miał nade mną jurysdykcji. Byłem niewinny, nie zostałem prawomocnie skazany i nie przyznałem się do popełnienia żadnego przestępstwa, a mimo to byłem bezradny. Zatrudniłem bardzo drogiego

---

[3]Zmowa (ang. *conspiracy*) to nic innego, jak orwellowska myślozbrodnia, czyli niedozwolone porozumienie w celu popełnienia przestępstwa w przyszłości. Prawo karne zostało poszerzone o rozmaite zmowy w czasie prezydentury Reagana, by państwo mogło omijać zasady rzetelnego procesu sądowego. W Stanach Zjednoczonych już samo myślenie o popełnieniu przestępstwa jest przestępstwem.

adwokata i kazałem mu przygotować się do procesu, lecz on ewidentnie pokpił sprawę. Sąd właściwy miejscowo udzielił mi zwolnienia za poręczeniem, a mimo to trafiłem do obcego dystryktu, gdzie mi uświadomiono, że zdanie sądu nie ma żadnej wagi i tak czy inaczej kolejne lata spędzę za kratami łagru.

Nie sądziłem jednak, że najlepszym wyjściem z obecnej sytuacji będzie dobrowolne przyznanie się do popełniania czynów, których nie popełniłem, w tym do „zmowy przeciwko Stanom Zjednoczonym", byle tylko zamienić dożywocie na kilka lat odsiadki.

– Kto orzeka w twojej sprawie? – zapytał Michael.

– Nie wiem – odparłem zgodnie z prawdą. – Mieszkamy na obszarze Środkowego Dystryktu, ale z jakiegoś powodu zabrali nas do Charlotte, które leży w Dystrykcie Zachodnim. A teraz przenieśli nas do Dystryktu Wschodniego. Nie sądziłem, że mają do tego prawo.

– Podejrzane – skwitował Michael. – Coś tu nie gra.

Na pytanie, kto ich sądzi, obaj odpowiedzieli zgodnie „W. Earl Britt".

Britt był dobrze znany Michaelowi. Gruba ryba wśród Demokratów, sędzia powołany przez Prezydenta Jimmy'ego Cartera w latach osiemdziesiątych.

– Orzeka w Dystrykcie Wschodnim od niemal trzydziestu lat – powiedział Michael.

Według niego Britt przyjął status sędziego seniora w 1998 roku, co uniemożliwia mu orzekanie w sprawach karnych, a mimo to po dziś dzień, osiemnaście lat później, rozpoznawał liczne sprawy karne, w tym sprawę Michaela. I to on wydał wyrok skazujący w sprawie Edwina.

W latach osiemdziesiątych pracowałem jako komisarz stanowego Departamentu Środowiska i Zasobów Naturalnych za rządów gubernatora Karoliny Północnej Jamesa G. Martina. Poznałem północnokarolińską politykę od podszewki. Przeciwnicy polityczni z obu partii nie patyczkowali się i nie przebierali w środkach. Wszystkie chwyty były dozwolone.

– Miałbyś znacznie łatwiej, gdybyś był Demokratą – dodał Michael. – W tej okolicy ma to ogromne znaczenie. Szczególnie dla sędziego Britta.

Nie wątpiłem, że pojawienie się na rozprawie nazwiska Samuela T. Currina, dawnego stanowego przewodniczącego Partii Republikańskiej, mogło mi jedynie zaszkodzić. Czy właśnie o to chodziło prokuratorom?

– Może byłoby lepiej, gdyby nie sądził nas Britt – odparłem bez większego zastanowienia.

Mój młody rozmówca wiedział o sędzim znacznie więcej niż przeciętny czytelnik gazet. Znał jego osobiste poglądy i przyzwyczajenia.

– Skąd tyle wiesz o Britcie, Michael? – spytałem. – Brzmi to tak, jakbyś znał go osobiście.

– Bo znam – odparł Michael. – Bywałem u niego w domu od dziecka. Regularnie kosiłem jego trawnik. Można powiedzieć, że na swój sposób zastępował mi ojca.

– Jak to możliwe? – zapytałem, zdumiony.

– Moja matka przez długi czas pracowała jako jego stenografka.

– Wobec tego Britt nie ma prawa rozpoznawać w twojej sprawie! – podniosłem głos. – Będzie musiał wyłączyć się z orzekania, skoro twoja matka dla niego pracowała.

– Wiem. Powinien, ale sam rozumiesz, jak tu do tego pochodzą. Liczą się znajomości. Zresztą wydaje mi się, że on sam nie chciał ryzykować, że osądzi mnie kto inny.

Rozdział 16

24 KWIETNIA 2006 ROKU, GODZINA 4.40 RANO

Posiedzenie w sprawie warunkowego zwolnienia z aresztu za poręczeniem majątkowym – część 2

> „Powszechnie uznana zasada stara jak prawo głosi, że
> postępowanie przed sądem bez właściwości miejscowej i
> rzeczowej jest bezprzedmiotowe, a wszelkie decyzje zapadłe
> w takich okolicznościach nie rodzą skutków prawnych ani
> względem osoby, ani względem jej mienia".
>
> Norwood *versus* Renfield, sygn. 34 C 329;
> Ex parte Giambionini 49 P. 732

WOLTZ! W-O-L-T-Z. Rozprawa. Ruszaj się. Oczekuje cię sędzia – wrzasnął funkcjonariusz.

Minęła minuta, nim przypomniałem sobie, gdzie się znajduję. Lewa ręka i noga zdrętwiały mi po całonocnej drzemce na twardej betonowej posadzce.

Zwierzyniec w końcu ucichł na parę minut przed tym, nim obudził mnie strażnik. Spojrzałem na zegar. 4.40 rano. „Oczekuje mnie sędzia" – akurat.

We wschodniej placówce najwyraźniej nie organizowano apeli z odliczaniem, tak jak na zachodzie. Stanowiło to miłą odmianę, ale jednocześnie oznaczało, że wskutek braku zainteresowania ze strony strażników mieszkańcy modułu byli potencjalnie o wiele bardziej niebezpieczni.

Odbywała się tu dwudziestotrzygodzinna impreza z kokainą, crackiem i marihuaną. Mężczyźni odpalali jointy, doprowadzając do zwarcia w gniazdku za pomocą folii aluminiowej. Umieszczali kawałek bibuły między dwoma kawałkami folii i bibuła zajmowała się ogniem. Panował taki chaos, że funkcjonariusze bali się interweniować.

W nocy pijacy zarzygali jedyną ubikację w module. Pozostali osadzeni najwidoczniej uważali, że to nie problem, bo ludzkie ekskrementy poniewierały się we wszystkich zakątkach. Sam ledwo wysikałem się z rana, powstrzymując wymioty. Szczęśliwie nie miałem czego zwracać. Od tygodnia nie miałem w ustach posiłku z prawdziwego zdarzenia.

Pół godziny później zjawił się funkcjonariusz, by eskortować mnie do „oczekującego" sędziego. Skuł kilku osadzonych gęsiego łańcuchami, a mnie „doczepił" na sam koniec kolumny, po czym udaliśmy się wężem do windy. Gdy już z trudem ją opuściliśmy, upchnięto nas w pojedynczej celi, w której mieliśmy czekać na rozwój wypadków.

Około 7.00 rano do celi wparował strażnik z papierowymi torbami. Tym razem, wiedząc, co się święci, od razu dopchałem się po własną. Jej zawartość pozostawiała wiele do życzenia, ale tamtego dnia liczyła się każda kaloria. Po upływie kolejnej półtorej godziny pojawili się marshale federalni, by przetransportować nas do znajdującego się kilka przecznic dalej sądu, w którym urzędował W. Earl Britt.

Umieszczono mnie wraz z żoną w jednym vanie, ale uniemożliwiono nam rozmowę. W gmachu sądu rozdzielono nas. Jak miałem się wkrótce przekonać, pan sędzia uczynił z sądu własne feudalne państewko, w którym dogadzali mu usłużni federalni marshale. Jego sąd, jego areszt, jego zasady.

Na sali rozpraw ujrzałem matkę; braci, Jima i Thomasa; komendanta policji z mojego dystryktu, Roberta Cooka; a także rozmaitych przyjaciół i prawników.

Mój adwokat usiadł obok mnie tuż przed rozpoczęciem posiedzenia.

– David – szepnąłem – dlaczego dopuściłeś do tego, by wywieźli mnie poza dystrykt? Kiedy będziemy mogli się spotkać, by ustalić plan postępowania? Musimy im się przeciwstawić.

– Porozmawiamy później.

I w tamtej chwili do ławy oskarżonych podeszła ładna Latynoska ze zbiorem przepisów z prawa karnego materialnego i procesowego. Okazała się obrońcą z urzędu z Zachodniego Dystryktu. Nikt jej nie poinformował, że reprezentuje mnie David Freedman, więc przyjechała z daleka, by doprowadzić do uznania postępowania za bezpodstawne.

– Panie Freedman – od razu przeszła do rzeczy – pracuję dla Biura Obrońcy Publicznego Zachodniego Dystryktu Karoliny Północnej, gdzie powinna być rozpoznawana sprawa pana Woltza. Występuje pan dziś jako obrońca pana Woltza, ale z pewnością rozumie pan, że dzisiejsze postępowanie jest całkowicie bezpodstawne. W tej sprawie sądem właściwym miejscowo jest wyłącznie Sąd Dystryktowy dla Zachodniego Dystryktu Karoliny Północnej, wydział w Charlotte.

Następnie wskazała Freedmanowi konkretne zapisy prawne, które o tym jednoznacznie przesądzały.

– Ma pani rację – odparł Freedman. – Jestem obrońcą pana Woltza. I nie życzę sobie pani pomocy.

Miałem zamiar go zapytać, w jaki sposób sam planuje zakwestionować legalność posiedzenia, gdy funkcjonariusz sądowy wrzasnął:

– Proszę wstać. Rozprawę prowadzić będzie sędzia W. Earl Britt.

Zza drzwi za wysokim podestem wyłonił się niski, niepozorny mężczyzna w czarnej todze.

– Niedobrze – szepnąłem do żony. Siedziała obok mnie w ławie oskarżonych wraz z własnym obrońcą, Donem Tisdale'em. A ponieważ poprzedniego dnia nie rozmawiała z Michaelem Spracklandem i Edwinem, nie miała pojęcia, o czym mówię.

Z każdą minutą nasza sytuacja zdawała się pogarszać. Miałem nadzieję, że obaj, w końcu bardzo drodzy, obrońcy przeciwstawią się bezprawnym działaniom prokuratorów.

David Freedman pociągnął mnie za rękaw, żebym spoczął. Pozostali zajęli już miejsca, ale tak się zamyśliłem, że nawet tego nie odnotowałem.

Na masywnej, wyłożonej drewnem ścianie sali rozpraw, kilka metrów za plecami sędziego Britta wisiał jego portret. A chociaż znajdował się dalej niż sam sędzia, Britt był większy na portrecie niż w rzeczywistości. „Malutki facecik w czarnej todze" – pomyślałem. Czyżby był jednym z tych mężczyzn, którzy mszczą się na całym świecie za własne niedostatki?

Od razu przechodząc do rzeczy, sędzia Britt przestrzegł obu prokuratorów śledczych, Martensa i Meyersa, by nie poruszali zagadnień, które przedstawili już przed sądem właściwym miejscowo.

Jednak mimo ostrzeżenia sędzia ani kiwnął palcem, gdy obaj przez niemal godzinę wałkowali zagadnienia, o których mieli nie wspominać. W ich przemówieniu, które było obliczone na zniesienie warunkowego zwolnienia z aresztu za poręczeniem, naliczyłem aż siedemdziesiąt sześć kłamstw.

Każdorazowo szturchałem Davida Freedmana, by zaprotestował przeciwko oszczerstwom, ale ten ani drgnął. Gdy przedstawienie dobiegło końca, nadal siedział w milczeniu z palcem wskazującym na ustach i znudzoną miną.

Następnie Martens i Meyers wrócili do tematu moich felietonów i przemówień, które ostrzegały przeciwko takim właśnie działaniom rządu, o jakie mnie oskarżono. O co mogło chodzić? Czyżby o to, by mnie raz a dobrze uciszyć?[1]

Moja rodzina zapłaciła adwokatowi wstępne honorarium w wysokości 35 tysięcy dolarów za „stawienie się w sądzie". Kontrakt podpisany przez brata nie precyzował innych zobowiązań. Bardzo mnie zaniepokoiło, że mężczyzna nie mógł (bądź po prostu nie chciał) wypowiedzieć się w moim imieniu, gdy obrońca z urzędu wykazał mu ponad wszelką wątpliwość, że postępowanie jest bezprawne. Czy i on działał we współpracy z dwoma młodymi prokuratorami?

---

[1] W okresie bezpośrednio po zamachach na World Trade Center z 11 września 2001 roku na podobnej zasadzie pozbawiono wolności 54 innych dziennikarzy, którym przedstawiono spreparowane i niekiedy wyjątkowo absurdalne zarzuty. Chodziło o to, by powstrzymać ich przed pisaniem otwarcie o amerykańskim rządzie. Stany Zjednoczone spadły wówczas z pierwszego na dwudzieste dziewiąte miejsce spośród stu czterdziestu państw w rankingu World Press Freedom Index, a później, już za prezydentury Baracka Obamy „Kraina Wolności" spadła na miejsce czterdzieste dziewiąte i znalazła się daleko za państwami, które dawniej sama za podobne naruszenia oskarżała o autorytarne czy też faszystowskie ciągoty. edition.cnn.com/2015/02/13/politics/u-s-press-freedom-ranking-obama-administration-leaks/

Tamtego dnia w Sądzie Dystryktowym dla Wschodniego Dystryktu Karoliny Północnej w mojej obronie zamierzało wystąpić osiem osób, w tym dwaj obrońcy, którzy zamierzali zakwestionować właściwość miejscową sądu, lecz ostatecznie nikogo nie dopuszczono do głosu. Decyzja sędziego Britta została wyraźnie wydana z myślą o tym, by w aktach sprawy nie znalazły się wypowiedzi kwestionujące właściwość miejscową sądu. W przeciwnym razie w świetle obowiązującego prawa sąd musiałby udowodnić właściwość miejscową lub umorzyć postępowanie z przyczyn formalnych. Czyżby Britt zasiadał w sądzie kapturowym[2]?

Zostaliśmy pozbawieni swobód obywatelskich przez sąd nieposiadający jurysdykcji w sprawie. Byłem załamany, ale nim zdołałem strofować bezwartościowego obrońcę, ten chwycił za neseser i ulotnił się z sali rozpraw. Chwilę później zostałem zatrzymany przez marshali i tymczasowo przetransportowany do celi sądowej.

Późnym popołudniem niemal wszyscy osadzeni prócz mnie i żony trafili z powrotem do aresztu śledczego. W gmachu sądu w sąsiedniej celi nadal przebywali dwaj czarni mężczyźni. Na samym końcu korytarza znajdowała się cela mojej żony.

Mężczyźni najwyraźniej nie zdawali sobie sprawy z mojej obecności, bo dobiegał mnie ich głos. Jeden tłumaczył drugiemu, że jeszcze tego dnia opuści areszt, bo poszedł na współpracę z prokuraturą i pomaga jej wygrywać sprawy.

Wyjaśnił, że zostanie zwolniony przez sędziego W. Earla Britta w podzięce za to, że został informatorem. Doradził koledze, że ten nie tylko może skrócić wyrok o połowę, zeznając przeciwko innym oskarżonym, lecz także może zostać sowicie opłacony. Nie omieszkał się pochwalić, że jeszcze tamtego popołudnia znajdzie się na sali rozpraw, gdzie sędzia Britt po raz trzeci w tej samej sprawie skróci mu czas odsiadki. Początkowo otrzymał wyrok osiemnastu lat pozbawienia wolności za przestępstwo z użyciem przemocy, ale ten z czasem został zredukowany do lat

---

[2] Najbliższy polski odpowiednik angielskiego zwrotu *kangaroo court*, czyli sądu, który otwarcie działa wbrew obowiązującym powszechnie standardom prawa i sprawiedliwości, nie mając jurysdykcji lub mając wątpliwą jurysdykcję na terytorium, na jakim się znajduje. Termin ten może również odnosić się do sądu o odpowiedniej właściwości rzeczowej i miejscowej, który jednak w toku postępowania celowo sprzeniewierza się wymogom prawnym i etycznym obowiązującym wymiar sprawiedliwości.

dziewięciu, potem do czterech i pół, a teraz, za trzecim podejściem, po dwóch latach składania fałszywych zeznań zostanie uznany za wykonany w całości.

– Bądź miły – podpowiedział rozmówcy. – Niech zaczną o sobie mówić i zwierzać się z tego, co zrobili. Niech zaczną się przechwalać, jakimi to są wielkimi przestępcami. Dowiedz się, ile możesz, o ich rodzinie i przyjaciołach. Jak mają na imię i gdzie bywają, by twoje zeznania miały pozór autentyczności.

Według króla konfidentów wystarczyło przekonująco udawać, że zna się daną osobę, by inicjatywę przejęli prokuratorzy. Uczyli konfidenta, co ma powiedzieć, a nawet wręczali mu scenariusz przesłuchania, by mógł go przećwiczyć przed rozprawą.

Oczywiście zarówno obiecujący krótszą odsiadkę prokuratorzy, jak i składający fałszywe zeznania kabel popełniali przestępstwo federalne[3]. Wystarczyło podstawić świadka, który złoży fałszywe zeznania w zamian za kasę i skrócenie wyroku. A gdy oskarżony powie prawdę, grozi się mu postawieniem zarzutu o krzywoprzysięstwo, ponieważ jego zeznania nie pokrywają się z bajeczką opowiedzianą przez konfidenta. Wówczas oskarżonemu nie pozostaje nic innego, jak dobrowolnie przyznać się do popełnienia przestępstwa bądź ryzykować wydłużeniem czasu odsiadki.

Rozmowa konfidentów przypomniała mi rozmowę sprzed lat, jaką odbyłem z okręgowym prokuratorem federalnym Samem Currinem. Ten przyznał się, że będąc głównym prokuratorem śledczym na sali rozpraw, z której właśnie wróciłem, popełniał te same przestępstwa.

W trakcie wspólnego obiadu w Nassau na Bahamach w 2004 roku moja żona zapytała go:

– Sam, jak wspominasz zawód prokuratora federalnego?

Na te słowa aż się skrzywił i przez moment wydawało się, że gotów jest się rozpłakać. Po dłuższej chwili odpowiedział, że zanim odejdzie z tego

---

[3] Artykuł 18 paragraf 201(b)(3) Kodeksu Stanów Zjednoczonych (18 U.S.C. §201(b)(3)) – przekupstwo świadków – „Kto bezpośrednio lub pośrednio dopuszcza się czynu korupcyjnego, tj. przekazuje, oferuje, lub obiecuje dobra przedstawiające jakąkolwiek wartość dowolnej innej osobie lub dowolnemu innemu podmiotowi w celu wpłynięcia na treść zeznań pod przysięgą bądź nadania ww. osobie statusu świadka na rozprawie, przesłuchaniu, bądź posiedzeniu innego rodzaju, przed jakimkolwiek sądem, podlega karze grzywny, pozbawienia wolności do lat piętnastu, lub jednemu i drugiemu jednocześnie."

świata, by ostatecznie spotkać się ze Stwórcą, zamierza odwiedzić każdy zakład karny w południowo-wschodniej części Stanów Zjednoczonych, paść na kolana i poprosić o przebaczenie każdego, kto trafił tam z jego ręki.

Vernice i ja spojrzeliśmy po sobie. Usłyszeliśmy coś, o czym już nigdy nie mieliśmy zapomnieć.

– Preparowaliśmy zarzuty, Howell – oznajmił Sam. – Zarzuty i dowody. Kusiliśmy informatorów pieniędzmi i skracaniem kar, by kłamali jak z nut przed sądem. Robiliśmy wszystko, by wyszło na nasze.

Przyznał wprost, że wtrącił za kratki wiele niewinnych osób. Dodał, że bardzo żałuje czynów, których się dopuścił. Stwierdził wręcz, że awans w zawodzie federalnego prokuratora śledczego zależy od dwu czynników – corocznej liczby skazanych oraz długości ich wyroków.

– Poza tym nic nie ma znaczenia – podkreślił.

Zapytałem, jak postępował w sytuacji, gdy oskarżony był jednoznacznie niewinny. Nie mogłem uwierzyć, że prokuratorzy w takiej sytuacji mogli postąpić niezgodnie z prawem.

– Właśnie na tym polega problem amerykańskiego wymiaru sprawiedliwości – skwitował Currin. – Już od dawna nikt nie działa zgodnie z prawem. A przynajmniej nikt, kto próbuje działać w zgodzie z własnym sumieniem, nie pozostaje długo pracownikiem prokuratury.

Zapadła wisielcza cisza. Tamtego wieczoru nie zdawaliśmy sobie sprawy, że grzechy Sama wkrótce miały obrócić się przeciwko niemu samemu i wszystkim, którzy siedzieli z nim przy stole.

Zapadła wisielcza cisza. Nie mieliśmy pojęcia, że grzechy Sama już wkrótce obrócą się przeciwko niemu samemu i tym, którzy tamtego wieczoru siedzieli z nim przy stole.

Sam Currin z myśliwego stał się zwierzyną. Już wkrótce miał zawisnąć jako trofeum na ścianie młodego prokuratora Martensa, przedstawiciela nowej generacji bezwzględnych młodych prawników, za której powstanie odpowiadał on sam. Kto mieczem wojuje, ten od miecza ginie.

Rozdział 17

CO SIĘ STAŁO?

Nie potrafię zliczyć, ile razy wracałem myślami do tamtego posiedzenia. Żałowałem, że nie posłałem w diabły Davida Freedmana i nie przyjąłem pomocy ambitnej obrończyni z urzędu. Moje życie potoczyłoby się inaczej. Dziś już wiem, że w Stanach Zjednoczonych obrońcy z urzędu często sprawdzają się znacznie lepiej niż prywatni adwokaci, ponieważ kieruje nimi silne poczucie sprawiedliwości. Co więcej, ponieważ pracują dla państwa, nie obawiają się prokuratorów równie mocno co obrońcy prywatni. Osoby takie jak David Freedman parają się prawem dla pieniędzy. Nie sprzeciwiają się prokuratorskiemu bezprawiu, bo albo chcą zaskarbić sobie przychylność prokuratorów, albo się ich zwyczajnie boją.

I właśnie tu tkwi sedno problemu – więziennictwo w Gułagu Ameryce to wielki biznes[1]. Nie tylko dla adwokatów, którzy doją klientów z pieniędzy, lecz także dla związków zawodowych funkcjonariuszy służby więziennej, właścicieli prywatnych zakładów karnych oraz tysięcy zaopatrzeniowców, którzy rokrocznie rozdzielają między siebie kwotę 80 miliardów dolarów[2]. Amerykańskie więziennictwo od dziesięcioleci sta-

---

[1] Według statystyk Stany Zjednoczone wtrąciły do aresztów śledczych i zakładów karnych większą liczbę osób niż jakiekolwiek inne państwo: o pół miliona więcej niż Chiny, których populacja jest pięciokrotnie większa od populacji USA. Dane pokazują, że na terytorium Stanów Zjednoczonych, które odpowiadają za zaledwie 5% światowej populacji, znajduje się 25% wszystkich więźniów świata. W 1972 roku populacja osadzonych wynosiła niespełna 300 000 osób, by do 2000 roku wzrosnąć do dwu milionów. Źródło: Gobal Research, 31 marca 2014 roku – El Diario-La Prensa, New York and Global Research, autorstwa Vicky Pelaez.

[2] Aimee Pichee, "The High Cost of Incarceration in America: 80 Million" (Wysoki koszt więziennictwa w Stanach Zjednoczonych: 80 miliardów dolarów), CBS News, 8 maja 2014 roku. www.cbsnews.com/news/the-high-price-of-americas-incarceration-80-billion/

nowi jedną z najszybciej rozwijających się branży przemysłu. Znaczna część pieniędzy generowanych przez przemysł więzienny wraca do kieszeni polityków, którzy zapewniają przychylność ustawodawców i troszczą się o budowę kolejnych zakładów karnych – szaleństwu nie ma końca. Stanami Zjednoczonymi rządzi dziś pieniądz i niewiele więcej.

Wypaczeniom amerykańskiego więziennictwa można z łatwością położyć kres, a także uniknąć podobnego rozwoju wydarzeń w państwach europejskich, o ile stawi się czoła następującym problemem.

Problem nr 1: nadmiar zakazów. Kongres Stanów Zjednoczonych uczynił przestępstwami ponad 314 tysięcy ludzkich czynów. Przeciętny obywatel USA codziennie łamie prawo trzy razy, nawet nie zdając sobie z tego sprawy, bo obowiązujące go zakazy często są niejasne i absurdalne[3]. Za czasów mojej młodości większość czynów, które dziś mają charakter przestępstwa, była dozwolona. Współcześnie prokurator może znaleźć paragraf na każdego obywatela – wystarczy, że zacznie mu się bliżej przyglądać, uzyskawszy dostęp do billingów i dokumentów. Najczęściej zresztą prokuratura oskarża nie tyle o złamanie konkretnego prawa, ile o zmowę[4] w celu jego złamania. Ofiara wymiaru sprawiedliwości trafia za kratki na całe lata, mimo że w istocie nie popełniła żadnego przestępstwa.

Właśnie dlatego w większości cywilizowanych państw instytucja zmowy nie występuje.

Rozwiązanie: Eliminacja zmowy jako instytucji prawnej w arsenale prokuratora oraz stosowanie kary pozbawienia wolności wyłącznie w sprawach rzeczywiście związanych z przemocą lub groźbą przemocy. Liczba zakazów wymienionych wprost w samej Konstytucji Stanów

---

[3] Harvey Silverglate, *Three Felonies a Day: How the Feds Target the Innocent*, Encounter Books, Nowy Jork, 2009.

[4] Zmowa to bliżej nieokreślona lub niedokonana „myślozbrodnia", przed której zarzutem nie sposób się obronić. Oskarżeni nie są w stanie udowodnić, że nie „rozważali" popełnienia zbrodni, gdy prokuratura powoła dwu świadków, którzy zeznają na ich niekorzyść. Obecnie w Stanach Zjednoczonych zarzut „zmowy" w celu popełnienia przestępstwa stawiany jest w 90% spraw kryminalnych na szczeblu federalnym, a ponieważ przeciwko takiemu zarzutowi nie sposób się obronić, rozprawa niemal zawsze idzie po myśli prokuratorów. Podkupieni świadkowie – często zresztą osoby zupełnie nieznane oskarżonemu – w zamian za skrócenie wyroku lub określoną kwotę pieniężną zeznają, że oskarżony rozważał popełnienie przestępstwa.

Zjednoczonych jest zadziwiająco niska[5], ale fakt ten nie powstrzymał państwa, które przez kolejne wieki, częściowo ze względu na pieniądze płynące z przemysłu więziennego, wprowadziło kolejne tysiące przestępstw[6].

„Im więcej praw, tym mniej sprawiedliwości" – dewiza Cycerona sprawdzała się dwa tysiące lat temu i pozostaje w mocy po dziś dzień. Z przestępstwami na tle narkotyków i przestępstwami bez użycia przemocy można rozprawić się na rozmaite inne sposoby. Jednak amerykański przemysł więzienny, który w dużej mierze znajduje się w prywatnych rękach, prowadzi agresywną kampanię, by przekonać europejskich przywódców do podążenia za rozwiązaniami amerykańskimi i wprowadzenia systemów prywatnych zakładów karnych na obszarze Europy.

Problem nr 2: immunitet sędziowski. Zarówno przedstawiciele organów ścigania, jak i wymiaru sprawiedliwości łamią prawo i zasady rzetelnego procesu sądowego bez żadnych konsekwencji. Wynika to z faktu, że podobnie jak niektóre inne państwa Stany Zjednoczone zagwarantowały sędziom i prokuratorom pełen immunitet. Amerykańskie sądownictwo zapewniło sobie bezkarność decyzji sądowych, począwszy od decyzji Sądu Najwyższego z 1967 roku w sprawie Pierson *versus* Ray, która głosiła, że nie można pociągnąć sędziego do odpowiedzialności za jego decyzje, niezależnie od ich skutków. Stoi to w jawnej sprzeczności z klauzulą z czternastej poprawki do Konstytucji Stanów Zjednoczonych o jednakowej ochronie prawnej, ale nikomu jeszcze nie udało się skutecznie zakwestionować immunitetu sędziowskiego, a Kongres odmówił ustanowienia

---

[5]Konstytucja Stanów Zjednoczonych wymienia wprost jedynie trzy rodzaje przestępstw, których ściganie znajduje się w jurysdykcji władz federalnych – są to piractwo, podrabianie papierów wartościowych i monet oraz zdrada stanu. Ściganie wszystkich pozostałych przestępstw należy na mocy prawa do jurysdykcji poszczególnych stanów.

[6]Jak wskazuje badanie Postępowej Partii Pracy (PLP – Progressive Labor Party): „Możliwość kontraktowania więźniów jako robotników stanowi zachętę, by zamykać więcej osób w zakładach karnych. Od wpływów z pracy więźniów zależy los zakładów. Korporacyjni udziałowcy, którzy zarabiają na pracy więźniów, lobbują za dłuższymi karami dla skazanych, by zwiększyć pulę taniej siły roboczej. System napędza się sam." Postępowa Partia Pracy uważa, że amerykański przemysł więzienny jest „imitacją nazistowskich Niemiec, systemem obozów koncentracyjnych i wymuszanej, niewolniczej pracy." Źródło: Gobal Research, 31 marca 2014 roku – El Diario-La Prensa, New York and Global Research, autorstwa Vicky Pelaez.

przepisów, które by weń uderzały. Wkrótce potem sądy zapewniły bezkarność również prokuratorom.

Rozwiązanie: Nikt nie powinien znajdować się ponad prawem. Władza ustawodawcza powinna ustosunkować się do samozwańczej bezkarności sądownictwa i jej przeciwdziałać. Amerykański Kongres mógłby odebrać sędziom immunitet na mocy przepisów prawa, wymagając stosownych kar dla prokuratorów i sędziów, którym udowodniono świadome łamanie konstytucyjnych lub ustawowych praw obywateli. Ewentualnie Stany Zjednoczone mogłyby wprowadzić system ombudsmanów (rzeczników praw obywatelskich), który obecnie stosowany jest w stu czterdziestu państwach[7].

Pierwsze cztery państwa (Szwecja, Dania, Norwegia i Finlandia), które powołały niezależnych rzeczników praw obywatelskich, stanowią obecnie najlepiej zarządzane państwa świata według niedawnego rankingu czasopisma „The Economist". Z kolei Stany Zjednoczone są jedynym państwem, które ma się za demokratyczne i wolne, a jednocześnie nie powołuje ombudsmanów, którzy mogliby przeciwstawić się łamaniu prawa.

Problem nr 3: wielka ława przysięgłych i prokuratorzy. Postępowania karne w Stanach Zjednoczonych początkowo miały postać posiedzenia przed wielką ławą przysięgłych[8] lub innym zgromadzeniem obywateli, jednak z czasem idea sądu obywatelskiego została wypaczona przez prokuratorów, szczególnie że w USA prokuratura może na łamaniu zasad wiele ugrać. O skali problemu niech zaświadczy fakt, że poziom karalności w Ameryce wynosi aż 98,7 procent! Można powiedzieć, że wniesienie aktu oskarżenia oskarżenia jest równoznaczne właściwie ze skazaniem.

---

[7]Począwszy od Szwecji, w kolejnych państwach skandynawskich przyznano wybieranym w powszechnych wyborach ombudsmanom prawo do po pierwsze, udzielenia natychmiastowej pomocy każdemu obywatelowi, którego prawa zostały naruszone „pod pozorem praworządności", po drugie, postawienia przed sądem funkcjonariuszy publicznych (w tym sędziów i prokuratorów), którzy świadomie się do tego przyczynili.

[8]Wielka ława przysięgłych składa się z około 23 obywateli – przysięgłych – którzy rozpatrują dowody i podejmują decyzję odnośnie do tego, czy należy w danej sprawie wydać akt oskarżenia. Pozytywne rozstrzygnięcie przysięgłych przyjmuje postać dokumentu o nazwie *true bill*. Obecnie w Stanach Zjednoczonych proces ten odbywa się za zamkniętymi drzwiami, mimo że na mocy konstytucji powinien być jawny. Dowody w sprawie przedstawia wyłącznie prokurator. Osoba podejrzana o przestępstwo nie ma prawa do obrońcy i nie może ustosunkować się do obciążających ją fałszywych twierdzeń prokuratora.

Niemal wszystkim zależy na utrzymaniu obecnego stanu rzeczy. Najwyższa pora powrócić do podstaw i naprawić wymiar sprawiedliwości, odcinając doń dostęp przemysłowi więziennemu i prywatnym korporacjom.

Rozwiązanie: Na mocy konstytucji posiedzenie przed wielką ławą przysięgłych powinno odbywać się jawnie. Zarzuty powinny padać publicznie, a oskarżony powinien mieć równe prawo do publicznej obrony (zasada kontradyktoryjności), wyrażone w możliwości powoływania świadków i przedstawiania dowodów **przed wielką ławą przysięgłych.** Dziś posiedzenia przed wielką ławą odbywają się za zamkniętymi drzwiami. Prokuratorzy nie ponoszą odpowiedzialności za kłamstwa i fałszowanie dowodów w celu podkolorowania aktu oskarżenia.

Instytucja oskarżyciela publicznego – prokuratora – pojawiła się w Stanach Zjednoczonych dopiero w latach trzydziestych dziewiętnastego wieku, gdy niektóre miasta ustanowiły polityczne stanowisko prokuratora, by skompromitować i pozbyć się niewygodnych obywateli (często wrogów osób sprawujących władzę, co zresztą dzieje się do dziś)[9]. Wkrótce potem zaczęła się postępująca erozja rzetelności procesu sądowego jako takiej.

Później w tym samym wieku doszło do monopolizacji praktyki prawa i dziś w wielu stanach udzielanie porad prawnych bez członkostwa w izbach adwokackich jest przestępstwem. Pozycja izb adwokackich w Stanach Zjednoczonych jest nienaruszalna. Uważam, że wszyscy członkowie takich stowarzyszeń, niezależnie od wykształcenia i specjalizacji, powinni pełnić funkcję prokuratora rotacyjnie. Powrócilibyśmy do tradycji, która funkcjonowała w Stanach Zjednoczonych, nim funkcja „publicznego" oskarżyciela została upolityczniona. Sprawiedliwość powróciłaby stosunkowo szybko, gdyby prawnicy żyjący i pracujący w obrębie własnej społeczności musieliby do niej powrócić, gdy ich tymczasowa funkcja dobiegnie końca.

---

[9] Jak już wspominałem, niezależne badania nad prokuraturą przeprowadzone przez profesorów Donalda C. Shieldsa i Johna F. Cragana wykazały, że za prezydentury Busha Departament Sprawiedliwości Stanów Zjednoczonych prowadził siedmiokrotnie więcej postępowań przeciwko Demokratom niż Republikanom, a za prezydentury Baracka Obamy stosunek ten nie uległ zmianie, lecz partie po prostu zamieniły się miejscami. Liczby te wskazują na stopień upolitycznienia amerykańskiego wymiaru sprawiedliwości.

Rotacyjni prokuratorzy wydawaliby akty oskarżenia jedynie w sprawach, w których rzekomy sprawca rzeczywiście stanowi zagrożenie dla lokalnej społeczności. Dawniej rozwiązanie to sprawdzało się bez zastrzeżeń.

Obecnie w Stanach Zjednoczonych liczba prawników sięga 1,22 miliona, a co roku do wykonywania zawodu dopuszcza się kolejne 44 tysiące osób, więc powrót oskarżyciela publicznego jako rotacyjnej funkcji obywatelskiej z pewnością nie zaburzy pracy prawników.

Problem nr 4: postępowania za zamkniętymi drzwiami. Obecnie w Stanach Zjednoczonych posiedzenia przed wielką ławą przysięgłych odbywają się potajemnie, bez obecności podejrzanego lub oskarżonego. Ci obecni są bardzo rzadko, a gdy już nawet znajdą się na sali, to nie w obecności adwokata. Nie otrzymują również protokołu z posiedzenia, co również stanowi bezpośrednie naruszenie prawa do obrony oraz prawa do publicznego rozpoznania sprawy gwarantowanych na mocy konstytucji.

Rozwiązanie: Na mocy szóstej poprawki do Konstytucji Stanów Zjednoczonych obywatele mają zagwarantowane prawo do „szybkiej i jawnej rozprawy" „we wszystkich sprawach karnych", a także prawo do obrońcy. Wystarczy, że zapis ten będzie respektowany, a obecność podejrzanego lub oskarżonego na posiedzeniu przed wielką ławą przysięgłych – gwarantowana.

Problem nr 5: rzetelne postępowanie sądowe. Wzrost znaczenia oskarżycieli publicznych w Stanach Zjednoczonych nie tylko wypaczył ideę postępowania przed wielką ławą przysięgłych, lecz także ideę rozprawy z udziałem ławy zwyczajnej, czyli małej. Niemal wszyscy bez wyjątku Ojcowie Założyciele Stanów Zjednoczonych stwierdzili na piśmie lub w przemówieniu, że zwykli obywatele-członkowie ławy przysięgłych mają większą władzę w państwie niż jakakolwiek inna osoba, ponieważ oceniają stan faktyczny określonej sprawy i stosowność prawa jako takiego. W większości stanów wyrok ustanawiany był każdorazowo przez członków ławy przysięgłych we współpracy z sędzią, nie zaś, jak jest obecnie, wyłącznie na mocy samej litery prawa lub za zamkniętymi drzwiami.

Rozwiązanie: Jeszcze w latach sześćdziesiątych sędzia uczulał ławę przysięgłych na to, że w jej mocy znajduje się nie tylko ocena stanu faktycznego sprawy (a zatem rozstrzyganie o winie lub niewinności), lecz także ocena samego prawa. Ława przysięgłych mogła uznać, że obowiązujące prawo jest niesprawiedliwe i na tej podstawie uznać podejrzanego lub oskarżonego za niewinnego lub uznać dane prawo za nieobowiązujące w danej sprawie. Przysięgli pełnili również ważną rolę w ustalaniu wysokości kary w przypadku uznania winy.

Dziś przysięgli orzekają jedynie o winie lub niewinności oskarżonego, a o treści samego wyroku dowiadują się z mediów. Oskarżeni często skazywani są na całe dziesięciolecia za drobne przewinienia i naruszenia prawa, a po fakcie przysięgli często przyznają, że nie orzekliby winy oskarżonego, gdyby wiedzieli, jaka czeka go kara.

By przywrócić rzetelność postępowania sądowego, przysięgli powinni być każdorazowo informowani wprost o możliwości unieważnienia prawa w danej sprawie oraz treści wyroku zasądzonego w sytuacji, gdy uznają daną osobę za winną popełnienia przestępstwa.

Problem nr 6: poszanowanie i przestrzeganie praw oskarżonego. W żadnym państwie władze, w tym prokuratura, nie powinny mieć nadmiernego wpływu na niezawisłość sądów. Szósta poprawka do Konstytucji Stanów Zjednoczonych głosi wyraźnie, że „we wszystkich sprawach karnych oskarżonemu przysługuje prawo do szybkiej i jawnej rozprawy przed bezstronną ławą przysięgłych w tym stanie i okręgu, w którym przestępstwo zostało popełnione". Powyższe słowa mają dość jednoznaczne brzmienie, a mimo to amerykańskie sądy i amerykańscy prokuratorzy lekceważą je ze względu na istnienie immunitetu sędziowskiego. Zaledwie jeden na dwudziestu oskarżonych ryzykuje doprowadzeniem do procesu karnego, skoro procesy karne są tak jednostronnie ukartowane na rzecz prokuratorów, że nie sposób mówić o sprawiedliwości[10].

Obecny system polega na tak długim przetrzymywaniu oskarżonych obywateli, by sami dobrowolnie przyznali się do winy przed procesem

---

[10]Allen J. Beck, Bureau of Statistics (Biuro Startystyczne), Departament Sprawiedliwości Stanów Zjednoczonych.

– a powiedzmy sobie szczerze, nie sposób przygotować się rzetelnie do procesu zza krat aresztu śledczego. Co gorsza, ci sami przedstawiciele państwa, którzy nielegalnie przetrzymują obywatela, by wymusić na nim przyznanie się do winy bez rozprawy, zmuszają go następnie, by zrzekł się prawa do zaskarżenia takiego traktowania na drodze sądowej. Obawiam się, że podobne praktyki coraz to częściej stosuje się w innych państwach, na przykład w Wielkiej Brytanii.

Rozwiązanie: By powstrzymać państwo przed łamaniem praw obywateli poprzez wymuszanie przyznania się do winy, obywatele powinni mieć prawo do podważenia wyroku **w dowolnej chwili**, o ile na światło dzienne wyjdą informacje o łamaniu prawa i procedur przez sąd lub przedstawicieli państwa. Obecny system dobrowolnego poddawania się karze przypomina włamanie. Państwo forsuje drzwi twojego domu, prokurator gwałci twoją żonę, sędzia brutalnie katuje twojego syna, a agenci federalni kradną cały twój majątek. Następnie proponują ci ugodę, zgodnie z którą dobrodusznie nie pozbawią cię życia, o ile „dobrowolnie" zrzekniesz się prawa do oskarżenia ich o przestępstwa, które to **oni**, przedstawiciele państwa, popełnili przeciwko **tobie** i twoim najbliższym.

Dziś Stany Zjednoczone rokrocznie wydają 80 miliardów dolarów – a zatem więcej niż wynoszą środki budżetowe większości krajów – na obywateli, którzy wegetują w aresztach i zakładach karnych. Obecnie większość stanów wydaje więcej na ich utrzymanie niż na edukację[11].

Wystarczy skorzystać z pięciu powyższych rozwiązań i powrócić do konstytucyjnych umocowań, by zażegnać kryzys masowego więziennictwa w Stanach Zjednoczonych. Inne państwa zaś mogą uniknąć podobnej sytuacji, wystrzegając się wyżej wspomnianych praktyk.

Jednak amerykańscy przywódcy ani kiwną palcem w sprawie państwa zmienionego w wielki gułag, dopóki nie zostaną do tego zmuszeni przez międzynarodową społeczność.

---

[11] "11 States Spend More on Prisons than on Higher Education" (Jedenaście stanów ponosi większe wydatki na więziennictwo niż na szkolnictwo wyższe), CNN Money, 1 października 2015 roku. money.cnn.com/2015/10/01/pf/college/higher-education-prison-state-spending/

Rozdział 18

25 KWIETNIA 2006 ROKU

Trzy dystrykty sądowe jednego dnia

MARSHALE federalni pod zwierzchnictwem sędziego Britta skuli nas łańcuchami i przetransportowali z powrotem do naszego dystryktu – dystryktu właściwego miejscowo w sprawie. Zatrzymaliśmy się na dłuższą chwilę na terenie Międzynarodowego Portu Lotniczego Raleigh-Durham, gdzie marshale Britta przekazali nas innym.

Umieszczono nas w vanie wypełnionym po brzegi skutymi łańcuchami obywatelami, a następnie przetransportowano do prywatnego ośrodka, który znajdował się na terenie lotniska. Jak mi wkrótce wyjaśniono, prędzej czy później niemal wszyscy przestępcy federalni trafiają do miasta Oklahoma City na pokładzie samolotu prywatnej linii lotniczej JPATS (Justice Prisoner and Alien Transportation System), znanej wszystkim pod nieformalną nazwą Con-Air [*con* (*convict*) – skazaniec – przyp. tłum.].

Nie istnieją żadne uzasadnione powody, by transportować obywateli na odległość tysięcy mil z miejsc zamieszkania w dystryktach właściwych miejscowo w odległe miejsca, w których przyjdzie im spędzić kolejne dni, tygodnie lub całe miesiące. Powód jest jeden – działanie takie przynosi ogromne dochody politykom i potężnym prywatnym przedsiębiorcom, którzy są właścicielami linii lotniczej JPATS.

Niemal wszyscy transportowani i tak trafiają później w to samo miejsce, z którego odlecieli – często zresztą na dokładnie to samo lotnisko – a następnie przewożeni są do pobliskiej placówki penitencjarnej.

Wiele godzin później – bez możliwości udania się do ubikacji – trafiliśmy z powrotem do aresztu śledczego w Zachodnim Dystrykcie Karoliny Północnej. Wprawdzie to stamtąd nas nielegalnie wywieziono zaledwie kilka dni wcześniej, ale mimo to ponownie nas sfotografowano, pobrano nasze odciski palców, przesłuchano nas, przeszukano i ponownie wprowadzono nas do systemu, jak gdyby widziano nas po raz pierwszy, chociaż nasze pełne dane znajdowały się już w aktach. Amerykański przemysł więzienny stanowi jeden z najważniejszych przemysłów w walce z bezrobociem, więc stawia się tu na bezcelowość działań i niekompetencję.

Po upływie kolejnych godzin umieszczono mnie w niewielkim pomieszczeniu przeznaczonym pierwotnie dla osadzonych z kłopotami zdrowotnymi, które wówczas pełniło rolę kolejnej ludzkiej przechowalni. Wewnątrz znajdowało się osiem piętrowych łóżek i stoły z miejscami na szesnaście osób, jednak pomieszczenie wypełnione było po brzegi. Jedyne wolne miejsce, w którym mogłem się położyć, znajdowało się w pobliżu ubikacji. O moim ówczesnym miejscu pobytu nie wiedzieli członkowie rodziny ani przyjaciele, a fałszywy numer PIN do telefonu, który udostępnili mi funkcjonariusze służby więziennej, jak nie działał wcześniej, tak nie działał i tamtego dnia. Nieustannie myślałem o dzieciach, ale nie byłem w stanie skontaktować się ani z nimi, ani z kimkolwiek.

Gdy znalazłem się w pomieszczeniu, dobiegły mnie wrzaski pokaźnego, na oko ważącego sto sześćdziesiąt kilogramów czarnego mężczyzny przypominającego zapaśnika sumo, który, jak miało się wkrótce okazać, imitował dźwięki karate, ilekroć miał na to ochotę. Mężczyźni leżący na podłodze nieopodal sedesów zrobili mi nieco miejsca. Moi nowi znajomi okazali się włóczęgami, pijaczkami, menelami i żebrakami, których zgarnięto na noc z ulic miasta.

Innymi słowy, znalazłem się wśród osób, na jakie wcześniej, idąc ulicą, nawet bym nie spojrzał. Tamtego dnia dzieliłem z nimi podłogę w jednej z najgorszych placówek Ameryki, gdzie co miesiąc umiera – lub jest zabijany – średnio jeden osadzony.

– Wołają na mnie Scooter – zarechotał mężczyzna z po mojej lewej. – Może chcesz coś poczytać?

– Dzięki – powiedziałem, na co Scooter podał mi mocno znoszony egzemplarz powieści Roberta Tanenbauma o wypaczeniach amerykańskiego wymiaru sprawiedliwości.

Scooter naprawdę nazywał się Henry Miller.

– Jak ten pisarz – oznajmił z dumą w głosie. – Napisał powieści *Zwrotnik Raka* i *Zwrotnik Koziorożca*.

Scooter był synem niereformowalnych alkoholików. Wychował się na ulicy. Był zachłannym pożeraczem książek i erudytą, jednak nie przechwalał się posiadaną wiedzą. Temat jego zainteresowań pojawiał się naturalnie. Czasami wybuchał jowialnym, zaraźliwym śmiechem. Gdy z nim rozmawiałem, zdarzało się, że zapominałem o bożym świecie. Otwarcie wspominał o licznych ostrych trunkach, którymi się delektował, a które z czasem częściowo pozbawiły go głosu. Mówił chrapliwie. Przypominał mi sławnego amerykańskiego autora z dziewiętnastego wieku, Henry'ego Davida Thoreau.

Żył po swojemu. Czasami, gdy zatęskniło mu się do ciepłych posiłków lub chciał po prostu odpocząć od roli ulicznego mędrka, za wyżebrane drobniaki kupował dużą puszkę zimnego piwa, a następnie stał z nią wyzywająco, aż zatrzymał się przed nim radiowóz.

Gdy policjanci nie byli zdecydowani, czy go zatrzymać, Henry im groził z tylnego siedzenia radiowozu, że w przeciwnym razie zwymiotuje na tapicerkę.

– Działało za każdym razem! – krzyknął, po czym wybuchł piskliwym śmiechem. Stopniowo do rozmowy przyłączyli się kolejni zatrzymani. Garfield, młody gimnastyk i handlarz narkotykami, wychowywał się za młodu w bazach Sił Powietrznych Stanów Zjednoczonych jako dziecko wojskowych narkomanów. W dzieciństwie zwiedził niemal cały świat, a jako nastolatek zaczął handlować narkotykami. Wspierał w ten sposób rodziców, którzy w tamtych latach już dawno opuścili wojsko. Do rozmowy dołączył również David Wu, towarzyski biznesmen z Wietnamu. Służby federalne przetrzymywały go już dziewiąty miesiąc, ponieważ odmówił dobrowolnego poddania się karze za coś, czego nie popełnił. Federalni nie mogli dopuścić do rozprawy, ponieważ nie mieli przeciwko niemu żadnych dowodów. Trzymali go za kratami do momentu, aż coś w końcu na niego znajdą albo zgłosi się do nich konfident, który zezna przeciwko niemu w zamian za skrócenie wyroku. Jakiś czas później inny wietnamski dżentelmen, John Nguyen, wyjawił mi, że służby federalne aresztowały później żonę Davida, by zmusić mężczyznę do dobrowolnego przyznania się do winy w zamian za jej wolność.

Z biegiem czasu dosiadł się do nas mężczyzna, który wcześniej imitował dźwięki karate. Przedstawił się jako Terry Streit, jednak w przeciwieństwie do japońskiego sumity z prawdziwego zdarzenia nie miał upiętego na czubku głowy koka, lecz dziesięciocentymetrowej szerokości pas wygolonej skóry. Miał niemal dziecięcy głos i był niewyobrażalnie uprzejmy. Każde zdanie rozpoczynał lub kończył słowem *sir* (proszę pana). Zaproponował, że podzieli się ze mną książkami i różnymi drobiazgami, które mogą mi się przydać za kratami.

Garfield zabawiał nas, stając na rękach między stołami, wykonując salta i pokazując nam rozmaite inne sztuczki.

Pewien przyjazny Latynos zasugerował, zgodnie z prawdą, że przydałoby mi się strzyżenie. Wkrótce potem zostałem ostrzyżony, pożyczono mi kilka książek, dostałem jedzenie i *suma summarum* bardzo ciekawie spędziłem wieczór. Rzadko który dzień spędzony w areszcie kończy się w tak miłej atmosferze.

Chciałem umyć zęby, ale nie wydzielono mi żadnych artykułów higieny osobistej.

– Skończyły się – skwitował beznamiętnie strażnik, gdy poprosiłem go o szczoteczkę.

Mój nowy sąsiad, Scooter, podarował mi „wyprawkę dla ubogich", czyli podstawowe przybory i artykuły dla osób, które nie miały żadnych funduszy na koncie. Wyprawka zawierała grzebień, pastę do zębów, szczoteczkę, mydło i niewielką puszkę dezodorantu. Pozostali osadzeni musieli kupować dobra po wyjątkowo zawyżonych cenach, a dochód z procederu trafiał w części do kieszeni lokalnego szeryfa.

Na myśl o prezencie Scootera i wszystkich uprzejmościach, jakie mnie spotkały tego wieczoru, ogarnęło mnie poczucie winy. Przez całe lata unikałem osób tego pokroju i nie przypominałem sobie, abym choć raz poświęcił im jakąkolwiek uwagę. Dotarło do mnie, jak dużo jest we mnie uprzedzeń. Zgromadzeni w celi stanowili część Stworzenia i należał im się szacunek. Stanowili część natury. Ich obecność mogła stać się dla mnie lasem, przez który będę się przechadzał i który doda mi otuchy.

Henry i ja pogrążyliśmy się w lekturze do samego rana. Zapaśnik sumo chrapał tak głośno, że dźwięki rozchodziły się po niewielkich rozmiarów celi z mocą grzmotu i przeszkadzały nam zasnąć. Ale jednocześnie nie mogłem się oprzeć wrażeniu, że dzięki nowo poznanym przyjaciołom odebrałem cenną życiową lekcję, która na dobre zmieni moje podejście do codzienności.

Rozdział 19

CO SIĘ STAŁO?

Dziś Stany Zjednoczone wydają więcej na wtrącanie obywateli do aresztów i zakładów karnych niż wynosi łączne PKB stu czterdziestu państw świata[1]. Podczas moich obecnych przemówień z sali często pada pytanie, komu to jest tak naprawdę potrzebne. Dobre pytanie.

Przemysł więzienny stanowi maszynkę do produkowania pieniędzy dla wszystkich zainteresowanych stron prócz, rzecz jasna, samych osadzonych, a także amerykańskich podatników. Ani z jedną, ani z drugą grupą nikt się obecnie w Stanach nie liczy. Chodzi o grube pieniądze – należy prześledzić, do czyjej trafiają kieszeni i jaki ich odsetek trafia z powrotem do Waszyngtonu i stolic poszczególnych stanów w postaci darowizn na cele polityczne.

W 2013 roku ówczesny prokurator generalny Stanów Zjednoczonych, Eric Holder, ogłosił, że utrzymanie przemysłu więziennego kosztuje państwo 80 miliardów dolarów rocznie[2].

Roczne wydatki budżetowe na dziecko w wieku szkolnym w Stanach Zjednoczonych wynoszą zaledwie 7743 dolarów[3], natomiast Federalne Biuro ds. Więzień (US Federal Bureau of Prisons) wydaje średnio 30 619 dolarów na to, by jedno z dwojga rodziców dziecka mogło pozostać za

---

[1] en.wikipedia.org/wiki/List_of_countries_by_GDP_(PPP)

[2] German Lopez, "Obama: $80 Billions Spent on Prisons Could Eliminate Tuition at All Public Universities" (Zasilenie edukacji kwotą 80 miliardów dolarów, która idzie na więziennictwo, poskutkowałoby zniesieniem czesnego na wszystkich uczelniach państwowych), 15 lipca 2015 roku. www.msn.com/en-us/news/politics/obama-dollar80-billion-spent-on-prisons-could-eliminate-tuition-at-all-public-universities/ar-AAcYFHJ

[3] Raport Uniwersytetu Południowej Kalifornii (USC Rossier), 2015.

kratami zakładu karnego. Miliardy dolarów przeznaczane na wsparcie przemysłu więziennego sprawiają, że ten może wywierać coraz większy wpływ polityczny na legislaturę. Mamy do czynienia z prawdziwym kryzysem praw obywatelskich, który pod względem liczby pokrzywdzonych nie ma sobie równych. U jego źródeł stoi chciwość.

Już w 1998 roku związek zawodowy strażników więziennych w Kalifornii (California Correctional Peace Officiers Association, CCPOA) został największym darczyńcą wspierającym stanowe kampanie polityczne. Gubernator Kalifornii, Gray Davis, obiecał w kampanii podjęcie walki przeciwko stanowemu „prawu trzech szans", zwanym również „prawem trzech przestępstw" (*three strikes law*), z powodu którego obecnie amerykańscy obywatele otrzymują kary dożywocia nawet za drobne przewinienia. Jednak gdy tylko CCPOA wsparł kampanię Davisa kwotą 2,1 milionów dolarów, gubernator zmienił zdanie, opowiedział się za projektem trzech szans i wprowadził go w życie. W ramach podziękowania otrzymał od związku kolejny milion dolarów.

Jednak problem nie sprowadza się do przekupnych polityków. Zarówno państwowi biurokraci, jak i prywatni przedsiębiorcy czerpią zyski ze wspomnianej już linii lotniczej JPATS. Przemysł więzienny zatrudnia prywatnych kontrahentów pod zwierzchnictwem agencji federalnej US Marshals Service (USMS), by zapewnili osadzonym transport lotniczy na terenie Stanów Zjednoczonych, mimo że ci w ogóle nie powinni zmieniać miejsca odbywania kary. A nawet gdyby było to konieczne, istnieją znacznie tańsze sposoby transportu. Jednak nie o oszczędności idzie, a przeciwnie, o wygenerowanie dochodu dla linii JPATS.

Ten konkretny przekręt powstał przed siedmioma laty, gdy pewna agencja rządowa przekazała USMS stary samolot odrzutowy. Z czasem JPATS przekształciła się w prywatną linię lotniczą z prawdziwego zdarzenia. Dziś posiada flotę dziesięciu odrzutowców, które według Wikipedii transportują co roku średnio 350 tysięcy więźniów. Za moich czasów stare Boeingi 737, MD-80 i odrzutowce wykupione z dawno już upadłej linii Pan Am co tydzień lądowały na lotnisku po ludzki towar.

Szacuję, że sędzia Britt w moim przypadku skorzystał z usług Con-Air około dwadzieścia razy, by przetransportować mnie między kolejnymi aresztami śledczymi i zakładami karnymi w rozmaitych miastach. Odbyłem między innymi trzy wycieczki do miasta Oklahoma City, które znajduje się w zachodniej części państwa – zupełnie bez celu. Zakładam więc, że Britt jest jednym z udziałowców JPATS, którzy nie są politykami. Ilekroć sędzia wpakował mnie na pokład jednego z ledwo zipiących samolotów , miałem okazję się przekonać, że wszystkie miejsca na pokładzie co do jednego zajęte są przez inne ofiary Britta.

Marshale federalni pracują pod zwierzchnictwem sędziów i to ta zależność służbowa prawdopodobnie stoi u źródeł przekrętu. Jeden marshal pilotuje samolot linii Con-Air, a drugi pilnuje ludzki towar na pokładzie. Samolot zatacza pętlę i koniec końców osadzeni trafiają w to samo miejsce, z którego odlecieli. Personel samolotu pracuje dla jednego z kontrahentów JPATS – jednej z najbardziej dochodowych linii lotniczych świata, która jednocześnie jest jedną z najgorszych pod względem bezpieczeństwa[4].

Samoloty JPATS często nie były w stanie wznieść się w powietrze – szacuję, że nawet za co drugim razem – ze względu na problemy techniczne, które spowodowałyby zamknięcie innej linii lotniczej. Sam byłem świadkiem, jak podczas lądowania stary Boeing 747 zaczął się ślizgać na boki po drodze startowej. Nie był w stanie ponownie wystartować i wszyscy osadzeni trafili do lokalnych placówek na czas naprawy. Nikt nawet nie wzruszył ramionami. Często słyszałem, jak bezduszni pracownicy linii kwitowali podobne wydarzenia słowami: „I co z tego? To tylko więźniowie."

Najemnicy z sektora prywatnego, uzbrojeni w wojskowe karabiny M-16 i strzelby kalibru 12 typu *pump action*, które mogą zrobić z człowieka krwawą miazgę, strzegą samolotów wypełnionych po brzegi „tylko więźniami". Po długich lotach siedzenia na pokładzie często okazywały

---

[4] JPATS, czyli „Con-Air", nie podlega pod te same regulacje co inne linie lotnicze i nie obowiązują jej regularne przeglądy i standardowe wymogi konserwacyjne. Zakładam, że dzięki temu JPATS jest bardziej dochodowa, chociaż oficjalnie chodzi o nieobciążanie kieszeni podatnika.

się mokre – komfort pasażerów to ostatnia rzecz, o jaką dba „Con-Air". Więźniowie stanowili jedynie mięso, które należało przerzucić z miejsca na miejsce, by zarobić swoje.

Według zasłyszanej rozmowy między dwoma pracownikami JPATS za każdy mój przelot z inicjatywy sędziego Britta linia lotnicza otrzymywała tysiąc dolarów.

W rozmowie padło również twierdzenie, że linia znajduje się głównie w rękach „urzędników i polityków". Można powiedzieć, że struktura własnościowa JPATS objęta jest tajemnicą państwową. Mnie z pewnością nie udało się w tej kwestii niczego ustalić, więc zakładam, że zasłyszane twierdzenia nie odbiegają daleko od prawdy. Założę się, że beneficjentami procederu są również sędziowie pokroju Britta, ponieważ jako jedyni mogą podpisać się pod nakazem transportu osadzonego.

To właśnie organizacje takie jak JPATS oraz ich hojne darowizny sprawiły, że politycy zezwolili na rozszerzenie katalogu przestępstw o setki tysięcy czynów, przez co amerykański przemysł więzienny rozrósł się do obecnych rozmiarów.

Ale to nie wszystko. Rozmaite traktaty o „wolnym handlu" zawarte przez tych samych polityków pozbawiły Stany Zjednoczone mocy produkcyjnej i miejsc pracy, więc przedsiębiorstwa zarabiają obecnie na więźniach wtrącanych do zakładów karnych, gdzie osadzeni zmuszani są do niewolniczej pracy. Witajcie w Gułagu Ameryka.

Jak przedsiębiorstwa zarabiają na przemyśle więziennym? Częściowo na sprzedaży dóbr i usług, które przynoszą dochody w wysokości 80 miliardów dolarów rocznie – a w większej części na przymusowej pracy osadzonych. Zresztą zdaniem wielu ekspertów po wojnie secesyjnej przymusowa praca osadzonych zastąpiła po prostu instytucję niewolnictwa i stanowi jej naturalną ewolucję.

Według jednego z badań nad powodami oszałamiającego, masowego przeludnienia aresztów i zakładów karnych w Stanach Zjednoczonych, „Co najmniej 37 stanów zalegalizowało kontraktowanie przymusowej pracy osadzonych przez prywatne przedsiębiorstwa, które przenoszą produkcję bezpośrednio na obszar zakładów karnych"[5].

Sam stanowiłem jeden z trybów systemu niewolniczej pracy. Płacono mi pięć centów na godzinę (!) – od ośmiu do dwunastu dolarów miesięcznie (!) – za ciężką, często niebezpieczną pracę. A i tak musiałem wydać całą płacę w sklepiku, by kupić artykuły pierwszej potrzeby, takie jak mydło czy pasta do zębów. Najbardziej zadziwiające jest to, jakie spółki czerpią obecnie korzyści z niewolniczej pracy:

„Na liście znajdują się spółki, które stanowią śmietankę amerykańskiego biznesu: IBM, Boeing, Motorola, Microsoft, AT&T, Wireless, Texas Instruments, Dell, Compaq, Honeywell, Hewlett-Packard, Nortel, Lucent Technologies, 3Com, Intel, Northern Telecom, TWA, Nordstrom's, Revlon, Macy's, Pierre Cardin, Target Stores i wiele innych. Wszystkie wspomniane spółki ochoczo korzystają z gospodarczej siły, jaką zapewnia im przymusowa praca więźniów. W latach 1980-1994 zyski tych firm wzrosły z 392 milionów dolarów do 1,31 miliardów dolarów. Osadzeni w zakładach karnych stanowych co do zasady otrzymują za pracę płacę minimalną, ale nie wszędzie – w stanie Kolorado płaci im się około dwa dolary za godzinę, a zatem zdecydowanie poniżej stawki minimalnej"[6].

Innymi słowy, wskutek starań polityków każdy z zakładów został wypełniony po brzegi osadzonymi bez oglądania się na coś tak błahego, jak realna ilość dostępnego miejsca. „Według badania we wrześniu 2011 roku w federalnych zakładach karnych stopień przeludnienia wynosił 39%. Co więcej, według szacunków raportu do roku 2018 stopień przeludnienia zakładów karnych przekroczy ponad 45%"[7]. Buduje się coraz więcej zakładów, by zaopatrzyć kolejne podupadające branże w tanią, przymusową siłę roboczą. Powstały całe branże, które wspierają postępujący rozwój przemysłu więziennego, w tym biura architektoniczne, które specjalizują się wyłącznie w projektowaniu zakładów karnych, producenci kajdanek

---

[5]Vicky Peláez, "The Prison Industry in the United States: Big Business or a New Form of Slavery?" (Przemysł więzienny w Stanach Zjednoczonych. Wielki biznes czy nowa postać niewolnictwa?), 28 sierpnia 2016 roku. www.globalresearch.ca/
the-prison-industry-in-the-united-states-big-business-or-a-new-form-of-slavery/8289
[6]Tamże.
[7]Raport *Increase in Federal Prison Population, Overcrowding* (Wzrost populacji więźniów w federalnych zakładach karnych, przeludnienie), Derek Gilna, „Prison Legal News", str. 48, 19 maja 2014

w modnych barwach, a nawet producenci specjalnych poduszek, którymi wyścielane są ściany cel dla osadzonych cierpiących na choroby psychicznie – również w modnych barwach. Nie można zrezygnować z podążania za trendami tylko dlatego, że mowa o placówkach systemu penitencjarnego. W słowach Dereka Gilny z raportu „Increase in Federal Prison Overcrowding" z czasopisma „Prison Legal News" z 19 maja 2014 roku: „Układ więzienno-przemysłowy jest jedną z najszybciej rozwijających się gałęzi amerykańskiego przemysłu, którego inwestorzy pochodzą z Wall Street. Jego łączna wartość wynosi wiele milionów dolarów. Organizuje własne targi handlowe i spotkania, ma własne portale internetowe i katalogi z ofertą do zamówienia pocztą lub przez internet. Przemysł ten zamawia również kampanie reklamowe i zleca pracę biurom architektonicznym, przedsiębiorstwom budowlanym, domom inwestycyjnym z Wall Street, dostawcom części kanalizacyjnych, firmom cateringowym, uzbrojonym służbom bezpieczeństwa i dostawcom poduszek do cel dostępnych w szerokiej gamie barw".

Dawniej za kratki trafiały osoby, które popełniły prawdziwe przestępstwo – morderstwo, gwałt, kradzież czy napaść z bronią w ręku. Dziś za kratki może trafić niemal każdy – grunt, by amerykańscy przedsiębiorcy mieli zapewnioną tanią siłę roboczą po rekordowo niskich kosztach.

Dziś można trafić za kratki za zerwanie metki z poduszki w sklepie – albo wręcz za samo myślenie o zerwaniu metki. Liczne zakazy powstają wyłącznie z myślą o tym, by zapewnić amerykańskim przedsiębiorcom przewagę konkurencyjną, dostarczając im pracowników po kosztach niższych niż w państwach rozwijających się. Doskonale pamiętam niechęć Stanów Zjednoczonych względem Chin za te same posunięcia za czasów prezydentury Reagana w latach osiemdziesiątych. Dawna niechęć wobec tego procederu nie powstrzymała nas jednak przed tym, by stosować go obecnie.

A ponieważ dowolne spośród wspomnianych już 314 tysięcy praw może dziś posłużyć do tego, by wtrącić dowolnego amerykańskiego obywatela za kratki – zresztą często na całe dziesięciolecia – ściganie przestępstw stało się jedną z metod, które służą zadowoleniu dostawców przemysłu więziennego, jak i zadowoleniu amerykańskich przedsiębiorców jako takich. Jak wspomniał Harvey Silverglate w książce *Three Felonies a Day: How the Feds Target the Innocent* (2009 r.), typowy obywatel Stanów Zjednoczonych zgodnie z tytułem książki popełnia trzy przestępstwa federalne dziennie.

Gdy przedsiębiorstwa korzystające z usług osadzonych zgłoszą zapotrzebowanie na większą liczbę pracowników, policja aresztuje kolejne osoby, a prokuratura stawia im kolejne zarzuty. W 96% przypadków ofiara wymiaru sprawiedliwości dobrowolnie poddaje się karze, nim dojdzie do samego procesu. Obywatele przetrzymywani są w zakładach karnych i aresztach śledczych, gdzie grozi im się karą dożywocia, aż zdecydują się „dobrowolnie" wejść w pakt z diabłem w zamian za niższy wyrok, dzięki któremu pewnego dnia będą mogli wyjść na wolność zamiast umierać kawałek po kawałku jako niewolnik sieci Macey's lub Target.

Ósmego kwietnia 2015 roku George Will opublikował bardzo znaczący artykuł w „The Washington Post", zatytułowany *When Everything is a Crime* (Gdy wszystko jest przestępstwem), który również doskonale naświetla obecną sytuację w państwie. Will udowadnia, że dziś państwo jest w stanie w dowolnej chwili wskazać palcem dowolnego obywatela i po prostu, ot tak, wtrącić go za kraty. Wystarczy postawić mu cały szereg zarzutów za popełnienie czynów, o których penalizacji nikt przy zdrowych zmysłach nie ma białego pojęcia.

Will napisał, że w 2007 roku profesor Tim Wu ze Szkoły Prawa Uniwersytetu Columbia, nawrócony prokurator, wspomniał o ćwiczeniu, jakiego wymagał od prokuratorów przełożony. Gdy prokuratorzy zebrali się w barze, jedna osoba rzucała imię i nazwisko znanej osobistości, takiej jak Matka Teresa z Kalkuty czy John Lennon, a pozostałe usiłowały wskazać „wiarygodne zarzuty, jakie można by przedstawić danej osobie", a zatem wskazać „jedno spośród niesamowicie licznych, a jednocześnie zupełnie nieznanych przestępstw z kart Kodeksu Stanów Zjednoczonych, które razem przypominają swego rodzaju prawnicze pole minowe." Może dana osoba „dopuściła się podstępu na pełnym morzu"? Albo „uszkodziła torbę listonosza"?

W latach osiemdziesiątych Departament Sprawiedliwości przekonał Kongres do rozwinięcia prawnej instytucji zmowy, utrzymując, że zostanie wykorzystana jedynie w walce z pozostałymi na wolności bossami mafii, takimi jak nowojorski mafioso John Gotti. Śledczy nie zdołali złapać Gottiego na gorącym uczynku, więc doprowadzili do penalizacji samego aktu **myślenia** o przestępstwie. Następnie państwo wyłapało wszystkie mafijne płotki i wtrąciło za kraty nie tylko członków mafii, lecz także ich krewnych. Uciekając się do starych sowieckich metod, prokuratorzy mogli zmusić zatrzymanych, by zeznali, że mafijni bossowie rozważali popełnienie przestępstwa. Plan wypalił.

Ale to jeszcze nic. Prokuratorzy złamali obietnicę, że zmowa jako instrument prawny będzie wykorzystywana wyłącznie w ograniczonym wymiarze. Zarzut zmowy został postawiony w około dziewięciu sprawach na dziesięć, które badałem w latach 2006-2012. Prawda nie stanowi już najwyższej wartości. Liczy się to, że państwo może zmusić dwu „świadków", by przyznali się do wiedzy na temat „planowanego" przez daną osobę „przestępstwa" w zamian za pieniądze lub skrócenie wyroku.

Jak to możliwe? Otóż obecnie nie sposób obronić się przed zarzutem działania w zmowie. Do dziś nie powstało bardziej niebezpieczne prawo – i właśnie dlatego żadne cywilizowane państwo od czasów starożytnego Rzymu[8] nigdy nie dopuszczało zarzutu myślozbrodni. Jak pokazuje historia (innych) upadłych imperiów, jest niemal pewne, że możliwość karania za myśli i zamiary zostanie nadużyta przez nadgorliwych prokuratorów. Nie sposób udowodnić, że nie myślało się o popełnieniu przestępstwa.

---

[8] O okropieństwach związanych ze zmowami w starożytnym Rzymie oraz tysiącach ofiar uśmierconych na mocy prawa o zmowie w czasach Nerona można przeczytać w księgach 13-16 *Roczników* Tacyta.

Rozdział 20

26 KWIETNIA 2006 ROKU

Zła passa trwa w najlepsze

> „Prokurator jest urzędnikiem sądowym, którego obowiązkiem nie jest wygrana za wszelką cenę, lecz rzetelne i zdecydowane przedstawienie okoliczności sprawy przed ławą przysięgłych".
>
> Stany Zjednoczone *versus* Filion,
> sygn. 335 F.3d. 119 (2nd Cir. 2003)

26 kwietnia 2006 roku
Zachodni Dystrykt Karoliny Północnej

MINĘŁO osiem dni, odkąd zostałem porwany sprzed własnego domu. Byłem już skłonny zrobić wszystko, byle tylko dowiedzieć się, jak się mają moje dzieci. W tym celu porozumiałem się z jednym ze strażników, Federsonem. Był czarnym, zdeklarowanym homoseksualistą, który zdawał się nie przejmować opinią pozostałych funkcjonariuszy. Sprawiał również wrażenie osoby o wiele bardziej serdecznej w stosunku do osadzonych niż pozostali. Jak miało się wkrótce okazać, intuicja mnie nie zawiodła.

Poprosiłem go o pomoc i już pół godziny później dysponowałem działającym kodem PIN. Federson potwierdził, że wcześniej wydzielono mi fałszywy numer.

Cóż, Federalni lubią łamać zasady – powiedział.

Moi potencjalni rozmówcy musieli wcześniej zarejestrować się w drogiej, prywatnej sieci telefonicznej aresztu. Dodzwoniłem się jedynie do szwagierki z Florydy. Traf chciał, że dopełniła formalności.

Dowiedziałem się, że moi synowie są bezpieczni. Robert Cook przyjął do siebie do domu mojego starszego syna Chrisa, a młodszego syna Jonathana zawiózł na Florydę i ten zamieszkał z moją szwagierką. Przyjaciel Jonathana, Stewart, wrócił na Bahamy.

W okresie pierwszych dwu tygodni po zatrzymaniu szwagierka wykonała rozmowy telefoniczne ze mną i z żoną za ponad 600 dolarów, by przekazać nam wieści o chłopcach. Nie mieliśmy pojęcia, że płaci aż 25 dolarów za rozmowę, aż przyszło mi zwrócić jej całą kwotę.

Gdzie się nie obejrzałem, ktoś porządnie zarabiał na naszej niedoli. Wszystkie niezbędne dobra kupowaliśmy po niebotycznie wyśrubowanych cenach od Aramark, prywatnego kontrahenta przemysłu więziennego (którego jednymi z głównych udziałowców są były prezydent Bill Clinton i jego żona, niedawna kandydatka na prezydenta, Hillary Clinton). Większość dóbr była niskiej jakości, pochodziła z odzysku lub została przekazana spółce w zamian za odpis podatkowy[1].

Wkrótce po tym, jak po raz pierwszy przedzwoniłem do szwagierki, dobiegł mnie niemiły głos:

– Woltz! Pakuj manatki i biegiem do przesuwaka. Już! Ruchy!

Widocznie sobie uświadomili, że dostałem właściwy PIN, i próbowali zrobić wszystko, abym już nie otrzymał dalszej pomocy. Pożegnałem się z kumplami i otyły zastępca szeryfa zabrał mnie do modułu nr 6800, o którym już zdążyłem się nasłuchać najgorszego. Nazywano go modułem morderców.

---

[1] W areszcie w Beaver w Wirginii Zachodniej zmuszono mnie do pracy w kuchni za pięć dolarów miesięcznie. Pewnego dnia kazano nam rozładować ciężarówkę wypełnioną po brzegi zgniłymi rybami. Były wprawdzie zamrożone, ale nie zamaskowało to ich smrodu. Założyliśmy specjalne maseczki, ale mimo to zbierało nam się na wymioty. Zgniłe ryby zostały podarowane osadzonym przez park rozrywki Sea World na Florydzie. Miały stanowić karmę dla orek, waleni i rekinów, ale zwierzęta nie chciały przyjąć takiego pokarmu, więc nakarmiono nimi więźniów, a Sea World odpisał sobie podarunek z podatków.

W przeciwieństwie do pozostałych modułów okręgowego aresztu śledczego hrabstwa Mecklenburg, 6800 nie miał podium dla strażników. W jego miejscu znajdowało się lustro weneckie, za którym skrywali się dwaj funkcjonariusze. Wszystko było zautomatyzowane. Na dwóch poziomach modułu znajdowały się pięćdziesiąt cztery odosobnione jednoosobowe cele. Wewnątrz modułu kątem oka dostrzegłem twarze pojedynczych osadzonych przyglądających się mi przez malutkie okienka w drzwiach cel.

Drzwi do celi nr 34 na piętrze otworzyły się automatycznie. Gdy znalazłem się w środku, z głośnika zamontowanego wewnątrz pomieszczenia dobiegł mnie głos, abym zamknął celę od środka. Przebiegł mnie okropny dreszcz, jak ten pierwszej nocy w odosobnieniu, ale tym razem było gorzej – uświadomiłem sobie, że zostanę pozbawiony kontaktu z ludźmi.

Przez następny rok poznałem każdy zakamarek celi nr 34, która składała się z trzystu dwunastu betonowych pustaków. Obok niewielkiego stoliczka z wbudowanym rozkładanym krzesełkiem mieściła się równie mikroskopijna metalowa koja. Sedes połączony był ze zlewem, tak że woda ze zlewu spływała bezpośrednio do muszli. Kran wyposażony był w kurki z wodą ciepłą i zimną, ale w mojej celi leciała wyłącznie woda zimna.

Zgaduję, że sufit znajdował się na wysokości ponad trzech i pół metra. W świetle prawa na jednego osadzonego musi przypadać określona liczba metrów sześciennych przestrzeni, więc w tym celu buduje się pomieszczenia na wysokość, pozbawiając osadzonych cennego miejsca na rozprostowanie kości.

Ogarnęła mnie depresja połączona ze znudzeniem – dwie przyjaciółki każdego osadzonego. Każdego ranka zaznaczałem krótkim ołówkiem kropkę w miejscu, gdzie pierwsze promienie światła uderzyły o ścianę przez niewielkich rozmiarów okienko, które znajdowało się tak wysoko, że nie mogłem go dosięgnąć. Odznaczanie czasu stało się z czasem moim ulubionym zajęciem dnia – z upływem kolejnych tygodni kropki zaczęły zataczać szeroki łuk, aż w końcu po roku zatoczyły na ścianie pełen okrąg. Zacząłem cały proces od nowa, by wyznaczyć trasę kolejnego roku[2].

---

[2] *The Path: A Spiritual Guide to the Fifth Age of Man* (Ścieżka. Duchowy przewodnik po piątej erze ludzkości) to książka, którą napisałem zainspirowany medytacjami i snami z roku spędzonego w izolatce. Stanowi zapis wizji ze snów i można ją kupić w serwisie amazon.com. Wiele z pomysłów, które objawiły mi się we śnie, były mi całkowicie obce, więc nie uważam się za ich twórcę, lecz za ich pośrednika – z czasem jednak zrozumiałem ukrytą w nich mądrość i mam nadzieję, że w dzisiejszych czasach globalnych zmian i ogólnoświatowego konfliktu pomysły te padną na podatny grunt.

Rozdział 21

CO SIĘ STAŁO?

Telefony więzienne – jak wszystko inne – stanowią kolejną rzecz, która przynosi beneficjentom systemu ogromne zyski. W wielu przypadkach pieniądze z rozmów trafiają bezpośrednio do kieszeni lokalnego szeryfa lub dyrektora zakładu karnego. Rozmowy z osadzonymi kosztują rodziny 1,2 miliarda dolarów rocznie[1]. Średni koszt rozmowy wynosi 1 dolar i 22 centy, a więźniowie mogą dzwonić jedynie do osób, które wcześniej wykupiły rozmowy w ramach firmowej usługi.

Poszczególne sieci nie konkurują ze sobą na cenę rozmów ani jakość usług, a na wysokość prowizji dla danej placówki[2].

Z przedpłaty za rozmowy w wysokości 25 dolarów watażka danego gułagu może wynegocjować kwotę 6 dolarów i 95 centów prowizji. Przedpłatę wpłacają członkowie rodziny osadzonego, a kwota 25 dolarów przekłada się na zaledwie jedną piętnastominutową rozmowę.

W okresie pozbawienia wolności moja rodzina wydała tysiące dolarów na same rozmowy. Koszt rozmów stanowi również metodę rozbijania rodzin, których członkowie padli ofiarą prokuratorów. Przekonałem się na własnej skórze, że stare przysłowie „co z oczu, to z serca" jest całkiem prawdziwe. Jedynie moja matka (która zmarła, nim wydostałem się na wolność), bracia, siostra i kilku przyjaciół, w tym Robert Cook pamiętali o mnie przez cały okres cierpień. Pozostali zapomnieli.

---

[1] Timothy Williams, „The High Cost of Calling the Imprisoned" (Wysoki koszt rozmów telefonicznych z osadzonymi), „The New York Times", 30 marca 2015.

[2] Tamże.

Ogromna liczba osadzonych przestaje utrzymywać kontakt z członkami rodziny tylko dlatego, że ani ich samych, ani ich rodzin na to nie stać. Sam byłem świadkiem, jak osadzeni celowo zrywali kontakt ze swoimi najbliższymi, by ci nie czuli się zobowiązani wydawać na rozmowy resztek pieniędzy, dzięki którym mogliby zaspokoić głód. Widok ten rozdzierał serce.

Gdy jeden z małżonków trafi do aresztu lub zakładu karnego, małżeństwo rzadko trwa dłużej niż trzy lata.

Osadzony, który utracił kontakt z rodziną i środki utrzymania, po opuszczeniu aresztu lub zakładu karnego prawdopodobnie popełni kolejne przestępstwo. I znów trafi do aresztu czy zakładu karnego, i znów da zarobić beneficjentom systemu.

Rozdział 22

PAKT Z DIABŁEM – CZĘŚĆ 1

„Decyzja oskarżonego, by nie przyznać się do zarzucanej winy, opiera się na założeniu, że jego bądź jej obrońca przeprowadzi kompleksową obronę, by odeprzeć zarzuty. Działania, które nie spełniają tego założenia w całości, zagrażają oskarżonemu, który nie jest w stanie osiągnąć głównego celu – udowodnienia własnej niewinności. Obrońca nie powinien zmieniać warunków tego założenia jednostronnie. Jeśli obrońca opracuje strategię obrony, która celowo nie podejmuje pewnych jej aspektów, charakter działań powinien zostać objaśniony oskarżonemu i obrońca powinien otrzymać jego jednoznaczną zgodę."

North Carolina Criminal Procedures. Ethical and Practical Concerns When Representing (Postępowanie karne przed sądami w Karolinie Północnej, Etyczne i praktyczne zagadnienia związane z obroną klienta), str. 55

„Przesłuchanie w warunkach aresztu wymaga udziału ustanowionego obrońcy".

Edwards *versus* Arizona, sygn. 451 US 447, 68 L.Ed. 2 564, 101 S.Ct. 665

> „Gorliwa obrona wymaga od obrońcy, by starannie przygotował linię obrony i w pełni zapoznał się ze wszystkimi aspektami sprawy. Obrońca powinien przesłuchać każdego potencjalnego świadka w sprawie. Niezbadanie sprawy w sposób gruntowny i nieprzeprowadzenie odpowiednich czynności przedprocesowych stanowi naruszenie Zasad Odpowiedzialności Zawodowej oraz szóstej poprawki do Konstytucji Stanów Zjednoczonych".
>
> Kimmelman *versus* Morrison,
> sygn. 477 US 365, 106 S.Ct. 2574

27 kwietnia 2006 roku, godzina 9.13
Zachodni Dystrykt Karoliny Północnej

W module morderców dzień zaczynał się nieco później. Poranki były leniwe i nikomu się nie śpieszyło.

Wypuszczano nas z cel jedynie o określonych porach dnia na prysznice i posiłki, chociaż nie zawsze. Czasami przez całe dni podawano nam posiłki przez szczelinę w drzwiach, zwaną pieszczotliwie „grochową dziurą". Najczęściej wypuszczano nas na kilka godzin przed lunchem i obiadem, a pod wieczór około 20.30 na kolejną godzinę, czasami dwie. Przez pozostałe godziny zamykano nas pojedynczo w celach.

Osadzeni z modułu morderców byli znacznie mniej przyjaźni od osób, które spotkałem w dawnym module medycznym. Wielu, jeśli nie większości, postawiono zarzut morderstwa lub poważnego przestępstwa z użyciem przemocy. Nie miałem wątpliwości, że prokurator pociągnął za sznurki i ulokował mnie z mordercami celowo. Strażnicy byli tu najbardziej złośliwi i okrutni. Celowo utrudniali osadzonym kontakt ze światem poza kratami – przeprowadzenie zwykłej rozmowy telefonicznej stało się niemal niemożliwe. Prokuratorzy zamierzali mnie wystraszyć, co zresztą wkrótce przyznali mi prosto w twarz. 27 kwietnia rano opuściłem moduł, by udać się na spotkanie bezpośrednie[1]. Nie miałem pojęcia, dokąd mnie zabierają ani w jakim celu.

Mój adwokat, David Freedman, nie spotkał się ze mną ani nie wyraził żadnego zainteresowania sprawą od chwili zatrzymania. Ani razu nie spotkałem się z nim poza salą rozpraw. Gdy już wydano mi działający kod PIN, próbowałem się z nim skontaktować raz za razem, jednak Freedman albo celowo nie odbierał moich telefonów, albo nie wykupił usługi, która by mu to umożliwiła. Mężczyzna, który miał się za najlepszego obrońcę w stanie, nie zawarł umowy z siecią telefoniczną zakładu karnego, do którego wtrącano jego klientów. Chodził mi po głowie tylko jeden powód takiego zachowania – może zależało mu na tym, by nikt nie podsłuchał naszych rozmów? Może spotka się ze mną osobiście? Biorąc pod uwagę pieniądze, jakich zażyczył sobie od mojej rodziny, z pewnością miał jakiś plan.

Tamtego ranka bez żadnego wcześniejszego ostrzeżenia ani zawiadomienia zjechałem windą w asyście strażnika na drugie piętro kompleksu, gdzie zatrzymaliśmy się przed ogromnymi metalowymi drzwiami. Funkcjonariusz otworzył je dużym kluczem oznaczonym czerwoną kropką. Poddano mnie dokładnej rewizji osobistej, mimo że nie znajdowałem się na wolności już drugi tydzień. Kolejny strażnik wprowadził mnie do niewielkiego korytarza, po czym zamknięto za nami drzwi. Dopiero wtedy otworzyły się kolejne drzwi po drugiej stronie przejścia. Znaleźliśmy się w kolejnym korytarzu, który prowadził do czterech sal przesłuchań.

– Czekaj przy drzwiach, aż zostaniesz wezwany do środka – powiedział funkcjonariusz.

„Wezwany? Przez kogo?" – zachodziłem w głowę. Nie poinformowano mnie, że tego dnia czeka mnie wizyta.

Jednak w drodze do pomieszczenia dostrzegłem kątem oka agenta FBI, który nas zatrzymał – Douga Currana. Odniosłem wrażenie, że

---

[1] Spotkanie bezpośrednie (ang. *contact visit*) w amerykańskim postępowaniu karnym to spotkanie z adwokatem lub prokuratorem w sali przesłuchań, nie zaś w niewielkich kabinach przedzielonych zbrojoną szybą wzmocnioną metalową siatką, w których strony porozumiewają się wyłącznie za pomocą słuchawek telefonicznych.

mignął mi również prokurator, Matthew Martens, ale w tamtej chwili nie byłem pewien. Kazano mi przystanąć przy drzwiach, z dala od zasięgu ich wzroku, i czekać na wezwanie. Z wnętrza pomieszczenia dobiegła mnie rozmowa. Miałem rację – prokurator Matthew Martens wyraźnie ożywionym tonem opowiadał o mężczyźnie, na którego polował, Samie Currinie, a także o sędzim Brittcie, który pozbawił mnie prawa do opuszczenia aresztu za poręczeniem w sądzie, który nie miał jurysdykcji. Nietrudno się domyślić, że słowa Martensa zwróciły moją uwagę.

– Sędzia Britt i Sam Currin są zagorzałymi wrogami od trzydziestu lat! – Martens niemal krzyknął. – Aż dziw bierze, że zgodził się rozpoznawać sprawę.

Zza drzwi dobiegł mnie śmiech zgromadzonych.

Nie mogłem uwierzyć w to, co usłyszałem. Matthew Martens właśnie bez ogródek przyznał się do nielegalnej praktyki *judge shopping*, czyli poszukiwania dogodnego sądu i usłużnego sędziego. Wybrał Britta, ponieważ ten ział nienawiścią wobec Sama Currina.

W tamtej chwili pilnujący mnie funkcjonariusz zorientował się, że podsłuchuję rozmowę, i zapukał w drzwi, by ostrzec rozmówców. Gdy wpuszczono mnie do środka, oniemiałem. W pomieszczeniu znajdowało się co najmniej pół tuzina przedstawicieli państwa, w tym agent Curran, a między dwoma prokuratorami siedział mój adwokat – David Freedman. Przed chwilą śmiał się wraz z prokuratorami na wieść o niegodziwościach, które spotkały mnie – jego klienta.

Aż się we mnie zagotowało. Nim zająłem miejsce, rzuciłem w stronę Freedmana:

– Chcę z panem zamienić słowo na osobności. Natychmiast.

– To nie będzie konieczne – odparł. – Zresztą sam za chwilę zrozumiesz, gdy tylko się dowiesz, co ustaliliśmy.

– Musimy porozmawiać na osobności. Teraz!

Za drugim razem odpowiedział mi prokurator, by zaoszczędzić wstydu współspiskowcowi.

– Panie Woltz, wiem, że ostatnie dni były dla pana i pańskiej małżonki bardzo trudne, ale to nie o pana nam tak naprawdę chodzi. Jesteśmy pewni, że może nam pan dopomóc, ale to nie pan jest naszym celem.

Mężczyzna teatralnie przerwał, uśmiechnął się szeroko i powiedział wyraźnie i powoli:

– Chciałby pan wysiąść z tej szalonej karuzeli? By wszystko wróciło do normy? Co pan na to?

Przedstawiciele państwa uśmiechnęli się do mnie, jak gdyby zależało im na moim dobru. Szlag mnie trafiał, że Freedman nie powiadomił mnie o spotkaniu i nie dokonał starań, by wcześniej porozmawiać ze mną na osobności. Nie potrafiłem zrozumieć, dlaczego doprowadził do obecnej sytuacji, skoro zapłaciłem mu, by reprezentował mnie w trakcie procesu. Dano mi zbyt mało czasu, abym mógł podjąć przemyślaną decyzję. Moje przypuszczenia okazały się prawdziwe co do joty – Freedman współpracował z prokuraturą. Najwidoczniej nie przejął się faktem, że nie przyznałem się do winy w sądzie i kazałem mu przygotować się do rozprawy.

– Co pan na to, panie Woltz? – zapytał Martens z szatańskim uśmiechem, jak gdyby chciał mnie skusić do popełnienia grzechu. – Brzmi rozsądnie, prawda?

Dziewiętnastego kwietnia, a zatem siedem dni wcześniej, wysłałem Freedmanowi notatki, które spisałem ołówkiem po drugiej stronie aktu oskarżenia. Odniosłem się do kolejnych zarzutów linijka po linijce, wskazując optymalną linię obrony. Podałem mu imiona i nazwiska świadków, z którymi miał się skontaktować. Przypomniałem sobie jednak niedawną rozmowę z Michaelem Spracklandem i Edwinem w Raleigh i uznałem, że warto posłuchać, co też przedstawiciele władz i mój własny obrońca mają mi takiego do powiedzenia.

– Co takiego macie na myśli? – zapytałem, starając się, by mój głos nie zdradzał zbytniego zainteresowania.

Martens wskazał gestem Davida Freedmana, udzielając mu głosu.

– Howell, pracuję jako adwokat nie od dziś i muszę przyznać, że oferta Matta jest naprawdę niezwykła. Bez wątpienia stanowi najlepszy znany mi *deal*, jaki zaoferowano osobie, na której ciążą tak poważne zarzuty.

– Ale ja nic nie zrobiłem! – krzyknąłem.

– Zostawmy ten temat – skwitował Freedman.

– Zostawmy? Przecież to...

– Howell – uciął Freedman, jakby uspokajał rozkapryszone dziecko. – Uspokój się. Najpierw nas wysłuchaj.

– Nas? – spytałem. Mój adwokat właśnie się przyznał, że nie pracuje dla mnie, a dla nich.

– Wyobraź sobie, że doszliśmy do porozumienia i wszystko może się dobrze skończyć. Możesz za chwilę wysiąść z tej karuzeli, jak raczył się wyrazić Matt. Pamiętaj z drugiej strony, że wielka ława przysięgłych zgodziła się, by postawić ci zarzuty.

– Ale... – zacząłem, na co Freedman uniósł dłoń.

– Daj mi dokończyć. Z zarzutów się nie wywiniesz. Jednak jak wspomniałem, doszliśmy do porozumienia. Panowie złożą ci bardzo intratną propozycję. Już wkrótce będzie po wszystkim, a ty wyjdziesz bez większego szwanku.

W tamtej chwili chciałem wybiec z sali, ale stałem jak słup. Nie chciałem słyszeć tego, co miało za chwilę paść z ust Freedmana.

– Z Mattem już się dogadaliśmy, wystarczy, że teraz i ty przyklepiesz.

Jak to? Ze mną Freedman nie rozmawiał o sprawie ani razu. Nie zadał mi ani jednego pytania, a mimo to już się dogadał z prokuratorem? Byłem wściekły.

– Pewnie już do ciebie dotarło, że będziesz musiał uznać jakiś zarzut i przyznać się do winy. Czegoś małego – wyszeptał, przykładając dłoń do ust, jak gdyby dzielił się ze mną na osobności wielką tajemnicą.

– Ale ja jestem niewinny! – zaprotestowałem. – Z pewnością zdają sobie z tego sprawę, o ile w ogóle przeprowadzili jakieś śledztwo!

W tamtej chwili do rozmowy wtrącił się agent Curran:

– Zdaje się, że wielka ława przysięgłych ma inne zdanie.

– Ktoś musiał złożyć fałszywe zeznania! – natychmiast odparłem.

Prokurator uniósł dłoń, by uciszyć nas obu.

– Proszę kontynuować, panie Freedman.

– OK. Howell, będziesz musiał się do czegoś przyznać.

– Tak naprawdę do czegokolwiek – dodał Martens.

O co więc mogło im chodzić? Nie miało żadnego znaczenia, do czego się przyznam, byle tylko się przyznać? Przypomniałem sobie opowieść Eugene'a o starszym mężczyźnie z Dominikany, którego ci sami prokuratorzy przetrzymywali w areszcie całymi latami, ponieważ nie chciał zgodzić się na zawarcie ugody. A teraz prokurator Martens użył dokładnie tych samych słów...

Chciałem coś powiedzieć, ale ubiegł mnie Freedman.

– Zostawmy to na chwilę. Najważniejsze jest to, że doszliśmy do porozumienia. Cztery sprawy. Po pierwsze, o ile zgodzisz się pójść na współpracę z państwem, od razu zwrócimy wolność żonie. Po drugie, nie skonfiskujemy twojego majątku. Wspaniała wiadomość, prawda?

Rzeczywiście, interes życia. Władze Stanów Zjednoczonych nie zabiorą mi majątku za coś, czego wcale nie zrobiłem.

– Po trzecie, trafisz za kratki na krótko lub wcale. Wystarczy, że się zgodzisz, a już wkrótce wrócisz do domu.

– Chwila – zaprotestowałem. – To w końcu na krótko czy wcale? Zresztą już za późno na wcale, od dłuższego czasu mieszkam w najgorszym module kompleksu.

– Jeszcze do tego wrócimy – odparł Freedman – ale proszę pozwolić mi skończyć. Po czwarte, nie zostaną ci postawione żadne nowe zarzuty. Wszystko to będzie możliwe, o ile zgodzisz się dopomóc prokuraturze w sprawie przeciwko Samowi Currinowi.

– Nie jestem pewien, czy pana dobrze zrozumiałem. Mam przekazać prokuraturze wszystko, co wiem o Samie Currinie, mimo że to właśnie w tym celu wybrałem się na spotkanie z agentami FBI. W zamian za moją współpracę po pierwsze, moja żona momentalnie odzyska wolność, po drugie, nie będzie konfiskaty majątku, po trzecie, trafię za kraty na krótko lub wcale, wreszcie po czwarte, nie zostaną mi postawione żadne nowe zarzuty. Dobrze to ująłem?

– W zasadzie tak – potwierdził Freedman. – Pamiętaj jedynie, że będziesz musiał przyznać się do jakiejś niewielkiej winy.

– Ale dlaczego? – zaprotestowałem. – Dlaczego muszę przyznać się do czegoś, czego nie popełniłem? Przecież wiedzą, że jestem niewinny.

Zgarnęli mnie w drodze na spotkanie z ich agentami. To przecież ja sam przesłałem FBI zawiadomienie SAR, które zapoczątkowało całą sprawę przeciwko Currinowi!

W tej kwestii inicjatywę przejął Martens.

– Nie chodzi jedynie o Sama Currina, lecz również o jego klienta, Jeremy'ego Jaynesa. Liczymy na to, że złożysz zeznania przeciwko nim obu. Zyskasz większą wiarygodność w oczach ławy przysięgłych, gdy przyznasz się do jednego ze stawianych ci zarzutów i zeznasz, że z nimi współpracowałeś. Będziesz brzmiał znacznie bardziej szczerze.

– Ale ja z nimi wcale nie współpracowałem – odparłem. – Nie miałem pojęcia, czym się zajmują, o czym pan, panie Martens, doskonale wie. Właśnie dlatego złożyłem zawiadomienie SAR. Macie oświadczenia i informacje dowodzące, że nie wiedziałem o ich działalności. We własnych zbiorach.

Dysponowaliśmy oświadczeniami osób związanych z Currinem i jego klientami w sprawie, która toczyła się przed Sądem Najwyższym na Bahamach. W oświadczeniach osoby te przyznawały się do zarządzania pieniędzmi Currina i jednocześnie potwierdzały, że my w tej sprawie nie dysponowaliśmy żadną wiedzą.

– Nie mamy dostępu do wspomnianych dokumentów – oznajmił Martens. – Zostały utajnione przez sąd.

I mówił to ten sam prokurator, który preparował fałszywe zarzuty, zmuszał świadków do składania fałszywych zeznań w celu podkolorowania aktu oskarżenia, zatrzymał nas na podstawie fałszywych zarzutów w obcym dystrykcie federalnym, ponieważ nasz własny dystrykt odmówił współpracy w czymś, co nasz federalny prokurator śledczy nazwał po latach „fikcyjnym oskarżeniem"[2].

Prokurator Martens albo skłamał przed wielką ławą przysięgłych, albo nakłonił jej członków do przestępstwa, by móc wydać akt oskarżenia na terytorium innej jurysdykcji. Wraz z federalnym prokuratorem śledczym

---

[2] Gdy po wielu latach walczyłem o umorzenie postępowania i cofnięcie aktu oskarżenia, mój ówczesny adwokat zapytał federalnego prokuratora śledczego z Środkowego Dystryktu Karoliny Północnej, dlaczego ten odmówił udziału w wydarzeniach z 2006 roku. Mężczyzna odparł: „To było fikcyjne oskarżenie w politycznej sprawie. Nie miało nic wspólnego z faktem popełnienia przestępstwa."

Meyersem skłamał przed sędzią sądu federalnego siedemdziesiąt sześć razy, by pozbawić nas gwarantowanego konstytucyjnie prawa do opuszczenia aresztu za poręczeniem majątkowym. Następnie wybrał dogodny dystrykt i usłużnego sędziego i zabrał nas nas do sądu bez właściwości miejscowej, by pozbawić nas prawa do opuszczenia aresztu – a który dokonał tego tak czy inaczej.

A teraz ten sam skorumpowany prokurator twierdził, że byłoby to nieetyczne z jego strony, gdyby zerknął na dokumenty, które przyświadczały o mojej niewinności. Świadczyły o tym, że ani nie brałem udziału w zarzucanej mi kryminalnej zmowie, ani nie miałem o niej zielonego pojęcia, więc nie mogłem złożyć zeznań przed ławą przysięgłych.

– Wszystkie te informacje są publicznie dostępne w Internecie, panie Martens – zdobyłem się na spokojną odpowiedź. – Nie nazwałbym ich poufnymi.

Na te słowa Martensowi przyszedł z pomocą mój adwokat.

– Howell, zachowując się w ten sposób daleko nie zajdziesz. Uspokój się i wysłuchaj, co mam ci do powiedzenia. Upierając się, by rozstrzygnąć sprawę na sali rozpraw, ryzykujesz dożywocie. Posłuchaj, co ma ci do powiedzenia Matt. Zostawmy na chwilę temat zarzutów. Zastanów się poważnie nad samą ofertą.

Miałem ochotę zapytać się tych łajdaków, jakim cudem w praworządnym państwie poziom karalności sięga 98,6 procent, ale uświadomiłem sobie, że to pytanie retoryczne.

– W jaki sposób moja wina i status osoby prawnie skazanej miałyby w jakichkolwiek oczach przeświadczyć o mojej wiarygodności? Przecież to się nie trzyma kupy. Więcej sensu ma sytuacja odwrotna. Dlaczego ława przysięgłych miałaby zawierzyć kryminaliście? I czy warto będzie w tym celu zrujnować mi życie, panie Martens?

Freedman i Martens spojrzeli po sobie niepewnie, nagle wybici z rytmu. Na tak postawione pytanie nie było żadnej sensownej odpowiedzi, o czym wiedzieli wszyscy zgromadzeni. Prokurator jednak był żądny krwi, a mój własny adwokat był gotów zrobić wszystko, by mu dopomóc. Wiarygodność w oczach ławy przysięgłych była ostatnią rzeczą, która zaprzątała ich uwagę, ponieważ nie było mowy o ławie przysięgłych, gdybym dobrowolnie przyznał się do winy. Podskórnie czułem niepokój, ale nie chciałem też przerywać rozmowy, na wypadek gdybym rzeczywiście miał szansę, by to wszystko dobiegło nagle końca. Po dłuższej chwili odezwał się Freedman:

– Wytłumaczę ci to później, Howell. Teraz mi po prostu zaufaj. Wiesz już, jak wygląda sytuacja i zapewniam cię, że o lepszych warunkach nie będzie mowy.

Z opowieści wiedziałem, że tym razem Freedman nie mijał się z prawdą, mimo że jego uczestnictwo w procederze było karygodne samo w sobie. Dano mi możliwość, abym zamiast spędzić resztę swoich dni w areszcie lub zakładzie karnym odbębnił krótką karę, wyszedł na wolność i wrócił do normalnego życia. Nie powiem, propozycja była całkiem kusząca.

– Chciałbym zobaczyć ugodę na piśmie – oznajmiłem.

Freedman i prokurator znów spojrzeli po sobie, czekając, aż odezwie się ten drugi.

– David? – zachęciłem rozmówcę.

– Nie mam przy sobie egzemplarza – odparł, a na jego twarzy pojawił się rumieniec.

– Zakładam, że ogólnie rzecz biorąc propozycja ma formę pisemną,?

Obaj mężczyźni wymienili spojrzenia.

– Rozumiem, że kontaktowaliście się ze sobą listownie lub za pośrednictwem e-maili, więc ta czteropunktowa propozycja została jakoś uwieczniona?

– Tak – odparł Freedman. – Została uwieczniona.

– Mówiąc „uwieczniona", David, mam na myśli „uwieczniona na piśmie". Mam nadzieję, że tutaj się ze sobą zgadzamy? Jako mój adwokat możesz mi obiecać, że dostanę tekst ugody w formie pisemnej?

– Oczywiście – odparł Freedman, chociaż w jego głosie dało się wyczuć wahanie.

– Skoro tak, to przejdźmy dalej.

Znowu inicjatywę przejął Martens.

– Skoro zgodził się pan z nami współpracować, panie Woltz, chcieli-byśmy zadać panu kilka pytań.

Na twarzy Freedmana zawitała ulga.

Jednak zamiast odpowiedzieć prokuratorowi, zwróciłem się bezpo-średnio do adwokata:

– David, pokładam w tobie ogromną nadzieję. Jeśli rzeczywiście dys-ponujesz ugodą na piśmie, świetnie. Ostatecznie właśnie w tym celu je-chałem na spotkanie z FBI, by złożyć zeznania w sprawie Currina, ale jaką mam pewność, że to, co teraz powiem, nie zostanie wykorzystane, by postawić mi kolejne zarzuty?

Dopiero wtedy Freedman sięgnął do nesesera i wyjął zeń dwa egzem-plarze dokumentu o zwolnieniu z odpowiedzialności karnej[3]. W później-szych latach często się zastanawiałem, czy w ogóle miał zamiar pokazać mi ten dokument, gdybym nie poruszył tematu ciążącej na mnie odpo-wiedzialności.

– Doszliśmy więc do porozumienia, które moim zdaniem przebija wszystkie, jakie widziałem do tej pory. Możesz nawet złożyć zeznania na własną niekorzyść bez żadnych konsekwencji. Gdy tylko podpiszesz te dokumenty, będziesz mógł zeznawać otwarcie.

Wziąłem od niego jeden egzemplarz dokumentu i przejrzałem go po-bieżnie. Był datowany na 21 kwietnia, a zatem na dzień po posiedzeniu w sprawie zwolnienia mnie z aresztu za poręczeniem. Mój adwokat wraz z prokuratorem-współspiskowcem podpisali go już 24 kwietnia. Trzy dni wcześniej, **zanim** doszło do spotkania i rozmowy w tej sprawie ze mną. Co tu się, do cholery, wyprawiało?

– Nie widzę tu żadnego z czterech punktów, które ustaliłem z panem i z prokuratorem Martensem. Nim się na cokolwiek zgodzę, chciałbym je wcześniej ujrzeć na piśmie.

– Będziesz mi musiał po prostu zaufać, Howell. Wszyscy się tu ze-braliśmy, by omówić sprawę niecierpiącą zwłoki. Wątpię, by udało nam

---

[3]Umowa o zwolnieniu z odpowiedzialności karnej (ang. *non-attribution agreement*) to pisemna gwarancja udzielana cennym świadkom, że nie zostaną oni pociągnięci do odpowiedzialności w związku z informacjami przekazanymi prokuraturze, nawet gdyby informacje te dotyczyły ich własnej kryminalnej działalności. Umowa taka po podpisaniu przez obie strony uniemożliwiała prokuraturze rozszerzenie aktu oskarżenia o kolejne zarzuty – prawdziwe bądź spreparowane.

się przełożyć dzisiejszą rozmowę. To twoja jedyna okazja, by pójść na współpracę.

Następnie David zerknął wymownie na zegarek.

– Słuchaj, Howell, muszę dziś rano załatwić jeszcze pewną ważną sprawę. Obiecuję, że wszystko już zostało ustalone. Muszę jednak lecieć, więc podpisz proszę dokument, abyś mógł podjąć współpracę z prokuratorami, zgoda?

– Wcześniej chciałbym otrzymać egzemplarz z ustaleniami, które według pana słów zostały już spisane.

Freedman obiecał, że gdy tego dnia tylko wróci do biura, od razu prześle mi i mojemu bratu po egzemplarzu notatek ze spotkania z prokuratorami oraz po egzemplarzu umowy o zwolnieniu z odpowiedzialności karnej, a następnie zaczął się zbierać do wyjścia. Czyżby miał zamiar zostawić mnie samego pośród federalnych zbirów, nie przekazawszy mi wcześniej pisemnego dowodu ustaleń, o który wyraźnie poprosiłem?

Moja rodzina zapłaciła temu mężczyźnie 35 tysięcy dolarów za podjęcie się obrony, jednak ani razu nie rozmawiałem z nim poza gmachem sądu. Teraz miał zamiar zostawić mnie samego pośród pół tuzina federalnych agentów i prokuratorów śledczych, pozbawiając mnie pomocy prawnej (co samo w sobie stanowi naruszenie prawa).

– Liczę na to, że mówi pan prawdę – powiedziałem. – I nie zostaną mi postawione żadne nowe zarzuty.

Freedman wstał, by opuścić pomieszczenie.

– Howell, skup się na tym, jak pomóc prokuratorom – odparł. – Zawarliśmy bardzo korzystną umowę. Teraz twoja kolej, by wywiązać się z obietnicy. O siebie się nie martw. Już wkrótce wszystko dobiegnie końca. Ale teraz już naprawdę muszę lecieć.

I wybiegł z pomieszczenia niczym wystraszony królik. Nagle poczułem się niczym owca wśród stada wilków.

Odezwał się mężczyzna, który do tej pory zachowywał milczenie.

– Jestem Scott Schiller. Zajmuję się tą sprawą z ramienia IRS.

IRS to Internal Revenue Service, amerykański urząd skarbowy.

Następnie wyjaśnił mi, co takiego miałem zeznać przeciwko Samowi Currinowi oraz jego klientowi, Jeremy'emu Jaynesowi. Wydarzenia, na które powoływał się Schiller, nie były mi znane, o czym zresztą śledczy wiedzieli na podstawie mojej dokumentacji, ale szybko zrozumiałem, że nie miało to znaczenia. Zależało im na tym, by zająć majątek Currina.

Moje zeznania w większej części miały dotyczyć spraw, które wydarzyły się na długo po tym, gdy nasza spółka przestała pełnić funkcję powiernika funduszu i przestałem mieć jakikolwiek kontakt z oboma klientami, o czym śledczy doskonale wiedzieli. Miałem kłamać w żywe oczy.

W trakcie posiedzenia o pozbawienie mnie prawa do opuszczenia aresztu za poręczeniem dowiedziałem się z napuszonej mowy prokuratorów, że ten oto agent Schiller wysłał na Bahamy dwu tajnych agentów, którzy mieli odegrać rolę potencjalnych klientów trustu. Rzeczywiście, do takiej wizyty doszło, ale nasz dział due dilligence był zdania, że celem interesantów było ominięcie amerykańskiego prawa. Nasz fundusz nie podjął współpracy i nie przyjął pieniędzy. Nie doszło do ani jednej transakcji finansowej. Nie dość, że zwróciliśmy mężczyznom ich pieniądze, to jeszcze nasza spółka przekazała adwokatowi Rickowi Gravesowi, za którego pośrednictwem się kontaktowaliśmy (a który na akcie oskarżenia widniał jako „współoskarżony"), by przekazał im na piśmie, że nie zgadzamy się na podjęcie współpracy – i dlaczego. Graves wywiązał się z polecenia i powiadomił tajniaków, że spółka nie jest zainteresowana współpracą. Mężczyźni zaprzestali kontaktów, więc uznaliśmy sprawę za zamkniętą.

Dlaczego jednak próbowano mnie wrobić w działalność przestępczą? Czyżby chodziło o moje publikacje na temat podobnych działań podejmowanych przez amerykański rząd, jak również publikacje o stopniowej erozji swobód obywatelskich w Stanach Zjednoczonych? Czyżbym trafił na celownik, jak wielu dziennikarzy w tamtych latach? A może chodziło wyłącznie o to, by dopomóc rządowym rzezimieszkom zgarnąć miliony dolarów jako tzw. „owoce przestępstwa", mimo że do żadnego przestępstwa nie doszło? A może po prostu prokuratura chciała ogłosić kolejne spektakularne zwycięstwo? Gubiłem się w kolejnych przypuszczeniach, opuszczony przez własnego obrońcę.

Agent Schiller przyznał wprost, że śledczym nie udało się wpędzić nas w pułapkę i udowodnić nam żadnej przestępczej działalności, by można nam było postawić zarzuty i zamknąć nas w majestacie prawa. Dlatego zamknięto nas pokątnie i zarzucono nam dokładnie to przestępstwo, w które wcześniej chciano nas wrobić. Trafiłem do cudacznego świata rodem z książek Kafki.

Z chwilą opuszczenia sali przez adwokata przesłuchanie stało się bezprawne. Złożyłem zażalenie na Freedmana w stanowej izbie adwokackiej tak za tamto zachowanie, jak i za wiele innych, lecz organizacja ani kiwnęła palcem.

Zainteresowali się mną dwaj federalni prokuratorzy śledczy, który do tej pory złamali wystarczającą liczbę praw, by trafić do więzienia. Zgadali się z agentem IRS, który złamał prawo międzynarodowe, usiłując przeprowadzić kontrolowaną prowokację na obszarze obcego państwa bez zgody jego władz. Skąd to wiem? Ponieważ w moim biurze pracował brat premiera Bahamów, Perry'ego Christie, Gary, który potwierdził z czasem moje przypuszczenia. Władze nie zostały poinformowane o obecności amerykańskich agentów na terytorium państwa, co było wymagane prawem. Amerykanie przeprowadzali nieautoryzowane działania od samego początku. W późniejszych latach zliczyłem paragrafy, które mężczyźni naruszyli do tamtego dnia – dziewiątego dnia mojego uwięzienia. W świetle prawa federalnego mężczyznom groziło do czterdziestu pięciu lat pozbawienia wolności.

Pozbawiony opieki prawnej, stanąłem naprzeciw pięciu przestępcom, którym zdawało się, że wymierzają sprawiedliwość.

Nie zamierzałem się jednak poddawać.

– Ale co to ma wspólnego ze mną i moją żoną? – zapytałem.

– Przyznaję, że trochę naciągamy fakty – przyznał Schiller, agent IRS – ale to już obecnie nie ma większego znaczenia, skoro pan z nami współpracuje, prawda?

Gdy usłyszałem te słowa, zrobiło mi się niedobrze.

– Chciałbym się upewnić, panie Schiller, że dobrze zrozumiałem stawiane mi zarzuty. Zniszczył pan życie mnie i mojej żonie z powodu transakcji, która nigdy nie doszła do skutku, ponieważ pana oszuści pocałowali klamkę naszego działu due dilligence.

– **Agenci**, nie oszuści – odparł opryskliwie Schiller.

– Na obszarze obcego państwa, gdzie amerykańscy agenci z prawdziwego zdarzenia nie mają żadnej jurysdykcji? Otóż nie, mężczyźni ci nie byli nikim więcej, jak oszustami – odparłem. – A pana zarzut, jak mam rozumieć, sprowadza się do tego, że gdybyśmy zgodzili się na współpracę z pana agentami, do której jednak nie doszło, to mogłoby dojść do nielegalnej transakcji?

– Tak – odparł Schiller.

– **A gdyby** doszło do transakcji – co jednak było niemożliwe, ponieważ nasz dział due dilligence odprawił oszustów z kwitkiem...

– **Agentów**, nie oszustów! – burknął Schiller.

– **Gdyby** jednak zostali pozytywnie zaopiniowani przez nasz dział due dilligence i faktycznie zawarlibyśmy korzystną transakcję, która, przypominam, nie miała miejsca, to nam jako powiernikom przysługiwałoby prawo do podzielenia się częścią nieistniejących bądź co bądź zysków. Dobrze mówię?

Agent Schiller przytaknął, wyraźnie zdenerwowany.

–I **gdyby** ci oszuści, w końcu obywatele Stanów Zjednoczonych, nie dopełnili obowiązku zgłoszenia źródła dochodów amerykańskiej skarbówce, to winę ponosiłaby nasza spółka?

– **Agenci**! Niech mi to będzie ostatni raz! – odparł rozeźlony Schiller, po czym zasyczał ze złości. – Ale jak już wspomniałem, obecnie nie ma to żadnego znaczenia. Teraz pracujesz **dla nas**!

Podobnie jak w *Boskiej komedii* Dantego schodziłem w coraz niższe kręgi piekła. Zdało mi się, że jeszcze chwila, a ujrzę hrabiego Ugolino, który pożarł własne potomstwo. Moi rozmówcy widocznie mieli już dość mojej bezczelności. Przez całe spotkanie desperacko chcieli zrobić ze mnie przestępcę i uzasadnić postawione mi zarzuty.

Zrozumiałem, że agent Curran nie przyjrzał się bliżej stawianym mi zarzutom. Miotał się bezradnie, usiłując mnie zmusić, abym przyznał się do zarzutów spreparowanych przez jego koleżków z prokuratury. Ci nawet nie pofatygowali się, by dopuścić go do tajemnicy i przyznać, że stawiane mi zarzuty zostały wyssane z palca.

Nie potrafiłem również zrozumieć, dlaczego tak zależało im, abym przyznał się do stawianych mi zarzutów, skoro obecnie „współpracowaliśmy". I dlaczego prokuratorom tak bardzo zależało na zabezpieczeniu majątku osoby, której nie potrafili udowodnić przestępstwa[4]?

Cała ta historia nie składała się w sensowną całość, a ponieważ mój adwokat się ulotnił, nie mogłem zapytać go o radę. Właśnie dlatego podobne przesłuchania są bezprawne. Zgromadzeni w sali mogli oznajmić, że przyznałem się, do czego tylko chcieli, a wtedy sąd musiałby rozważyć słowo przeciwko słowu.

– Doskonale wiecie, że jesteśmy niewinni – powiedziałem.

Matthew Martens nie mógł się powstrzymać od komentarza.

– Jestem pewien, że coś nabroiłeś, Woltz – powiedział, a na jego twarzy zawitał uśmiech. – Prokuratura wie, że każdy jest winny, po prostu nie każdy trafił jeszcze na jej celownik.

Przeszedł mnie dreszcz. Dziś jestem przekonany, że Martens zaczął podzielać ten sposób myślenia na służbie, a jego podejście odzwierciedlało podejście amerykańskiego wymiaru sprawiedliwości. Zrozumiałem w tamtej chwili, że wystarczy, by przekonał Sama Currina lub jednego z jego klientów do złożenia fałszywych zeznań **przeciwko mnie** w zamian za skrócenie wyroku, a koniec końców to **ja** trafię za kratki.

Z czasem, studiując dane samego Departamentu Sprawiedliwości, dokąd nastawienie osób pokroju prokuratora Martensa zawiodło Stany

---

[4]Po latach dowiedziałem się, że obecnie prokuratorzy otrzymują cześć majątku, który albo przejmą od swoich ofiar, albo zostanie im przekazany „dobrowolnie". Ich „działka" wynosi 6% wartości przejętego majątku. Otrzymują ją w postaci premii z chwilą odejścia ze stanowiska (czyli za każdym razem, gdy w drodze wyborów zmieni się Prezydent Stanów Zjednoczonych). Proceder ten przypomina fundusz emerytalny – prokuratorzy są nagradzani za to, że działają wbrew prawu. Gdyby postępowanie w mojej sprawie nie zostało ostatecznie umorzone, działka prokuratorów wyniosłaby około 500 000 dolarów. Możliwość wzbogacenia się stanowi zachętę, by łamać prawo. Według danych samego Departamentu Sprawiedliwości Stanów Zjednoczonych w ostatnich latach tą metodą prokuratura pozbawiła obywateli majątku o łącznej wartości około 4 miliardów dolarów.

Zjednoczone. Według informacji portalu Bloomberg BNA Criminal Law Reporter z dnia 19 maja 2010 roku, „Departament Sprawiedliwości Stanów Zjednoczonych szacuje, że obecnie w rejestrze karnym widnieje 21 milionów Amerykanów – mniej więcej ćwierć populacji kraju".

Nagle zza drzwi dobiegło pukanie strażnika. Poinformował, że musi mnie zabrać na popołudniowe „karmienie". Gdy zaprotestowali, funkcjonariusz kazał im się zbierać.

Rozdział 23

PAKT Z DIABŁEM – CZĘŚĆ 2

„Prawo do skutecznej reprezentacji prawnej to prawo
przysługujące oskarżonemu, by wysunięte przez prokuraturę
zarzuty spotkały się z rzetelną próbą odporu. Zasada
kontradyktoryjności w postępowaniu karnym, która
chroniona jest na mocy szóstej poprawki do Konstytucji
Stanów Zjednoczonych, wymaga, by oskarżony otrzymał
reprezentację prawną w osobie adwokata".

Stany Zjednoczone *versus* Cronic,
sygn. 466 US 648, L. Ed. 2d 657, 104 S.Ct. 2039

**27 kwietnia 2006 roku, godzina 12.30
Zachodni Dystrykt Karoliny Północnej**

Z minuty na minutę coraz bardziej narastała we mnie obawa przed popołudniowym przesłuchaniem w obecności agentów, jak i złość względem Freedmana, który zostawił mnie na ich pastwę.

Nadal nie znałem głównego powodu, dla którego doprowadzono do mojego zamknięcia, ale obraz sytuacji powoli się rozjaśniał. Zarzuty, które sfabrykowano w mojej sprawie, nie tylko miały zapobiec mojej ucieczce poza granice kraju, lecz również pozbawić mnie wolności. Moją żoną natomiast posłużono się jako zakładniczką, by zmusić mnie do pójścia na współpracę. Czy to ja miałem zostać świadkiem, który przedstawi koronny dowód przeciwko Samowi Currinowi? A może chodziło o to, by mnie po prostu uciszyć, co sugerowałyby wygłaszane przed sędzią filipiki prokuratorów? W toku porannego przesłuchania agent IRS Scott Schiller przyznał wprost, że usiłował przeprowadzić prowokację, by w pewnym stopniu uprawomocnić podjęte przeciwko mnie działania, ale jednocześnie był zmuszony przyznać, że nie doszło w istocie do żadnego przestępstwa. Zbył śmiechem mój zarzut, że wraz z prokuratorem Martensem postawił mnie w obecnej sytuacji.

Posłużę młodym prokuratorom jako kolejne trofeum, a gdy pójdę z nimi na „współpracę" (jak nazwali krzywoprzysięstwo) przeciwko Currinowi i jego klientom, prokuratorska ściana z trofeami zapełni się czerepami ofiar od podłogi po sufit. Ale dlaczego uciekli się aż do prowokacji na terenie obcego państwa? Jej przebieg wybiegał dalece poza zakres typowej kontrolowanej prowokacji. Widocznie chciał się mnie pozbyć ktoś wysoko postawiony.

Jeśli więc chodziło o to, że jakaś gruba ryba życzyła sobie mojego milczenia, jej plan zdecydowanie się powiódł. Przy okazji upieczono dwie pieczenie na jednym ogniu.

Doskonałym posunięciem było również znalezienie skorumpowanego, spragnionego zemsty sędziego, który wyzbyłby się wszelkich zahamowań i skrupułów, byle tylko osiągnąć swoje.

Wszystko zaczęło składać się w logiczną całość.

Gdy tylko zgodziłem się przylecieć do Stanów Zjednoczonych, by spotkać się z agentami FBI, prokuratorzy sklecili naprędce sprawę i złożyli fałszywe wyjaśnienia przed wielką ławą przysięgłych, by ta zgodziła się na wydanie aktu oskarżenia. A ponieważ nie byli w stanie zarzucić mi przestępstwa – ani przeprowadzić skutecznej prowokacji – zwyczajnie spreparowali całą listę zarzutów, byle pozbawić mnie wolności.

– I do tego ulotnił się twój adwokat! – parsknął Schiller, a wraz z nim zaśmiali się wszyscy zgromadzeni w sali. Tylko mnie nie było do śmiechu.

Najgorsze jest to, że Schiller nawet nie krył się z faktem, że jego działania były bezprawne. Nie musiałem go skłaniać, by przyznał się do łamania prawa – powiedział o wszystkim z własnej, nieprzymuszonej woli, jak gdyby był z siebie dumny, chociaż już agent Curran patrzył na Schillera z niedowierzaniem. Najwidoczniej nie został uprzedzony o tym, że Schiller wraz z prokuratorami spreparowali całą sprawę.

Agent Schiller przechwalał się również tym, że spreparował zarzuty przeciwko mojej żonie, by wykorzystać jej zatrzymanie przeciwko mnie, albo, jak sam raczył się wyrazić, „by zapewnić sobie moją pełną współpracę".

Spotkanie z tamtego dnia udowodniło, że moja działalność publiczna, którą podjąłem już w 1977 roku, by za pośrednictwem przemówień, artykułów, wywiadów i publicystyki przestrzec Amerykanów przed utratą swobód, obróciła się przeciwko mnie, potwierdzając tym samym moje obawy. Przynajmniej w części chodziło więc o to, by ukrócić moją działalność, co zresztą w okresie po 11 września 2011 roku przydarzyło się wielu bojownikom o prawdę i demaskatorom państwowych tajemnic.

Mój własny adwokat, agenci FBI i IRS i federalny prokurator śledczy Kurt Meyers ani nie kiwnęli palcem, gdy Martens przyznał się wprost do bezprawnych działań, co czyniło z nich współsprawców. Ich milczenie w tej sprawie samo w sobie było bezprawne. Z prawnego punktu widzenia doszło do „niepowiadomienia o przestępstwie" (ang. *misprision of felony*), co stanowi przestępstwo na mocy artykułu 18 paragrafu 4 Kodeksu Stanów Zjednoczonych (18 U.S.C. §4). Skąd taka gotowość do łamania prawa? Kto taki zagwarantował im bezkarność? Ich rozzuchwalenie musiało wynikać z przekonania graniczącego z pewnością, że koniec końców wszystko ujdzie im płazem. Jak wysoko sięgał proceder?

Oboje z żoną znaleźliśmy się w potrzasku przeznaczonym dla kogoś innego.

A ponieważ zgodziłem się na współpracę z agentami i prokuratorami, sam stałem się częścią układu. Poczułem do siebie wstręt. Ale gdybym postąpił właściwie, moralnie, resztę życia spędziłbym za kratami za niepopełnione przestępstwa. Nie mógłbym patrzeć, jak dorastają moje dzieci.

Czułem się jak Odyseusz, bohater *Odysei*, który znalazł się między Scyllą, wielogłowym potworem morskim, a Charybdą, bezdennym wirem. W sytuacji bez wyjścia, w której każda decyzja prowadziła nie-uchronnie ku katastrofie. A ponieważ moja żona została zakładniczką, nie miałem innego wyjścia, jak stwarzać pozory osoby, która gotowa jest pójść na pełną współpracę.

Po lunchu ponownie zaprowadzono mnie do sali przesłuchań. Zaczą-łem relacjonować historię od samego początku, czyli od 2002 roku, gdy Sam Currin po raz pierwszy skontaktował się z biurem naszego funduszu w Nassau na Bahamach. Wyjaśniłem mu wtedy, w jaki sposób powstawa-ły nasze fundusze powiernicze. Omówiłem prawne aspekty naszej dzia-łalności, a ponieważ Sam pracował wcześniej dla amerykańskiego rządu i Departamentu Sprawiedliwości, prawo nie było mu obce. Zgodził się bez zastrzeżeń, że nasza współpraca będzie miała charakter legalny i w pełni udokumentowany.

Rozmowa z Samem dotyczyła również kopii listów z ekspertyzami amerykańskiej skarbówki odnośnie do legalności i ważności struktury spółki. Gdy wspomniałem o tym podczas przesłuchania, agent Schil-ler z IRS buszował chwilę w aktach, aż znalazł kopie wniosków, które zaadresowałem do IRS. Byłem w szoku. Skoro wiedział, że wnosiłem do IRS o zgodę na przeprowadzenie każdego kolejnego etapu działalno-ści, dokumenty te powinny były zakończyć sprawę. Udowadniały ponad wszelką wątpliwość, że nie miałem zamiaru łamać, naciągać ani obcho-dzić prawa.

– Co ja tu właściwi robię? Wiecie doskonale, że jestem niewinny.

Ku mojemu zaskoczeniu, agent Schiller potwierdził moje słowa.

– Wiemy – oznajmił – ale teraz pracujesz dla nas, więc to już nie ma najmniejszego znaczenia.

Prokurator Martens obdarzył Schillera surowym spojrzeniem. A mnie nakazał, abym wrócił do relacji.

Sam oddzwonił po kilku tygodniach od pierwszego spotkania. Powie-dział, że chciałby spotkać się ponownie, tym razem w obecności doradcy podatkowego z Kolorado, niejakiego T.J. Agresti'ego, by również przyj-rzeć się naszej strukturze organizacyjnej. Spotkanie było krótkie, lecz intensywne. W prywatnej rozmowie Sam wspomniał o kliencie, który w jego mieście otrzymał tytuł „młodego biznesmena roku". Klient ten zgromadził fortunę o wielkości ponad dwudziestu milionów dolarów, głównie na reklamie internetowej.

Gdy wspomniałem o kwocie, wszyscy zgromadzeni w sali zaczęli coś zapisywać. Od razu pożałowałem moich słów, ponieważ w rzeczywistości ani Sam, ani jego klient nigdy nie powierzyli nam podobnej sumy.

Dodałem, że według Sama profil działalności reklamowej klienta skupiał się na segmentach „podróże i rekreacja" oraz „medycyna naturalna". Spółka nie tylko zajmowała się reklamą, lecz również zajmowała się samą sprzedażą, dzieląc si ę przychodami z kontrahentami.

W pewnym momencie spotkania do Sama dołączył jego klient. Poprosiłem go, by wytłumaczył mi, w jaki sposób zarabia na reklamie internetowej. Mężczyzna wskazał dłonią przez okno na przystań.

– Widzi pan te wszystkie statki wycieczkowe? – zapytał. – W połowie kajut znajdują się nasze reklamy, za które nam płacą.

Odnośnie do „medycyny naturalnej" Jaynes wyjaśnił, że chodziło m .in. o naturalne zamienniki viagry, witaminy i suplementy diety, które stanowiły żywiołowo rozwijający się segment. Następnie wyjaśnił, w jaki sposób spółka zarządzała płatnościami, które niemal w całości dokonywane były za pomocą kart kredytowych. Sporo kłopotów przysparzały spółce banki, które nie tylko naliczały wysokie opłaty za transakcje, ale również wstrzymywały wypłatę dużej części środków na wypadek wycofania transakcji przez klientów. Z zatrzymanej kwoty pozyskiwały odsetki, którymi jednak nie dzieliły się z Jaynesem ani jego klientami. Zamrożenie kapitału w banku ograniczało spółce możliwości rozwoju, więc postanowił zrewolucjonizować sposób prowadzenia biznesu – i założyć własny bank.

Currin zdradził powód, któremu zawdzięczałem wizytę. Jaynes chciał pozyskać licencję bankową, by spółka mogła zarządzać płatnościami za pośrednictwem zaprzyjaźnionego podmiotu, ograniczając poziom zamrożenia kapitału na okoliczność refundacji w ramach mechanizmu chargeback i ograniczając poziom opłat manipulacyjnych potrącanych przez ogromne banki. Currin dodał, że on również zaangażował się w przedsięwzięcie i dopełni wszelkich formalności, by wszystko rozegrało się w majestacie prawa.

Plan mężczyzn mnie zaciekawił. Dwa lata wcześniej byłem członkiem komitetu odpowiedzialnego za plan rozwoju e-handlu z ramienia rządu Bahamów. Banki rozliczeniowe, bo tak nazywają się instytucje zarządzające płatnościami, stanowiły wówczas jedną z głównych przeszkód dla rozwoju e-handlu. A ponieważ Sam wiedział, że parę lat wcześniej zacząłem prowadzić własną działalność bankową na Dalekim Wschodzie (Royal Credit Bank), polecił mnie Jeremy'emu, abym pomógł im założyć bank rozliczeniowy na Bahamach. Umówiłem obu na spotkanie z najważniejszymi przedstawicielami KPMG, największego biura rachunkowego w Nassau, oraz zastępcą prezesa Banku Centralnego Bahamów, Kevinem Higginsem, znanym doradcą zagranicznych rządów oraz państwowych banków centralnych oraz autorem publikującym na temat międzynarodowej bankowości.

KPMG zażyczyło sobie ogromnego wynagrodzenia w zamian za zbadanie zagadnienia. Następnie spotkaliśmy się z Higginsem, który bardzo otwarcie nas ostrzegł, że Bahamy nie wydadzą licencji bankowej nikomu, kto wcześniej nie pozyskał licencji od innego państwa. Innymi słowy, gdybyśmy zatrudnili KPMG, wyrzucilibyśmy pieniądze w błoto. Gdy tylko Higgins zrozumiał, jaki przyświecał nam cel – założenie banku rozliczeniowego na potrzeby e-handlu, nie zaś banku przyjmującego depozyty – polecił nam zwrócić się do Visa Latin America w Miami, regionalnego oddziału Visa International, z prośbą o polecenie optymalnej jurysdykcji.

Dzięki działalności w komisji ds. e-handlu na Bahamach wiedziałem, że Visa obsługiwała wówczas 73% światowych transakcji kredytowych, więc rozmowa z przedstawicielami spółki wydawała się oczywistym pierwszym krokiem. Zasugerowane przez Higginsa spotkanie z przedstawicielami Visa Latin America odbyło się w Miami.

Przedstawicielom Visy spodobał się nasz pomysł i zasugerowali stosunkową młodą jurysdykcję bankową wyspiarskiego państwa Saint Lucia położonego we wschodniej części Morza Karaibskiego. Zapewnili nas, że gdy tylko otrzymamy licencję bankową w Saint Lucii, Visa wyda nam zezwolenie na przetwarzanie transakcji kartowych.

Jeden z moich wspólników z funduszu powierniczego na Anguilli, która stanowi terytorium zależne Wielkiej Brytanii, Joseph Brice, był cenionym obywatelem Saint Lucii i dawnym kierownikiem tamtejszego urzędu stanu cywilnego. Zgodził się pomóc nam w założeniu banku na Anguilli i umówił nas na spotkania zarówno z przedstawicielami organów nadzoru bankowego, jak i z jego bliskim przyjacielem, premierem Saint Lucii doktorem Kennym Anthonym, który przekonał regulatorów bankowych, by dali nam zielone światło. Zatrudniliśmy księgowych i prawników, którzy mieli nam pomóc w załatwieniu formalności.

Jednak w pierwszych miesiącach lata 2004 roku zaczęliśmy dostawać faksem pozwy, które zarzucały, że jedna z naszych spółek, Sterling ACS, Ltd., której celem było zarządzanie całą grupą przedsiębiorstw, angażowała się w proceder zwany *fax-blasting*[1], czyli rozsyłała rozmaitym podmiotom niezamówione materiały reklamowe za pośrednictwem faksów. Nasza spółka nie angażowała się w podobne praktyki, a co więcej nie znajdowaliśmy się pod jurysdykcją Stanów Zjednoczonych, niemniej przychodzące do nas pozwy uświadomiły mi, że działo się coś, o czym nie mieliśmy pojęcia.

Wkrótce potem dowiedzieliśmy się, że poszło o jakąś akcję marketingową związaną z kupnem akcji, którą przeprowadził jeden z klientów Sama za pośrednictwem internetu i faksów. Klient ten bez naszej zgody i wiedzy zarejestrował swój serwis internetowy pod nazwą i adresem naszej spółki.

Co więcej, reklamowanie akcji było niezgodne z zatwierdzoną działalnością funduszu, więc poinstruowaliśmy Sama, by bezzwłocznie dostarczył nam informacje o wszelkich wpłatach środków do naszego funduszu powierniczego. Został również poinformowany, że nieujawnienie powyższych informacji poskutkuje zerwaniem dalszej współpracy.

---

[1] *Fax blasting* to metoda reklamy, która polegała na rozsyłaniu niezamówionych materiałów reklamowych za pośrednictwem faksów. Możliwość legalnego fax blastingu została ograniczona przez niektóre stany.

Gdy Sam nie dostarczył wymaganych informacji po trzech ponagleniach, przesłałem zgłoszenie o prowadzeniu podejrzanej działalności przez klienta do banku centralnego, co najwidoczniej poskutkowało tym, że za moim pośrednictwem jak po nitce do kłębka organy ścigania dotarły do Currina. W treści zgłoszenia zawarta była informacja, że klient odmówił wskazania źródła funduszy i z tego względu zamykamy jego konto. Jednocześnie zgłoszenie nie wskazywało na to, jakoby klient prowadził działalność przestępczą, ponieważ takie informacje do nas nie dotarły.

Śledczy uparli się, abym przyznał się do „czegoś, czegokolwiek", jak wyraził się prokurator Martens, ale moja rola w całej historii sprowadzała się do tego, co opisałem powyżej. Zeznałem całą prawdę i nie miałem im nic więcej do powiedzenia. Gdy skończyłem opisywać relacje biznesowe i osobiste z Samem Currinem, dzień dobiegał już końca. Ani nie popełniłem żadnego przestępstwa, ani moi rozmówcy nie potrafili podkolorować moich wyjaśnień tak, by jednak mi przestępstwo imputować.

Widok otyłego funkcjonariusza służby więziennej wypraszającego zgromadzonych z sali sprawił mi wiele radości. Doczekałem się kolejnej „pory karmienia", jak nazywano porę posiłku, i nawet przedstawiciele organów ścigania nie mieli wystarczającej mocy, by przeciwstawić się w tej kwestii strażnikowi.

Rozdział 24

16 STYCZNIA 2016 ROKU

Już jako nastolatek zacząłem zauważać pierwsze ślady zanikania wolności obywatelskich i już wtedy zacząłem o nich pisać. W wieku 23 lat wygłaszałem publiczne przemówienia, a rok później pisałem już cotygodniowy felieton. Innymi słowy, do 52 roku życia zgromadziłem już na tyle pokaźne portfolio w dziedzinie obrony swobód obywatelskich, że znalazłem się na celowniku osób i instytucji, przed którymi przestrzegałem – jakbym to ja, a nie oni, łamał prawo i naruszał wolność.

Ochrona swobód i wolności stała się moją życiową pasją i pozostaje nią do dziś, mimo że musiałem opuścić Stany Zjednoczone. Sprzedałem dom, w którym mieszkałem trzydzieści lat, by uniknąć gróźb i prześladowań ze strony marshali federalnych sędziego Britta (grozili mi, że czeka mnie śmierć, jeśli nie przestanę opowiadać o moich przeżyciach). Wyruszyłem w trasę używanym samochodem, pomieszkując u przyjaciół i członków rodziny, jednak z czasem i ich spotkało zastraszanie ze strony agentów. Zaczęły się włamania i groźby postawienia przed sądem, jeśli tylko nie przestaną okazywać mi pomocy.

Zwyciężyłem z państwem w 2015 roku, gdy władze Stanów Zjednoczonych przyznały się do popełnienia 56 przestępstw federalnych **przeciwko mnie**[1], jednak prześladowania ze strony marshali federalnych sędziego Britta nie tylko nie dobiegły końca, lecz wręcz się nasiliły.

---

[1] W 2015 roku w sądzie federalnym właściwym dla mojego dystryktu Arthur P. Strickland złożył w moim imieniu tzw. skargę *habeas corpus*, która szczegółowo opisywała przestępstwa popełnione w mojej sprawie przez sędziego W. Earla Britta oraz prokuratorów Martensa i Meyersa i jednocześnie wnosiła o umorzenie postępowania i cofnięcie aktu oskarżenia w obliczu faktu, że nie zostałem prawomocnie skazany przez sąd właściwy miejscowo. 13 lutego 2015 roku sędzia federalny Joe L. Webster nakazał państwu, by

Na przykład pewien kumpel z zakładu karnego z Roanoke z Wirginii, Brett Green, pozwolił mi posługiwać się jego adresem domowym, by odbierać pocztę. W ciągu kilku dni wokół jego domu zaczęli się kręcić agenci federalni. Fakt ten potwierdził jego sąsiad, były agent federalny Brian Longfeld, którego poproszono o pomoc w czynnościach operacyjnych. Longfeld wyjawił, że poproszono go o ukartowanie kolejnego postępowania w mojej sprawie, abym ponownie trafił na salę rozpraw sędziego Britta, a stamtąd z powrotem do aresztu.

Tydzień później opuściłem Stany Zjednoczone i udałem się do Polski, gdzie w końcu odnalazłem wolność i mieszkam do dzisiaj.

Amerykański wymiar sprawiedliwości zamienił się w linię produkcyjną, która masowo tworzy więźniów. Gdy dostaniesz się w jej tryby, rozwój wypadków może być tylko jeden – chyba że wydasz miliony na adwokata i łapówki albo masz bardzo wysoko postawionych przyjaciół.

Kolejna, trzecia już grupa adwokatów, która podjęła moją sprawę, pochodziła z kancelarii Helms Mullis & Wicker, dziś znanej pod nazwą McGuireWoods. Uszczupliła mnie o 250 tysięcy dolarów, po czym zignorowała wszelkie polecenia (łącznie z tym, by przygotować się do rozprawy). Po kilku miesiącach kłótni i awantur przedstawiciele kancelarii powiedzieli mojemu bratu Jimowi:

– Jeśli naprawdę mamy reprezentować Woltza podczas rozprawy, musicie dopłacić półtora miliona dolarów.

W Stanach Zjednoczonych nadal można doczekać się sprawiedliwości – po prostu kosztuje to krocie.

Dziś prym wiodą oskarżyciele publiczni – urząd nieznany za czasów Jerzego Waszyngtona i Thomasa Jeffersona – którzy złamali prawo w każdej sprawie, której się bliżej przyjrzałem. Grożą oskarżonym (oraz ich obrońcom) za próbę powołania się na przysługujące im konstytucyjne prawa, a zasiadający na salach rozpraw sędziowie, niemal wszyscy

---

złożyło wyjaśnienia w sprawie. Rząd nie odpowiedział na skargę w wyznaczonym terminie – ponownie łamiąc prawo – jednak w świetle federalnego prawa procesowego brak reakcji na decyzję sądu stanowi przyznanie się do zarzutów. W tej sytuacji wnieśliśmy o wydanie wyroku zaocznego i odszkodowanie, które przysługuje mi w świetle prawa wskutek przyznania się do winy drugiej strony.

wywodzący się z prokuratury, przymykają na ten proceder oko, mimo że jedni i drudzy przysięgali postępować w zgodzie z Konstytucją Stanów Zjednoczonych.

Rozdział 25

17 MAJA 2006 ROKU

Kolejna wizyta przedstawicieli organów ścigania

„Na mocy szóstej poprawki do Konstytucji Stanów
Zjednoczonych państwo nie może celowo wymuszać na
oskarżonym przedstawienia dowodów o charakterze
obciążającym w toku przesłuchania w areszcie pod
nieobecność obrońcy”.

Stany Zjednoczone *versus* Arnold,
sygn. 106 F.3d 37 (3rd Cir. 1997)

17 maja 2006 roku
Zachodni Dystrykt Karoliny Północnej

PRZED południem dnia 17 maja prokurator Martens, agent Curran i
agent Schiller zjawili się z kolejną niezapowiedzianą wizytą. Na wejściu od razu zażądałem pisemnej kopii uzgodnień z ostatniego spotkania, która według ustaleń prokuratora i mojego obrońcy miała mi zostać
dostarczona 27 kwietnia. Poprosiłem również o egzemplarz **na piśmie**
umowy o zwolnieniu z odpowiedzialności karnej oraz zobowiązania, że
żona natychmiast wyjdzie na wolność, ponieważ podczas poprzedniego
spotkania zostałem zwyczajnie okłamany.

Moja żona nadal przebywała za kratami.

Prokurator Martens zaczął grzebać w papierach i po chwili zapytał wszystkich zgromadzonych, czy ktoś dysponuje egzemplarzami dokumentów, o które poprosiłem. David Freeman pojawił się na spotkaniu na dosłownie minutę i ulotnił się ponownie, by udać się na „ważne spotkanie" w innej części zakładu. Wraz z prokuratorem odegrał szopkę o treści: „Ojej, myślałem, że już mu przekazałeś dokumenty", koniec końców nie doczekałem się niczego na piśmie od żadnego z nich.

Mój brat Jim codziennie domagał się pisemnych kopii ustaleń u Freedmana, jednak bez skutku. Dzwoniłem do niego niemal każdego dnia, by mu przekazać, że nadal nie doczekałem się dokumentów, a adwokat nie odbiera telefonu.

Gotowała się we mnie krew. Nie tylko dlatego, że agenci i prokuratorzy bezczelnie mnie okłamali w sprawie pisemnych kopii dokumentów, lecz również dlatego, że do tego czasu dowiedziałem się od rodziny, że we wszystkich liczących się gazetach w czterech państwach pojawiły się treści w mojej sprawie rodem z najgorszego sortu tabloidów, obliczone na podważenie mojej wiarygodności. Gdy skonfrontowałem w tej sprawie agenta FBI Douga Currana, ten uśmiechnął się pod nosem.

– Więc się pan przyznaje? – zapytałem.

– Jesteśmy w tym całkiem nieźli – odparł, z trudem tłumiąc śmiech.

– W rzucaniu kłamstw i oszczerstw – skwitowałem. – W artykułach prawdziwa była wyłącznie informacja o moim zatrzymaniu.

Mężczyzna spoważniał, ale zachował milczenie.

W pewnym sensie bezprawne przesłuchania w areszcie pod nieobecność adwokata pomogły mi później naświetlić przestępcze działania amerykańskich służb i przedstawicieli prawa, ponieważ je pieczołowicie dokumentowałem, i to nie tylko w postaci codziennych notatek, które co tydzień przesyłałem rodzinie. Ponieważ mój adwokat nie stawiał się na przesłuchaniach i nie odbierał telefonu, opisywałem mu na piśmie wszystkie rozmowy, do których doszło pod jego nieobecność. Dzięki temu dysponuję szczegółowym zapisem kolejnych spotkań. Na przykład 22 maja 2006 roku wysłałem Davidowi Freedmanowi list o następującej treści:

> *Złożyli mi propozycję, zgodnie z którą w zamian za współpracę
> z mojej strony zamierzają „zamrozić" zarzuty, ograniczając je do
> tych, które zostały wymienione w pierwotnym akcie oskarżenia.
> Chcieli mnie w ten sposób skłonić do współpracy, a ja te warunki
> przyjąłem.*
>
> *Nie wywiązali się jednak z obietnicy. Zgodziłem się na współpracę
> wyłącznie dlatego, że w zamian mieli „postawić ostatnią kropkę"
> w kwestii zarzutów, jednak w środę złamali warunki porozumie-
> nia i aż trzykrotnie wspomnieli, że życzą sobie, abym przyznał się
> do „prania brudnych pieniędzy" – zarzutu, którego nie uwzględ-
> niał pierwotny akt oskarżenia i do którego z pewnością nie zamie-
> rzałem się przyznać, skoro podpisałem umowę o współpracy.*
>
> *[...] Umowa to umowa. Zgodziłem się na współpracę i jak dotąd
> dotrzymałem słowa. Oni zaś obiecali w zamian, że poprzestaną
> na zarzutach z aktu oskarżenia, a teraz łamią warunki porozu-
> mienia, dość jawnie grożąc mi, że nowe zarzuty będą mnie kosz-
> tować kolejne lata pozbawienia wolności.*
>
> *Domagam się, aby pan skutecznie dał odpór ich próbom.*
>
> *Howell W. Woltz*

Podczas kolejnej rozmowy z bratem okazało się, że Freedman utrzymywał, iż nie dostał listu. Kopia listu, którą dysponuję obecnie, pochodzi
bezpośrednio z akt Freedmana, które zostały mi przekazane wiele lat
później na polecenie stanowej izby adwokackiej i na wniosek byłego sędziego federalnego, który oczyścił moje imię. Na wszelki wypadek każdy
list przesyłałem do biura brata. Brat skanował jego treść i dopiero stamtąd list trafiał do Freedmana, by ten nie mógł utrzymywać, że list zagubił
się w drodze z aresztu.

Z perspektywy czasu najdziwniejszym aspektem pogróżek, że prokuratorzy wlepią mi zarzut „zmowy w celu prania brudnych pieniędzy" jest
to, że nigdy nie stwierdzili, że pieniądze, o których mowa, pochodzą
z przestępstwa. Nie sposób „świadomie prać pieniędzy pochodzących z

przestępstwa" w sytuacji, gdy nikomu nie postawiono żadnego zarzutu o przestępcze pochodzenie majątku. Pieniądze, o których mowa, pochodziły z domów maklerskich i kancelarii prawnych podlegającym amerykańskiemu prawu, które musiały wykazać się należytą starannością w kwestii pochodzenia funduszy.

Można powiedzieć, że postawiono mi zarzuty **paserstwa**, mimo że jednocześnie nikogo nie oskarżono o **kradzież**. A skoro dobra, którymi obracałem, nie zostały skradzione, to jakim cudem mogłem dopuścić się „świadomego handlu kradzionymi rzeczami"? To tak, jakby zmusić kogoś do przyznania się do morderstwa, gdy nikt nie został pozbawiony życia.

Do tamtego momentu wszystkie zarzuty z pierwotnego aktu oskarżenia okazały się bezpodstawne i albo zostały od razu oddalone, albo z czasem zostaliśmy z nich oczyszczeni przez przysięgłych lub sędziego. Wtedy jednak musieli mnie jeszcze o coś oskarżyć, ponieważ odmówiłem podpisania ugody obrończej. Teoretycznie mogłem poczekać na rozprawę, która dotyczyłaby wyłącznie zarzutów ujętych w akcie oskarżenia. W końcu podpisałem z Martensem umowę o zwolnieniu z odpowiedzialności karnej, na wypadek gdyby w toku współpracy z prokuraturą wyszły na jaw nowe okoliczności sprawy. I właśnie wtedy, 17 maja, pod nieobecność mojego adwokata Martens spreparował zarzut prania brudnych pieniędzy i kazał mi przyznać się do winy, łamiąc warunki wcześniejszego porozumienia.

W świetle prawa federalnego 17 maja był ostatnim dniem, kiedy Martens mógł postawić mi nowe zarzuty. Z mocy prawa nowe zarzuty w sprawie karnej mogą być stawiane do trzydziestu dni od aresztowania[1].

I właśnie dlatego David Freeman i prokurator Martens nigdy nie udostępnili mi kopii umowy o zwolnieniu z dalszej odpowiedzialności karnej ani pisemnych ustaleń z poprzednich rozmów.

Prokurator doskonale wiedział, że mam ogromny żal do Freedmana. Prawdopodobnie uznał, że gdy pozbędę się go i zatrudnię adwokata z

---

[1]Na mocy artykułu 18 paragrafu 3161(b) Kodeksu Stanów Zjednoczonych (18 U.S.C. §3161(b)) nowe zarzuty w sprawie karnej mogą być stawiane w terminie do 30 dni od dnia zatrzymania – w mojej sytuacji termin upływał 17 maja 2006 roku.

prawdziwego zdarzenia, władze znajdą się w kropce. Tamtego dnia spotkanie odbyło się, by przymusić mnie do „dobrowolnego" przyjęcia zarzutu.

A ponieważ prokuratorskie groźby spełzły na niczym, Martens zamiast kija zaproponował mi marchewkę.

– Czego właściwie pan oczekuje? – zapytał.

– Chcę, by moją sprawę rozpatrzył sędzia Graham Mullen, przewodniczący Sądu Dystryktowego USA dla Zachodniego Dystryktu Karoliny Północnej i wydziału w Charlotte, czyli sądu **właściwego miejscowo**, jak nakazuje prawo. Nie chcę, by rozpatrywał ją sędzia Britt w Raleigh. Wiecie, że przenieśliście mnie tu bezprawnie.

Prokurator Martens zaczerwienił się i zacisnął mocno wargi.

– Sędzia Mullen **nigdy** nie rozpatrzy tej sprawy – odparł wolno i ze złością w głosie.

Gdy spotkanie dobiegło końca, stało się coś bardzo dziwnego. Agent FBI Doug Curran poczekał, aż pozostali opuszczą salę, i został ze mną sam na sam. Podejrzewam, że moje wielogodzinne wyjaśnienia i przyznanie się agenta Schillera do spreparowania całej sprawy dały mu do myślenia.

Podszedł do mnie i uścisnął mi dłoń.

– Panie Woltz, chciałem pana przeprosić za wszystko, co uczyniliśmy panu i pana rodzinie. Nie będę zajmował się tą sprawą w przyszłości i już się pan ze mną nie zobaczy.

Słowom Currana przysłuchiwał się prokurator Martens, który stał przy drzwiach.

– Rozumie pan, mam nadzieję, że nie mogę powiedzieć nic więcej. – Wypowiedziawszy te słowa, Curran obrócił się do mnie plecami i opuścił salę przesłuchań w ślad za Martensem. Zostałem sam na sam z własnymi myślami, aż przyszedł po mnie strażnik.

Rozdział 26

CO SIĘ STAŁO?

Pozwólcie, że sięgnę nieco w przyszłość, by wyjaśnić, co takiego stało się z umową o zwolnieniu z dalszej odpowiedzialności karnej. W świetle prawa nie powinienem był opuścić granic miasta Charlotte, czyli wydziału, w którym powinna była zostać rozpoznana moja sprawa. Co więcej, po 17 maja prokurator Martens nie miał prawa rozszerzyć aktu oskarżenia o jakikolwiek nowy zarzut – z jakiegokolwiek powodu.

Udowodniłem, że zarzuty, które zostały przedstawione wielkiej ławie przysięgłych, są całkowicie wyssane z palca. Pozostawał jedynie spreparowany zarzut zmowy. Zakładając, że ani ja, ani drugi współoskarżony nie złożymy fałszywych zeznań jeden przeciwko drugiemu, zarzut ten również nie miał przyszłości.

Poszczególne stany podzielone są na dystrykty sądowe. W Karolinie Północnej są trzy dystrykty: zachodni, środkowy i wschodni. Dystrykty dzielą się z kolei na wydziały, takie jak wydział w Charlotte, w Asheville i w Statesville, w których mieszczą się sądy federalne. Gdy dana sprawa trafi na wokandę i obywatelowi zostaną odczytane zarzuty w konkretnym sądzie (w konkretnym wydziale i dystrykcie), od tej pory sąd taki staje się sądem właściwym miejscowo, a właściwość ta nie może już ulec zmianie.

W świetle obowiązującego prawa żaden inny sąd – nawet pobliski sąd w tym samym dystrykcie – nie może rozpoznawać takiej sprawy, o ile w wyjątkowej sytuacji sąd okręgowy odpowiedzialny za cały okręg apelacyjny (składający się z szeregu stanów) – Sąd Apelacyjny USA – nie wyda orzeczenia, by sprawę rozpoznawał sędzia z innego dystryktu, co jednak zdarza się bardzo rzadko.

Wspomniane prawa i wymogi konstytucyjne zostały wprowadzone przez Ojców Założycieli Stanów Zjednoczonych z myślą o ochronie oskarżonych i świadków, a nie interesów państwa. Gdyby Sąd Apelacyjny USA dla Czwartego Okręgu przydzielił sprawę sędziemu W. Earlowi Brittowi (do czego jednak nie doszło), ten mimo wszystko musiałby w świetle prawa pofatygować się osobiście do mojego dystryktu zamiast ciągać mnie kilka dystryktów dalej.

W następnych latach usiłowałem znaleźć choć jedną sprawę w amerykańskim sądzie, w której sędzia federalny tak bezczelnie złamał prawo w kwestii właściwości miejscowej – nie udało mi się. W dziejach amerykańskiego wymiaru sprawiedliwości W. Earl Britt sięgnął samego dna, jednak nikt nie kiwnął nawet palcem, by pociągnąć go do odpowiedzialności. Proceder trwa w najlepsze. Składałem kolejne skargi na Britta w sądzie dyscyplinarnym w Richmond, jednak skład sędziowski odmówił pociągnięcia mężczyzny do odpowiedzialności.

A wracając do umowy o zwolnieniu z odpowiedzialności karnej. David nie przekazał nam dokumentu, nawet gdy nakazał mu to sędzia Art Strickland ze stanowej izby adwokackiej Karoliny Północnej. Dlaczego? Ponieważ dokument ten stanowił dowód na jego niekompetencję oraz współpracę z prokuraturą na niekorzyść klienta, co umożliwiłoby mi wytoczenie procesu. Proces wytoczyłem tak czy inaczej, pomimo braku dokumentu, lecz ostatecznie przegrałem, ponieważ prawnicy oraz izba adwokacka Karoliny Północnej zabezpieczyli się przed niezadowolonymi klientami, doprowadzając do wydania korzystnej dla nich ustawy stanowej – Statutu Generalnego Karoliny Północnej nr 115-c – która stawiała adwokatów ponad prawem. Obywatel Stanów Zjednoczonych ma prawo oskarżyć adwokata o niedopełnienie obowiązków służbowych w ciągu 48 miesięcy od skorzystania z jego usług w sądzie, a zatem w okresie krótszym, niż trwa średnio kara pozbawienia wolności. Odmawiając klientowi dostępu do akt w terminie 48 miesięcy, adwokat skutecznie unika potencjalnej kary za korupcję, zmowę z prokuraturą czy niedopełnienie obowiązku obrony. Prawo to narusza zarówno konstytucję stanową, jak i Konstytucję Stanów Zjednoczonych jako taką. Mimo to nie udało mi się znaleźć adwokata, który podjąłby się podobnej sprawy w Karolinie Północnej.

Ponieważ projekt dokumentu istniał w dwóch egzemplarzach, a jeden z nich należał do państwa, wniosłem do Sądu Dystryktowego USA dla Wschodniego Dystryktu Karoliny Północnej o wydanie drugiego z nich. Mój wniosek został jednak przechwycony przez sędziego W. Earla Britta, który wydał decyzję odmowną, by zapewnić bezpieczeństwo sobie i swoim współpracownikom.

Dopiero siedem lat później, bo w kwietniu 2013 roku, otrzymałem w końcu egzemplarz porozumienia. Jednoznacznie wskazywał na to, że przedstawiciele wymiaru sprawiedliwości naruszyli zasady umowy. Gdybym wszedł w posiadanie dokumentu wcześniej, wygrałbym sprawę o niedopełnienie obowiązków wytoczoną Freedmanowi i już lata temu odzyskałbym wolność.

Spędziłem 87 miesięcy za kratkami, wędrując z aresztu do aresztu i z zakładu karnego do zakładu karnego na terytorium całych Stanów z naruszeniem zawartego porozumienia, co jednak byłem w stanie udowodnić dopiero wiele lat później, gdy już i tak odsiedziałem swoje.

Zmierzam do tego, że dopóki przestępstwa popełniane przez sędziów, prokuratorów, adwokatów i ich prywatny monopol w postaci adwokatury jako takiej będą trafiać pod sąd „koleżeński", dopóty nie zmieni się amerykański wymiar „sprawiedliwości". Wcale.

Rozdział 27

29 MAJA 2006 ROKU

„Tutejsi prokuratorzy mają opinię aroganckich zbirów, którzy zbyt często wydają wyroki skazujące, zawsze zawierzają donosicielom, grożą oskarżonym, którzy pragną opuścić areszt za kaucją, zawsze chcą doprowadzić do zasądzenia najwyższej przewidzianej kary i spragnieni są krwi... Nie jestem w stanie dłużej znieść rażącej niesprawiedliwości, jakiej jestem świadkiem".

Przewodniczący sądu Graham C. Mullen do Prokuratury Dystryktu Zachodniego Karoliny Północnej w liście opublikowanym w dzienniku „Charlotte Observer" z 29 maja 2006 roku pod nagłówkiem SĘDZIA FEDERALNY POTĘPIA POSTĘPOWANIE SĘDZIÓW.

PRZEZ moduł morderców przeszedł pomruk zaskoczenia, gdy w ręce osadzonych dostał się egzemplarz dziennika „Charlotte Observer". Na pierwszej stronie znajdowała się wypowiedź przewodniczącego Sądu Dystryktowego USA dla Zachodniego Dystryktu Karoliny Północnej, sędziego Grahama C. Mullena, w której wieszał psy na tutejszej prokuraturze. Artykuł zawierał również następującą informację: „Mullen zadziwił większą część środowiska prawniczego deklaracją, że nie zamierza przyjmować większości ugód przedprocesowych prokuratury z oskarżonym. Zdaniem sędziego tego rodzaju ugody wymuszają na oskarżonych zrzeczenie się prawa do apelacji, co czyniło je **niezgodnymi z sumieniem.**"

Niedługo po przemówieniu (bo w 2003 r.) prokurator główny sądu, w którym zasiadał Mullen, Robert J. Conrad Jr. został przeniesiony do oddalonego o dwa dystrykty sądu, w którym zasiadał sędzia W. Earla Britt. Najbardziej bulwersujący jest fakt, że tam nadal pełnił funkcję prokuratora głównego. Nie został pozbawiony funkcji i nie poniósł żadnej odpowiedzialności.

Prezydent George W. Bush, zagorzały zwolennik przemysłu więziennego (rodzina Bushów jest jednym z największych właścicieli prywatnych zakładów karnych w stanie Teksas), odwołał uczciwego sędziego Grahama C. Mullena ze stanowiska przewodniczącego Sądu Dystryktowego USA dla Zachodniego Dystryktu Karoliny Północnej, zastępując go nikim innym, jak Robertem J. Conradem, którego wcześniej sędzia Mullen wyprosił z dystryktu. Pomimo bogatej historii łamania prawa skorumpowany prokurator powróci do Charlotte w charakterze przewodniczącego sądu.

Skorumpowany federalny prokurator śledczy – ten sam, który przeszkolił Martensa i Meyersa, prokuratorów zajmujących się moją sprawą – obecnie pełnił funkcję głównego oskarżyciela publicznego w sądzie, w którym zasiadał W. Earla Britt, gdzie mógł kryć dawnych wspólników za ich obecne przestępstwa. Nikt nie jest w stanie się im przeciwstawić, ponieważ wszyscy są członkami tej samej szajki, tak w Dystrykcie Wschodnim, jak i w Dystrykcie Zachodnim.

Wszystko zaczęło składać się w sensowną całość. Od razu do mnie dotarło, dlaczego prokurator Matthew Martens złamał prawo federalne, abyśmy nie trafili do sędziego Mullensa. On znany był ze swojej uczciwości. Jak wspomniała wcześniej obrończyni z urzędu, już samo wywiezienie mnie na teren sąsiedniego dystryktu stanowiło złamanie procedur. Sąd, w którym urzędował W. Earla Britta, nie miał właściwości miejscowej w mojej sprawie, więc nie mógł jej rozpoznawać, ale skoro federalny prokurator śledczy Dystryktu Wschodniego Karoliny Północnej Robert

J. Conrad Jr. również należał do szajki, nikt nie mógł się im przeciwstawić. Owszem, cały proceder był niezgodny z prawem[1], ale wyglądało na to, że ujdzie moim prześladowcom na sucho, ponieważ prokuratorzy z obu dystryktów robili, co mogli, by sędzia z sądu właściwego miejscowo nie dowiedział się o całej sprawie. Najgorsze jest to, że w procederze brał również udział mój adwokat.

Prokurator Martens wywiózł mnie do Wschodniego Dystryktu do sądu W. Earla Britta, by odebrać sprawę sędziemu Mullenowi do czasu, aż na stanowisku przełożonego sądu zastąpi go dawny przełożony Martensa – Robert Conrad Jr. – i wszystko będzie kręcić się jak dawniej.

„Jak dawniej", czyli, jak sugerował artykuł w „Charlotte Observer", niekonstytucyjne zagrania i wymuszone ugody przedprocesowe. Marna szansa, że po narzuceniu togi sędziowskiej Robert Conrad Jr. stanie się ostoją uczciwości. Uświadomiłem sobie, że jedyną nadzieją w naszej sprawie było wyrwanie się z łap W. Earla Britta we Wschodnim Dystrykcie i doprowadzenie do rozpoznania sprawy w Zachodnim Dystrykcie, nim zmieni się przewodniczący sądu i będzie za późno.

Słałem więc kolejne listy do Freedmana, żądając, by ten przeciwstawił się prokuratorom i doprowadził do rozpoznania sprawy przed sędzią Grahamem Mullenem, jak wynikało z procedur. Nie doczekałem się żadnego odzewu. Mój brat Jim również nakazał Freedmanowi, by ten się ze mną spotkał lub zwrócił pełną kwotę wynagrodzenia. Gdy mężczyzna w końcu raczył się zjawić, zbył mnie słowami, że „zajmuje się sprawą".

Sytuacja zaczęła odciskać na mnie tak ogromne piętno, że zacząłem się zastanawiać, czy nie lepiej byłoby po prostu umrzeć.

---

[1]Na mocy artykułu 18 paragraf 3145(a)(1) Kodeksu Stanów Zjednoczonych (18 U.S.C. §3145(a)(1)): „Oskarżyciel publiczny może zwrócić się **do sądu, który otrzymał jurysdykcję w określonej sprawie**, z wnioskiem o cofnięcie decyzji bądź zmianę warunków decyzji o udzieleniu zwolnienia z aresztu bądź zakładu karnego za poręczeniem majątkowym." W świetle prawa żaden inny sąd nie mógł rozpatrzeć wniosku, jednak doszło do tego tak czy inaczej, by ówczesny przewodniczący Sądu Dystryktowego USA dla Zachodniego Dystryktu Karoliny Północnej, Graham C. Mullen, nie dowiedział się o mojej sprawie. Wkrótce potem skorumpowany prokurator i tak miał zastąpić go na stanowisku, więc nikt nie mógł zgłosić sprzeciwu.

Rozdział 28

CO SIĘ STAŁO?

Po przemówieniach, które wygłaszam w temacie wypaczeń amerykańskiego wymiaru sprawiedliwości, często pada pytanie, dlaczego po prostu nie złożę skargi przeciwko sędziom, którzy dopuścili się przestępstw w mojej sprawie.

Dobre pytanie. Szukanie sprawiedliwości w drodze skarg i wniosków w Gułagu Ameryce już się nie sprawdza. Począwszy od konkretnej sprawy z 1967 roku, Pierson *versus* Ray, w drodze kolejnych rozstrzygnięć amerykańscy sędziowie zapewnili sobie pełen immunitet sędziowski, który z czasem rozszerzył się również na prokuratorów, mimo że sądy na mocy konstytucji nie mają podobnego uprawnienia. Rolą sądów jest rozstrzyganie spraw, nie zaś tworzenie prawa jako takiego.

Składałem w mojej sprawie liczne skargi, które dotyczyły niekwestionowanych zachowań przestępczych. Ani jedna nie poskutkowała jakąkolwiek karą, mimo że izba sędziowska, która rozpatruje skargi, przyznała wprost, że doszło do złamania procedur i przyjętych kanonów zachowania.

Większości młodszych czytelników, nawet Amerykanom, prawdopodobnie nic nie mówi nazwisko John Dean, znane jednak tym, którzy pamiętają rok 1974, gdy prezydentura Richarda M. Nixona została ukrócona w następstwie afery Watergate. John Dean był doradcą prawnym Białego Domu za Nixona. To on przekazał mediom prawdę o tym, co działo się za kulisami, za co omal nie został doszczętnie zniszczony przez rząd Nixona. Jednak zanim przejdę do tematu artykułu Deana o nieefektywności skarg przeciwko sędziom, pozwólcie, że wcześniej wspomnę, do jakiego stopnia sędziowie mogą pozwolić sobie na łamanie prawa, by mimo wszystko nie spadł im włos z głowy.

Grożono mi śmiercią, abym zaprzestał pisania i przemawiania o procederach, jakich dopuścili się moi prześladowcy (i jakich dopuszczają się po dziś dzień), jednak za każdym razem dzwoniono w środku nocy z zagranicznych numerów. Gdy mój adwokat (już nie Freeman) je sprawdził, okazało się, że numery te nie istnieją. Dziś wiemy już, że jest to standardowa praktyka, jaką posługują się władze Stanów Zjednoczonych w walce z dziennikarzami i sygnalistami. Każdy, kto głośno wypowiada się w sprawie przestępstw, jakich dopuszcza się państwo, prędzej czy później spotyka się z groźbą śmierci. Przyznaję otwarcie z własnego doświadczenia, że perspektywa śmierci potrafi ostudzić reporterski zapał.

Co więcej, zadano sobie trud, abym po odzyskaniu wolności nie mógł znaleźć pracy we własnej branży (ani w jakiejkolwiek innej). Szybko przekonałem się, że gdy raz przylgnie do ciebie miano przestępcy, nie sposób się go pozbyć. Nawet gdy uda się sądownie oczyścić dobre imię, władze nadal będą zamieszczać o tobie fałszywe informacje[1].

Pozostało mi jedynie dawne gospodarstwo. Doprowadziłem do porządku stupięćdziesięcioletni drewniany dom z ręcznie ociosanych kłód i zacząłem go sezonowo wynajmować turystom za pośrednictwem portalu Airbnb. Znajdował się w pięknej okolicy nad północnokarolińską rzeką Yadkin, gdzie ryb było w bród, więc od razu zaczął cieszyć się zainteresowaniem. Pierwszy klient zarezerwował dom tego samego dnia, gdy założyłem profil na Airbnb, więc stosunkowo szybko stanąłem z powrotem na nogi.

---

[1] Niejaki Steve Kirsch przyznał mojemu adwokatowi w Nowym Jorku (Markowi Russo), że jako agent US Securities and Exchange Commission (SEC, amerykańskiej komisji papierów wartościowych i giełd) sfabrykował na zlecenie państwa artykuł w mojej sprawie, który do dziś jest dostępny w internecie. Dość powiedzieć, że zawiera same kłamstwa – jedyną prawdziwą informacją jest mój adres, który zawsze był publicznie dostępny. Co więcej, inna pseudopaństwowa niezależna agencja, Commodity Futures Trading Commission (CTFC), odpowiadała za szereg zarzutów z aktu oskarżenia. Z czasem udowodniłem, że zarzuty te nie trzymają się kupy, jednak pomimo pozwu i skarg informacja wisi na Internecie po dziś dzień. Sądy zwyczajnie odmawiają wydania nakazu usunięcia informacji z Sieci, zresztą ostatnio FBI ujawniła, że podobne postępowanie jest normą.

Gdy pewnego miesiąca na wynajmie domu zarobiłem 4500 dolarów, pachołki sędziego Britta zagroziły portalowi Airbnb, by ten usunął mój profil, bo w przeciwnym razie „zaczną się problemy". Moderatorzy przychylili się do „prośby" agentów federalnych[2]. Odebrano mi jedyne źródło dochodu. Nie miałem innego wyboru, jak sprzedać dom wraz z gospodarstwem. Zrobiłem to w ubiegłym roku, mimo że sprawowałem pieczę nad rodzinnym gospodarstwem od roku 1982.

Już wcześniej wspomniałem, że z inicjatywy sędziego Britta dochodziło również do włamań oraz innych czynów przestępczych, więc nie będę się powtarzać.

Badania byłego doradcy prawnego Białego Domu, Johna Deana, na temat skarg na sędziów pokazują dobitnie, dlaczego w Stanach Zjednoczonych nie sposób przeciwstawić się sędziom. Jak pisał Dean: „Podkomisja Komisji Sprawiedliwości w Izbie Reprezentantów, która zajmowała się prawem, została poinformowana o badaniu z «lat podatkowych 1996 i 1997», według którego «na obszarze całego państwa na szczeblu federalnym zgłoszono ponad tysiąc skarg na sędziów. Przewodniczący sądów uznali, że w żadnej spośród tysiąca spraw sędzia nie zasługiwał na karę dyscyplinarną». Co więcej, «w ponad 450 sprawach dyscyplinarnych osoba składająca skargę złożyła odwołanie od decyzji izb sędziowskich do izb odwoławczych. Te jednak odrzuciły wszystkie apelacje»"[3].

Innymi słowy, nie ma znaczenia, jak dalece sędzia sprzeniewierzy się zasadom rzetelnego procesu sądowego, które gwarantowane są każdemu obywatelowi – już w tym głowa „sądu koleżeńskiego", by wszystko uszło mu na sucho. Warto wspomnieć, że skargi z badania, na które powoływał się Dean, zostały wniesione przez prawników – osoby, które zaryzykowały karierą i poczuciem bezpieczeństwa, byle tylko sprawiedliwości stała się zadość. Jednak żadna ze skarg nie doprowadziła do ukarania sędziego.

---

[2] Zupełnym zbiegiem okoliczności wkrótce potem wybrałem się na pogrzeb członka rodziny i okazało się, że syn kuzyna pracuje dla Airbnb w San Francisco. Potwierdził u współpracownika, że za usunięciem mojego konta faktycznie stał rząd federalny, więc nie są to bezpodstawne spekulacje.

[3] John W. Dean, *Thoughts on the Law Addressing Bad Federal Judges: Self-Policing Isn't Working, But Is There a Good Alternative?*, 13 sierpnia 2004 roku.

Gdyby „sąd koleżeński" faktycznie stanowił doskonałą metodę orzekania o winie i niewinności, ten sam system byłby stosowany w przypadku oskarżonych. Jednak oskarżeni nie decydują o winie innych oskarżonych – to niedorzeczne. Dlaczego zatem skorumpowani sędziowie decydują w sprawach innych sędziów?

Na mocy czternastej poprawki do Konstytucji Stanów Zjednoczonych wszyscy bez wyjątku podlegają jednakowej ochronie prawnej. Federalni sędziowie i prokuratorzy w drodze decyzji sądowych zapewnili sobie pełen immunitet, co jest niezgodne z prawem i konstytucją.

Wystarczy przyjrzeć się liczbom. Spośród tysiąca spraw dyscyplinarnych, które trafiły pod rozwagę izby sędziowskiej, w ani jednej sprawie sędziowie nie ukarali sędziego. Jednak na tysiąc obywateli niebędących sędziami, którzy również wchodzą w konflikt z prawem, ci sami sędziowie i prokuratorzy skazują 987 osób.

Poziom karalności 0% w sprawach rozpatrywanych przez sędziów przeciwko sędziom. Poziom karalności 98,7% w sprawach rozpatrywanych przez tych samych sędziów przeciwko przeciętnemu Smithowi. Jak to mówią w sądzie, „dowody są niezbite".

Rozdział 29

DŁUGI MARSZ KU WOLNOŚCI

„Nie zgadzam się na jakiekolwiek wnioski o przedłużenie jakiegokolwiek terminu ani na **jakiekolwiek** inne wnioski, które mogą pośrednio skutkować przedłużeniem postępowania w mojej sprawie. Nie zamierzam biernie wegetować z powodu nieprawdziwych zarzutów. Proszę się przygotować, by po upływie terminu 70 dni złożyć wniosek o odrzucenie aktu oskarżenia z przyczyn formalnych na mocy artykułu 18 paragrafu 3161 i nast. Kodeksu Stanów Zjednoczonych (18 U.S.C. §3161)".

Howell Woltz, list do adwokata Davida Freedmana z dnia 7 maja 2006 roku

29 czerwca 2006 roku
Zachodni Dystrykt Karoliny Północnej

GDYBY mój ówczesny obrońca, Freedman, lub jakikolwiek późniejszy obrońca w mojej sprawie postąpił zgodnie z powyższą pisemną instrukcją i wniósł o odrzucenie aktu oskarżenia, moja historia potoczyłaby się zgoła inaczej. Zakończyłaby się w jednej chwili, o ile wniosek zgodnie z prawem faktycznie trafiłby do rąk sędziego Mullena. W świetle prawa jeśli oskarżony nie zostanie osądzony w terminie siedemdziesięciu dni, akt oskarżenia „zostaje odrzucony na wniosek oskarżonego". Zwrot „zostaje odrzucony" sugeruje, że sąd nie ma żadnego pola manewru – **musi** odrzucić akt oskarżenia, o ile oskarżony, którego proces nie rozpoczął się w terminie siedemdziesięciu dni, złoży odpowiedni wniosek.

Jednak gdy po wiośnie nastąpiło lato, a tygodnie zamieniły się w miesiące, zrozumiałem, że mój adwokat mnie okłamał – zignorował moje pisemne żądanie. Nie chodziło o żadne przestępstwa. Posiedzenia w sprawie poręczenia majątkowego i kolejne przesłuchania miały na celu jedynie to, by pozbawić mnie głosu.

Przez długi czas nie prowadziłem dziennika. Kolejne dni zlewały się w jedną całość. Wszechogarniająca nuda otępiała zmysły. Musiałem czymś zająć umysł. Nie mogłem całymi dniami wyłącznie medytować, a moduł morderców nie obfitował w wartościowe lektury.

Pewnego dnia podszedł do mnie czarnoskóry chłopak. Poprosił, abym przyjrzał się jego sprawie.

– Dlaczego podszedłeś akurat do mnie? – spytałem.

– Biały facet w okularach – odparł. – Biali faceci w okularach zawsze znają się na prawie.

Nie podzielałem jego przekonania, ale mimo wszystko zgodziłem się przyjrzeć aktom sprawy.

I osłupiałem. Młody mężczyzna dopiero co wrócił z wojny w Iraku, gdzie służył w armii. Minęło zaledwie kilka tygodni, odkąd odszedł z amerykańskich sił zbrojnych, a został aresztowany przez lokalną policję podczas nielegalnego zatrzymania samochodu bez uzasadnionych podstaw[1]. Oficerowie policji przeszukali jego samochód bez nakazu – również wbrew prawu, ale zdarza się to nagminnie.

W spodniach mężczyzny oficerowie znaleźli niewielką ilość marihuany – mężczyzna zaczął palić w wojsku dla ukojenia nerwów. Młodzieniec został zatrzymany i zapytany o adres zamieszkania. Odkąd wrócił z wojny, pomieszkiwał u babci. Policja przeszukała dom kobiety – znowu bez nakazu – i znalazła w szafie starą strzelbę, która należała do jej zmarłego męża. Prokurator postawił chłopakowi zarzut „posiadania broni w

---

[1] „Uzasadnione podstawy" (ang. *probable cause*) to pojęcie prawne, które odnosi się do tego, że policja może zatrzymać obywatela jedynie w sytuacji, w której zachodzi uzasadnione podejrzenie popełnienia czynu zabronionego. Zatrzymanie lub aresztowanie obywatela bez uzasadnionych podstaw dawniej stanowiło wystarczający powód, by umorzyć postępowanie. Obecnie jednak policja często zatrzymuje obywateli tak na trasie, jak i na chodniku, by podbić statystyki.

momencie posiadania substancji kontrolowanej", czyli nieprzepisanego leku na receptę lub narkotyku. Zarzut całkowicie mijał się z prawdą, ale dzięki niemu prokuratura miała większe pole do popisu.

Młodemu żołnierzowi groziła kara pięciu lat pozbawienia wolności oraz utrata konstytucyjnych praw z powodu strzelby, która do niego nie należała i której nie posiadał w momencie nielegalnego zatrzymania. Prokurator skłonił młodego, by przyznał się do zarzutu nielegalnego posiadania substancji kontrolowanej w zamian za wycofanie o wiele bardziej poważnego zarzutu nielegalnego posiadania broni. Już sam akt oskarżenia wyraźnie wskazywał na uchybienia ze strony policji oraz naruszenie konstytucyjnych praw oskarżonego, jednak obrońca żołnierza nie zamierzał postawić się ani policji, ani prokuraturze. Na posiedzeniu, podczas którego mężczyzna został formalnie postawiony w stan oskarżenia, adwokat powiedział mu wprost, że ten nie ma innego wyboru, jak przyznać się do winy. On jednak odmówił, więc prokurator wtrącił go do aresztu, by zmienił zdanie.

Gdyby nie to, że sam znalazłem się w podobnej sytuacji, nigdy nie uwierzyłbym, że obecnie w Stanach Zjednoczonych takie zagrywki policji i prokuratury są na porządku dziennym.

W module morderców poznałem również niejakiego Michaela Sherrilla, którego oskarżono o popełnienie większej liczby morderstw niż Kubę Rozpruwacza[2]. Im dłużej mężczyzna odmawiał przyznania się do winy, tym więcej lokalny prokurator przypisywał mu niewyjaśnionych przypadków morderstw[3]. Zarzuty dotyczyły zabójstw, które zostały popełnione na obszarze innych stanów, zresztą w dni, kiedy Michael miał

---

[2] Kuba Rozpruwacz był rzekomym seryjnym mordercą, który w 1888 roku grasował w ówczesnej londyńskiej dzielnicy Whitechapel. Przypisano mu morderstwo i brutalne okaleczenie trzech kobiet lekkich obyczajów. Niemal wszystkie kolejne morderstwa w Londynie przypisywane były Kubie Rozpruwaczowi zarówno przez policję, jak i prze z media, szczególnie że często nie udawało się złapać ani zidentyfikować prawdziwego sprawcy.

[3] Niewyjaśnione morderstwa (ang. *cold cases*) to niewyjaśnione sprawy, w których policji urwał się ślad, wobec czego zaprzestała śledztwa. Policja i prokuratura zaczęły ponownie przyglądać się niewyjaśnionym morderstwom po 2005 roku, gdy temat został nagłośniony przez popularny wówczas serial kryminalny *The Closer* (znany w Polsce pod nazwą *Podkomisarz Brenda Johnson*). Amerykański rząd zaczął przeznaczać miliony dolarów na to, by lokalne władze zajęły się dawnymi niewyjaśnionymi morderstwami, co miało wzmocnić podupadającą reputację policji i prokuratury w oczach opinii publicznej, a także zadać kłam twierdzeniom, że policja i prokuratura odpuszczają sobie poważniejsze sprawy w pogoni za drobnymi handlarzami narkotyków i nieszkodliwymi narkomanami.

alibi. Gdy go spotkałem, siedział już w areszcie wiele lat. W świetle prawa powinien był doczekać się procesu w terminie 70 dni od zatrzymania. A tymczasem siedział lata bez wyroku, a policja wraz z prokuraturą mogły się pochwalić rozpracowaniem kilku zabójstw i zgarnąć kilka milionów dolarów federalnych dotacji.

Obecnie Michael znajduje się na liście oczekujących na wykonanie kary śmierci, mimo że nie popełnił stawianych mu zarzutów[4]. W styczniu 2013 roku otrzymałem od niego list, w którym pisał, że materiał dowodowy w postaci śladów DNA, który przed wieloma laty podczas pierwszej rozprawy rzekomo znajdował się w posiadaniu prokuratorów (prokurator wprawdzie nie przedstawił żadnych dowodów na istnienie wspominanego materiału, ale udało mu się przekonać ławę przysięgłych), w tajemniczy sposób **rozpłynął się w powietrzu**. „Jednak władze działają tak ślamazarnie" – pisał Michael – „że prędzej umrę ze starości, niż doczekam się końca postępowania. Musiały minąć aż trzy lata, by ponownie przyjrzeli się dowodom z analizy DNA!" W dalszej części listu Michael pisał: „Jak doskonale wiemy, w USA prawda nie zawsze gwarantuje wolność. Ale przynajmniej odzyskałem nadzieję!"

Michael nadal musi stawić czoła zarzutowi brutalnego zamordowania dawnego mentora oraz rodziny, która przygarnęła go w 1984 roku – a zatem ostatnich osób, które chciałby skrzywdzić. Całe szczęście pracował jako kierowca ciężarówki i udało nam się z czasem przedstawić w sądzie informacje z monitoringu GPS, które jednoznacznie wskazywały, że w dniu każdego niewyjaśnionego morderstwa Michael nie znajdował się nawet na terenie stanu, w którym daną zbrodnię popełniono. Państwo nie zadało sobie żadnego trudu, by przyjrzeć się zarzutom pod kątem ich prawdopodobieństwa. Już same dane z monitoringu GPS stanowiły

---

[4] Sprawą Michaela zajmuję się od 2006 roku. W 2014 roku, dziesięć lat po zatrzymaniu z powodu fałszywych zarzutów, wraz z adwokatami Michaela udało nam się zmusić Karolinę Północną, by oczyściła mężczyznę ze wszystkich zarzutów prócz jednego. Mimo to Karolina Północna prędzej doprowadzi do egzekucji niż przyzna się do błędów. W tej samej sprawie udowodniliśmy, że prokurator dopuścił się kłamstwa wobec ławy przysięgłych, utrzymując, że dysponuje dowodami z analizy DNA. Dziś prokuratura przyznała już, że takich dowodów nie posiada (i nigdy nie posiadała). W świetle jawnego przyznania się do uchybień przez prokuraturę złożyliśmy również apelację w sprawie ostatniego zarzutu. Obawiam się jednak, że nim uda nam się przedstawić sprawę Michaela w sądzie, który będzie władny cofnąć wyrok, Michael doczeka się kary śmierci.

niezbity dowód na to, że wszystkie zarzuty dotyczące morderstw popełnionych w sąsiednich stanach są wyssane z palca – a jednak lokalny rząd otrzymał miliony w dotacjach za „rozwiązanie" dawnych spraw. By nie zwracać funduszy rządowi federalnemu, Karolina Północna skazała Michaela na śmierć za niewyjaśnione morderstwo, do którego doszło na terenie stanu. Wyrok opierał się wyłącznie na zeznaniach więziennego konfidenta, którego „zatrudnił" prokurator, by ten uprawdopodobnił spreparowane zarzuty.

Po jakimś czasie prokuratura zaproponowała Michaelowi, by przyznał się do popełnienia jednego morderstwa – właściwie dowolnego – a sąd uzna, że odsiedział już swoje i zwróci mu wolność. Chodziło więc o to, by w całości przytulić federalne pieniądze i nie zmarnować nawet części na rozprawę. Michael jednak odmówił przyznania się do morderstwa, którego nie popełnił.

W następnych latach zacząłem pomagać w kolejnych sprawach, a niektóre z nich ciągną się do dzisiaj.

Niemal wszystkie mają wspólne cechy: po pierwsze, umyślne bezprawne działania ze strony władz i prokuratury, a po drugie, obrońcy, którzy nie przykładają się do obrony klientów i nie zmuszają władz, by te postępowały zgodnie z prawem.

Istnieje, rzecz jasna, uzasadniona potrzeba, by odizolować niektóre osoby od społeczeństwa. Jednak w moim odczuciu ci, którzy **powinni byli** trafić za kraty, najczęściej próbowali załatwić sobie skrócenie wyroku, idąc na współpracę z prokuraturą i doprowadzając do skazania Bogu ducha winne osoby w zamian za własną wolność. Amerykański wymiar sprawiedliwości stanął na głowie. Nie idzie o sprawiedliwość, a o wyroki skazujące, jak sam przed laty przyznał dawny prokurator Sam Currin.

Zdarza się, że naprawdę niebezpieczni kryminaliści zwalniani są z aresztu za poręczeniem. Poręczenie majątkowe przepada na rzecz sądu jeśli oskarżony nie stawi się na rozprawę. Kryminaliści trafiają ponownie na ulicę, by państwo miało kogo ścigać, co jest niemoralne samo w sobie i stanowi niebezpieczeństwo dla społeczeństwa.

Doskonałym przykładem tego procederu jest sytuacja, którą ujawniono w Boston w stanie Massachusetts. FBI od 1975 roku współpracowało z informatorem o nazwisku Whitey Bulger. Dopóki Whitey denuncjował inne zbrodnie, sam mógł mordować bezkarnie – FBI roztoczyło nad nim parasol ochronny. Zamordował łącznie aż dziewiętnaście ofiar, za co trafił przed sąd dopiero w 2013 roku – i to dopiero po tym, gdy informacje o procederze FBI ujrzały światło dzienne.

Sukces prokuratury mierzony jest wyłącznie liczbą wyroków skazujących, a obrońcy nie muszą wcale utrudniać prokuratorom życia, by dobrze zarobić. Biznes się kręci, a cierpią jedynie ofiary systemu – amerykańscy obywatele, którym postawiono zarzuty, a także ci, którzy ponoszą liczący 80 miliardów dolarów koszt funkcjonowania przemysłu więziennego.

I o ile niektóre spośród osób, którym pomagałem, rzeczywiście dopuściły się przestępstw, o tyle nic nie usprawiedliwia faktu, że poddawano je bezprawnym przeszukiwaniom i zatrzymaniom i torturom, a także bezzasadnie konfiskowano ich mienie i preparowano w ich sprawach zarzuty, nie wspominając nawet o innych cudacznych i niekonstytucyjnych procederach, których stosowanie powinno skutkować natychmiastowym odrzuceniem aktu oskarżenia i umorzeniem postępowania.

Zainteresowałem się bliżej prawem nie z przekonania, a z obrzydzenia tym, co uchodzi w Stanach za sprawiedliwość. Każdy zatrzymany ma konstytucyjne prawo do przygotowania się do rozprawy, ale ani razu nie udzielono mi zgody na wizytę w bibliotece prawniczej zakładu karnego. Pewien funkcjonariusz służby więziennej powiedział mi wprost:

– Prokurator sobie zażyczył, abyś nigdy nie przekroczył progu biblioteki, więc tylko marnujesz nasz czas.

Tacy jak ja przetrzymywani są w ścisku, w niebezpiecznych warunkach i bez dostępu do wiedzy prawniczej, aż nie pozostaje im nic innego, jak poddać się i dobrowolnie przyznać do winy.

A obrońcom jest o wiele łatwiej brać udział w farsie, niż podjąć walkę z otwartą przyłbicą z prokuratorem, dla którego liczy się wyłącznie liczba wyroków skazujących. Adwokaci tak czy inaczej zarobią swoje. Nie ma sensu, by przyglądali się bliżej sprawie klienta i usiłowali doprowadzić do rozprawy.

Już w 2006 roku zrozumiałem, że znalazłem swoje życiowe powołanie – powinienem coś z tym zrobić.

Gdy po raz pierwszy udało mi się pomóc innemu osadzonemu w odzyskaniu wolności, poczucie wygranej było oszałamiające. Ile by nie trwał mój osobisty koszmar, odnalazłem w nim sens. Złożyłem pozew w imieniu niejakiego Fitzgeralda „J.R." Stephensona. I wygrałem z systemem!

Gdy poznaliśmy się w module morderców, przebywał bezprawnie za kratami już od 21 miesięcy. Karolina Północna postawiła mu zarzut kradzieży, a mężczyzna zarzekał się na wszystkie świętości, że był niewinny.

J.R. był dwumetrowym Afroamerykaninem. Ważył 125 kilogramów, ale to sama skóra i kości. Jego ciało zostało zdeformowane w tragicznym wypadku samochodowym. Szyja, która ucierpiała w momencie zderzenia, nie została właściwie nastawiona. Gdy poznałem J.R., miała około 90 centymetrów w obwodzie – więcej niż sam miałem w pasie po krótkim okresie na więziennej diecie.

Z raportu policji wynikało jednak, że ofiary zajścia opisały złodzieja jako „niskiego, gładko ogolonego mężczyznę o wzroście 1,75 metra i wadze około 75 kilogramów." Raport zawierał informację, że mężczyzna nie miał jakichkolwiek „znaków szczególnych".

J.R. nie dało się pomylić z kimkolwiek innym. Był ogromny, a deformacja szyi była tak widoczna, że za plecami czasami mówiono na niego „Indor". Sprawca był „gładko ogolony", natomiast J.R. zaczął zapuszczać brodę już jako nastolatek i miał brodę na zdjęciu policyjnym z dnia aresztowania.

Prokuratura twierdziła, że J.R. wskazał policyjny informator.

Prokurator zakazał mi dostępu do biblioteki prawniczej zakładu, ale jedna z książek prawniczych wysłanych mi przez członka rodziny wspominała o starej ustawie federalnej Second Enforcement Act z 1871 roku, zwanej również potocznie the Ku Klux Klan Act. Uznałem, że jeśli nadal obowiązuje, to może mi pomóc wywalczyć wolność dla J.R. Statut ten, czyli artykuł 42 paragraf 1983 Kodeksu Stanów Zjednoczonych (42

U.S.C. § 1983), został wprowadzony z myślą o tym, by afroamerykańscy obywatele Stanów Zjednoczonych, którzy w okresie po wojnie secesyjnej nie mogli doczekać się sprawiedliwości ze strony lokalnych sądów na szczeblu stanowym, mogli zwrócić się bezpośrednio do sądów na szczeblu federalnym, by tam dochodzić swoich praw.

Z modułu morderców odchodził akurat pewien ksiądz, który zaoferował, ze przyjrzy się sprawie J.R. na wolności. Okazało się, że wbrew temu, co twierdziła prokuratura, w sprawie J.R. nie było żadnego „tajnego informatora". Dwaj policjanci przejeżdżali akurat w pobliżu radiowozem, gdy policyjne radio powiadomiło ich o kradzieży. Wtedy zauważyli na chodniku J.R. Nie istnieli żadni świadkowie, którzy by widzieli J.R. w pobliżu miejsca zdarzenia. Obaj policjanci skłamali.

Prokurator zamierzał trzymać J.R. za kratami, aż ten dobrowolnie przyzna się do winy, choćby nieszczęśnik miał tam spędzić całe lata. Wiedział, że J.R. w końcu pęknie, byle tylko wyjść na wolność. Dotarło do mnie, że podobnie postępują prokuratorzy i sędzia Britt w mojej własnej sprawie. Nie opuszczę aresztu, dopóki nie zgodzę się na milczenie.

Złożyłem pozew w sądzie federalnym przeciwko obu policjantom w sprawie naruszenia konstytucyjnych praw J.R., a także przeciwko ich przełożonemu, który był świadom całej sytuacji.

Pozew opiewał na kwotę 950 tysięcy dolarów.

Wszystkie zarzuty przeciwko J.R. zostały natychmiast wycofane i mężczyzna został zwolniony z aresztu. Po fakcie otrzymałem od niego notę z podziękowaniem. Napisał, że jeśli tylko dostanie pieniądze z odszkodowania, otworzy restaurację o nazwie J.R's Kountry Kitchen. Do noty dołączył odręczny egzemplarz karty menu.

I tak oto poznałem smak pierwszego zwycięstwa. Zacząłem przyglądać się coraz to kolejnym sprawom. Choćby młodego Latynosa, Noego Moreno. Jechał samochodem z bratem, gdy nagle doszło do czołowego zderzenia z innym samochodem. Kierował brat Noego, a wskutek zderzenia śmierć poniósł ich najlepszy przyjaciel, który siedział z tyłu jako pasażer.

Gdy na miejsce zdarzenia przyjechało pogotowie ratunkowe EMS[5], obaj bracia byli nieprzytomni. By wydostać ich z wraku, służby musiały rozciąć dach samochodu. Zarówno obecni na miejscu zdarzenia policjanci, ratownicy medyczni, jak i inni świadkowie zgodnie z prawdą wskazali brata Noego jako kierowcę. Mało tego, gdy mężczyzna odzyskał przytomność w szpitalu, osobiście potwierdził, że tamtego dnia kierował samochodem. Informacja ta znalazła się we wszystkich raportach, ale następnego dnia posterunkowy prowadzący sprawę napisał, że „w następstwie rozmowy telefonicznej z przełożonym" zmienił treść raportu, wskazując jako kierowcę Noego Moreno na żądanie prokuratora.

Noe był już karany za prowadzenie samochodu w stanie nietrzeźwości. Prokurator uznał, że o wiele łatwiej będzie wlepić zarzut nieumyślnego spowodowania śmierci Noemu niż jego bratu. Zatroszczył się o to, by policja zmieniła treść raportu.

Pomimo protestów ze strony rodziców zmarłego chłopaka, a także pomimo tego, że wszelkie dowody przemawiały przeciwko teorii o tym, że to Noe kierował pojazdem, lokalny prokurator, Peter S. Gilchrist III, postawił Noemu zarzut nieumyślnego spowodowania śmierci, ponieważ liczył na łatwiejszy wyrok skazujący. Co więcej, Noemu zagrożono, że jeśli przeciwstawi się zarzutowi, jego bratu zostanie postawiony zarzut zabójstwa.

Obrońca z urzędu Noego odmówił przeciwstawienia się jawnym uchybieniom prokuratora i policji. Słałem mu kolejne listy z prośbą o ustosunkowanie się do uchybień służb, lecz nie otrzymałem żadnej odpowiedzi.

Nie widząc innego wyjścia, przygotowałem kolejny pozew przeciwko policji i prokuratorowi, lecz zanim udało mi się go złożyć, celowo przeniesiono mnie do innego zakładu karnego w ramach „terapii dieslowej". Z czasem dowiedziałem się, że prokurator dowiedział się o moich planach od jednego ze swoich konfidentów, przez co zostałem odesłany do innej placówki.

---

[5] EMS, Emergency Medical Services – pogotowie, które najczęściej jako pierwsze dociera na miejsce zdarzenia, by udzielić ofiarom pierwszej pomocy.

Noe przyznał się do fałszywego zarzutu, by uchronić brata przed zarzutem zabójstwa. W następnych latach przenoszono mnie z placówki do placówki, ale w końcu dowiedziałem się od współosadzonych, że dostał wyrok siedmiu lat pozbawienia wolności.

Pierwsze miesiące, w których zajmowałem się sprawami współosadzonych i zapoznawałem się z kolejnymi wypaczeniami wymiaru sprawiedliwości, bezpowrotnie odmieniły moje życie.

Bóg wysłuchał moich modlitw. Zrozumiałem nagle, dlaczego postawiono mnie w takiej, a nie innej sytuacji. Jeśli beneficjenci systemu uważali, że wtrąciwszy mnie do aresztu, zapewnią sobie moje milczenie, będą srogo zawiedzeni. Zamierzałem opowiedzieć światu o Gułagu Ameryce – zza jego krat.

Rozdział 30

CO SIĘ STAŁO?

N AJWAŻNIEJSZYM prawem w dziejach, które powstało z myślą o ochronie swobód obywatelskich (i przeciwko bezprawności państwa), jest brytyjski przywilej *habeas corpus*, zwany także „wielkim przywilejem wolności". Nazwa ta jest w pełni uzasadniona.

Habeas corpus to łaciński zwrot, który oznacza „żebyś miał ciało". Przywilej *habeas corpus* jest instytucją, którą może posłużyć się każdy, kto został bezprawnie aresztowany, by przeciwstawić się decyzji sądu. Stanowi wezwanie o mocy nakazu sądowego, które kierowane jest do osoby sprawującej pieczę nad aresztowanym (funkcjonariusza służby więziennej, ale nie tylko), by stawiła się wraz z aresztowanym przed sądem i wskazała, na jakiej podstawie dokonała aresztowania. Jeśli wezwana osoba nie wskaże takiej podstawy prawnej, sąd może zasądzić natychmiastowe uwolnienie aresztowanego.

Idea *habeas corpus* znalazła swoje odzwierciedlenie w artykule I paragraf 9 Konstytucji Stanów Zjednoczonych, który jednak jest obecnie pomijany i został prawnie zawieszony. Ojcowie Założyciele Stanów Zjednoczonych zapewnili obywatelom przywilej *habeas corpus* w ramach umowy społecznej, jaką lud zawarł z władzami państwa. Podkreślili, że przywilej ten „nie może ulec zawieszeniu, chyba że w wypadku rebelii lub inwazji wymagać tego będą względy bezpieczeństwa publicznego".

Kongres Stanów Zjednoczonych odebrał obywatelom przywilej *habeas corpus*. Nadal jest on gwarantowany na mocy konstytucji, jednak podobnie jak w przypadku innych praw, którymi dotąd cieszyli się Amerykanie, został ograniczony przez tych, którzy przysięgali na wierność konstytucji, w imię dochodów i świętego spokoju. Prawo to zostało odebrane Amerykanom w 1996 roku na mocy ustawy Anti-Terrorism Effective Death Penalty Act, (A.E.D.P.A.). Pod pozorem zachowania bezpieczeństwa publicznego obywateli pozbawiono najważniejszego w dziejach instrumentu ochrony przed tyranią władz państwowych. Społeczeństwo niewiele zyskało, a wiele straciło.

W okresie dwudziestu lat przed wojną o niepodległość Stanów Zjednoczonych brytyjski król Jerzy III, przeciwko któremu Amerykanie wystąpili w 1776 roku, za pośrednictwem Sądu Ławy Królewskiej zapewniał przywilej *habeas corpus* w ośmiu przypadkach na dziesięć[1]. Niespełna dwa i pół wieku później Stany Zjednoczone pozbawiły obywateli tego przywileju prawem kaduka, a obecnie poziom respektowania wniosków o uszanowanie *habeas corpus* – nawet w sprawach, w których państwo ewidentnie przetrzymuje zatrzymanego bezprawnie – coraz bardziej zbliża się do zera. A to Jerzego III uznano za tyrana!

21 czerwca 2015 na łamach „The New Yorker" ukazał się artykuł Lincolna Caplana zatytułowany „The Destruction of Defendants' Rights" (Destrukcja praw oskarżonych). Zdaniem autora:

> *Ustawa A.E.D.P.A. jest niezaprzeczalnie jedną z najgorszych ustaw, jakie wyszły spod pióra Kongresu i zostały podpisane przez Prezydenta Stanów Zjednoczonych. Najważniejszym zapisem ustawy jest ten, zgodnie z którym nawet gdy sąd na szczeblu stanowym postąpi niezgodnie z konstytucją, nie oznacza to, że oskarżony każdorazowo doczeka się sprawiedliwości w sądzie na szczeblu federalnym. Spoczywa na nim bowiem dodatkowy obowiązek udowodnienia, że decyzja sądu stanowego była „sprzeczna" z tym, co Sąd Najwyższy Stanów Zjednoczonych uznał za „wyraźnie obowiązujące prawo federalne", bądź że decyzja stanowiła „nieracjonalne zastosowanie prawa federalnego".*

---

[1]Na podstawie badań nad konkretnymi sprawami przeprowadzonych przez Paula Hallidaya w przełomowej monografii *Habeas Corpus: From England to Empire*, Harvard University Press, 2009.

Ustawa ta wyraźnie osłabiła federalną instytucję habeas corpus, *którą może posłużyć się sąd federalny, by zwrócić wolność osobie bezprawnie jej pozbawionej."*

Jak sugeruje nazwa ustawy, jej celem było ułatwienie bezprawnego przetrzymywania w zamknięciu osób podejrzanych o „terroryzm", a także skazania obywateli na śmierć bez konieczności spełnienia wymogów określonych w Konstytucji Stanów Zjednoczonych. W praktyce jednak ustawą posłużono się, by zapełnić gułag i zabarykadować wszystkie wyjścia.

W 1996 roku argumentowano, że amerykańskie sądy niemal zawsze orzekają **słusznie**, jednak dziś już wiadomo, że jest zgoła odwrotnie. Mało tego, amerykańskie sądy nie orzekają właściwie nawet w sprawach, które dla oskarżonego kończą się egzekucją.

Za Lincolnem Caplanem:

Przełomowe badanie Szkoły Prawa Uniwersytetu Columbia, które objęło niemal wszystkie apelacje od kary śmierci na szczeblu stanowym i federalnym w latach 1973-1952, wykazało, że sądy odkryły poważne uchybienia w niemal 7 na 10 spośród tysięcy przebadanych spraw, w których orzeczono karę śmierci." Jak się okazało, błędy były tak liczne, że chociaż „sądy stanowe uchyliły 47 procent wyroków z najwyższym wymiarem kary ze względu na poważne uchybienia proceduralne, następnie wskutek rewizji federalnej stwierdzono wystąpienie poważnych uchybień – uchybień, które podważały wiarygodność rozpoznania jako taką – w czterdziestu procentach pozostałych spraw." Gdyby nie możliwość stosowania nakazu habeas corpus, *uchybienia te pozostałyby niezauważone. Nikt by nie odkrył, że pokrzywdzeni nie zasłużyli na karę śmierci, jak okazało się w 73 procentach spraw, które poddano rewizji sądu, albo też że są wręcz niewinni, jak okazało się w dziewięciu procentach przypadków. Osoby te prawdopodobnie poniosłyby śmierć.*

Skoro amerykańskie władze oraz sądy zarówno na szczeblu stanowym, jak i federalnym są tak bezwzględne bądź niedbałe, że w 73 procentach spraw dochodzi do **poważnych uchybień** – i mniej więcej jeden na dziesięciu obywateli skazanych na karę śmierci po fakcie okazuje się niewinny – co takiego zapewni nam odpowiedni poziom postępowań i pozwoli ponownie zaufać państwu? A co ze wszystkimi „pomniejszymi" sprawami, w których gra nie toczy się o ludzkie życie?

Dziś, po siedmiu długich latach spędzonych w zamknięciu i po wielu sprawach, nad którymi siedziałem dniami i nocami, mogę powiedzieć, że w przypadku spraw, w których oskarżonemu nie grozi kara śmierci, jest zdecydowanie gorzej.

Przez siedem lat, gdy zajmowałem się pomocą prawną, nie spotkałem się z ani jedną sprawą (!), w której państwo lub sąd nie złamały prawa lub nie naruszyły konstytucji, by doprowadzić do wydania wyroku skazującego. Jestem przekonany, że w dużej mierze za ten fakt odpowiada brak możliwości przeciwstawienia się bezprawnemu aresztowaniu, z czego władze i służby doskonale zdają sobie sprawę.

Przywilej *habeas corpus* został zakuty w kajdany, wtrącony do więzienia, umieszczony w izolatce i wreszcie skazany na karę śmierci przez to samo państwo, przed którym miał bronić obywateli.

A ostateczny strażnik konstytucji, czyli Sąd Najwyższy Stanów Zjednoczonych, dziś aktywnie wspiera bezprawie, odbierając wszelką nadzieję tym, którzy stali się ofiarami państwa. Niedawno na łamach „The New York Times"[2] pojawiła się informacja, że Sąd Najwyższy odrzucił kilka apelacji w tej sprawie w drodze anonimowych, „niepodpisanych" orzeczeń. Sąd Najwyższy rozpoznał sześćdziesiąt sześć spraw, w pełni badając ich materialne podstawy i rozważając argumenty stron, ale jednocześnie „...dyskretnie wydał osiem orzeczeń w innych sprawach". Według autora artykułu, Adama Liptaka, „rozstrzygnięcia te, które zostały wydane w ponad 10 procentach spraw na wokandzie sądu, były krótkie i

---

[2]Adam Liptak, „Supreme Court's Unsigned Rulings Show a Narrow View of Prisoner's Rights" (Niepodpisane orzeczenia Sądu Najwyższego zdradzają wąską interpretację praw więźniów), „The New York Times", 20 lipca 2015

anonimowe... W większości z nich została wydana jedna z dwu decyzji: albo została wydana decyzja na niekorzyść skazanego zaskarżającego wyrok, albo decyzja na korzyść przedstawicieli organów ścigania, którym postawiono zarzut uchybień proceduralnych."

Sędzia Alex Kozinski, który został powołany na stanowisko przez prezydenta Ronalda Reagana, zasiada w Sądzie Apelacyjnym USA dla Dziewiątego Okręgu wraz z jednym z najbardziej liberalnych sędziów w państwie, sędzią Stephenem Reinhardtem – ideologicznym przeciwnikiem mianowanym za prezydentury Cartera. Mimo to obaj sędziowie zgadzają się odnośnie do meritum – zawieszenie *habeas corpus* zaszkodziło Stanom Zjednoczonym w daleko idącym stopniu:

„W opublikowanym miesiąc temu w czasopiśmie »The Georgetown Law Journal« gruntownym przeglądzie sądownictwa karnego sędzia Kozinski zaapelował o zniesienie całkowitego immunitetu prokuratorów przed pociągnięciem do odpowiedzialności karnej, w przekonaniu, że immunitet zachęca do rażącego naruszenia procedur. Kozinski podzielił również krytyczne zdanie sędziego Reinhardta odnośnie ustawy [A.E.D .P.A.] z 1996 roku. [...] Regularnie przyglądamy się cierpieniu w milczeniu i poczuciu bezsilności" – pisał sędzia Kozinski – „chociaż wydaje nam się, że skazano kolejną niewinną osobę"[3].

Jak to się stało, że najważniejszemu sądowi w państwie – Sądowi Najwyższemu – uchodzi bezkarnie pomaganie władzom w przestępstwach i tolerowanie łamania praw i swobód obywatelskich, których ochrona stanowiła jedyny cel jego istnienia?

Niektórzy spośród najważniejszych amerykańskich sędziów nie byli prawnikami. Prawnikiem nie był również sam autor tekstu konstytucji – James Madison. A skoro za najważniejszy dokument w państwie nie odpowiada prawnik, jego interpretacja również z pewnością nie wymaga całego tabuna prawników. Miejsce dotychczasowych prawników powinni zająć badacze Konstytucji Stanów Zjednoczonych oraz historycy specjalizujący się w historii kraju. Bo tylko prawnicy posiadają tę niezwykłą

---

[3] Tamże.

właściwość, że potrafią przeczytać proste słowa i oznajmić, że oznaczają coś zgoła odwrotnego.

Za erozję swobód obywatelskich w Stanach Zjednoczonych oraz utworzenie Gułagu Ameryki – największej kolonii karnej w dziejach – odpowiada zaledwie 535 osób, które piastują stanowiska publiczne. Te same 535 osób może jeszcze wszystko naprawić – lub odejść w niesławie.

Mowa o 535 kongresmenach i senatorach, którzy narzucili społeczeństwu brutalne prawa i pozbawili je wolności. Dokonali aktu zdrady, za co powinni zrzec się stanowiska lub zostać z niego usunięci. Podobnie jak amerykańscy prezydenci, którzy podpisali się pod każdą kolejną ustawą, kongresmeni i senatorzy również wybierani są w demokratycznych wyborach. Innymi słowy, na przestrzeni następnych dwu cykli wyborczych społeczeństwo może łącznie z prezydentem wymienić na stanowiskach 536 osób – co do jednej.

Pozostaje zatem dziewięciu sędziów Sądu Najwyższego, którzy niestety pełnią funkcję dożywotnio.

Gdyby jednak Amerykanie znaleźli w sobie tyle odwagi, by wyrzucić na bruk wszystkich bez wyjątku polityków, którzy dopuścili do tego, by Stany Zjednoczone z jednego z najpotężniejszych państw na świecie przekształciły się w największą kolonię karną w dziejach – Gułag Amerykę – możliwe, że nawet stare pryki z Sądu Najwyższego ockną się i zrozumieją, że prędzej czy później nadejdą zmiany.

Rozdział 31

KOLEJNE KŁAMSTWO

„Zabrania się przetrzymywania zatrzymanego w areszcie
śledczym jeśli czas oczekiwania na rozprawę przekroczył 90
dni."

artykuł 18 paragrafy 3164 (b) i (c) Kodeksu Stanów
Zjednoczonych (18 U.S.C. §§3164(b) & (c))

27 lipca 2006 roku
Zachodni Dystrykt Karoliny Północnej

OSTATNIE spotkanie z prokuratorem Matthew Martensem odbyło się
27 lipca tego samego roku. Doszło do niego bez żadnej zapowie-
dzi. W świetle prawa federalnego rozprawa moja i żony powinna była
rozpocząć się nie później niż 27 czerwca. Co więcej, artykuł 18 paragraf
3164 Kodeksu Stanów Zjednoczonych precyzował, że jeśli z jakiejkolwiek przyczyny nie doszło do rozprawy w wyżej wspomnianym terminie, powinniśmy byli zostać bezwarunkowo zwolnieni na mocy klauzuli
o automatycznym zwolnieniu „po upływie 90 dni". W naszym przypadku termin upłynął 19 lipca. Na mocy prawa federalnego powinienem był
już wyjść na wolność, jednak odebrano mi możliwość zaskarżenia stanu
faktycznego – przywilej *habeas corpus* został zawieszony w 1996 roku. Aż
do tamtego czasu nie miałem pojęcia, jak ważne jest to prawo.

Tym razem David Freedman pojawił się na spotkaniu i po raz pierwszy
został do samego końca. Uznałem, że prokurator Martens najwidoczniej

nadal czegoś ode mnie oczekiwał, chociaż dzisiaj uważam, że moje zeznania (lub ich brak) nie miały najmniejszego znaczenia. Pozbawiono mnie wolności chociażby po to, by zapewnić sobie moje milczenie.

Prokuratorowi Martensowi zależało na tym, abym przyznał się do **działania w zmowie** z innymi osobami, które miał na celowniku. Dzięki temu mógł zapewnić sobie więcej wyroków skazujących i stworzyć pozory działania w granicach prawa. Doskonale wiedział, że nie pójdę na żadną współpracę, jeśli nie postawi na szali mojej wolności (i wolności żony).

Gdyby udało mu się przekonać mnie, abym przyznał się do działania w zmowie, nie musiałby nawet kiwnąć palcem. Martens wraz z całą wesołą kompanią śledczych mogliby skonfiskować miliony dolarów pod pretekstem zabezpieczenia „owoców przestępstwa". Nic innego, jak ordynarne wymuszenie rozbójnicze[1].

Do tamtego momentu moim „wspólnikom" nie postawiono żadnego zarzutu, który odnosiłby się do mnie, mojej żony lub naszej działalności. Próbując wymusić na mnie przyznanie się do działania w zmowie, prokuratura usiłowała pójść na skróty. Sam zarzut był wyssany z palca, ale strategia działania jako taka była przemyślana i skuteczna.

Innymi słowy, 27 lipca 2006 roku prokurator Martens nie wpadł jedynie z pytaniem, co słychać. Towarzyszył mu David Freedman, ponieważ obaj doskonale zdawali sprawę z tego, że znalazłem się na granicy wytrzymałości. Miałem ich wszystkich serdecznie dość, ale prokurator Martens widocznie nalegał na obecność Freedmana, by mógł twierdzić, że miałem zapewnioną opiekę obrońcy.

Spotkanie było krótkie i konkretne. Prokurator oznajmił mi, że jeśli nie zgodzę się złożyć fałszywych zeznań pod przysięgą i nie zeznam w sądzie federalnym, że pozostałe osoby, które znajdują się na celowniku prokuratury (a które ledwo kojarzyłem), świadomie złamały prawo,

---

[1]Wymuszenie rozbójnicze (ang. *shakedown*, *extortion*) to termin stosowany na określenie sytuacji, w której członkowie mafii lub funkcjonariusze policji udają się do właściciela spółki lub osoby prywatnej i wymuszają na niej przekazanie pieniędzy w zamian za gwarancję bezpieczeństwa (odstąpienie od przemocy).

o czym mi rzekomo powiedziały wprost, prokuratura do końca mojego życia będzie mi stawiać kolejne zarzuty, aż w końcu któryś przekona sędziego. Szczegółowy przebieg rzekomych spotkań ze „wspólnikami" miałem opracować sam. Ilekroć oznajmiłem, że do żadnych spotkań nie doszło, prokurator odpowiadał: „Postaraj się o nich **przypomnieć**."

Prokurator Martens zagroził mi, że jeśli nie podpiszę ugody, wraz z agentami FBI „do końca nowego życia będzie mi stawiać nowe zarzuty, aż w końcu któryś przekona sędziego". A zatem nici z pisemnego twierdzenia o niestawianiu nowych zarzutów: prokuratura chce mi postawić <u>**wyłącznie nowe** zarzuty</u> w miejsce poprzednich, których nie może uzasadnić. A jedynym dokumentem, który ostatecznie trafił w moje ręce, był wniosek o zabezpieczenie i konfiskatę całego mienia, osobistego i tego pozostającego pod moją kontrolą, a także o potencjalnej sięgającej 750 tysięcy dolarów karze. W maju zaś otrzymałem zapewnienie, że nasze osobiste mienie i mienie naszych klientów nie stanowią obiektu zainteresowania służb.

Tamtego dnia podjąłem decyzję, że wolę już zostać za kratami i pisać o wszystkim z wewnątrz, niż świadomie przyczynić się do szerzenia zła i korupcji.

Odmówiłem współpracy i opuściłem salę przesłuchań. Na korytarzu funkcjonariusz zwrócił mi uwagę, że nie mogę opuścić pomieszczenia, dopóki nie zgodzą się na to moi rozmówcy. Odpowiedziałem mu, by się pierdolił. Kilka minut później ponownie trafiłem do modułu morderców.

Ogarnęła mnie ogromna złość. Obecność w areszcie dała mi się we znaki. Czułem się tak bezradny, że było mi już wszystko jedno, co się ze mną stanie.

Owszem, z początku poczułem przypływ euforii. Kopnąłem prześladowcę prosto w jaja – to musiało sprawić mi radość. Kroczyłem korytarzem, jakbym został panem placówki, patrząc się każdemu mijanemu funkcjonariuszowi prosto w oczy.

Lecz już po chwili ocknąłem się i pomyślałem: „Cholera jasna!". Stało się. Zapewniłem sobie długi pobyt za kratami. Nie dlatego, że popełniłem przestępstwo, a dlatego, że nie zamierzałem kłamać. Przynajmniej w Stanach nie mogli bezkarnie pozbawić mnie życia – prawda...?

Prawda? Że też musiałem zacząć o tym myśleć... Nie mogą mnie zabić, prawda?

Rozdział 32

KONIEC WSPÓŁPRACY

„Pojedynczy błąd w obronie może przesądzić o
nieskuteczności obrony".

Murray *versus* Carrier, sygn. 477 U.S. 478 (1986)

29 sierpnia 2006 roku
Zachodni Dystrykt Karoliny Północnej

Zwróciłem się do sekretarza sądu z pisemną prośbą o sporządzenie
odpisu z akt sprawy. Chciałem przekonać się, czy David Freedman
rzeczywiście złożył wniosek o odrzucenie aktu oskarżenia i umorzenie
postępowania, a także czy złożył skargi w sprawie właściwości miejscowej
sądu, niewłaściwego postępowania prokuratorów, zjawiska *judge shopping* (poszukiwania konkretnego sędziego skłonnego dopomóc prokuraturze), czego wyraźnie zażądałem na piśmie. Gdy jednak otrzymałem
dostęp do akt, okazało się, że Freedman nie złożył w moim imieniu ani
jednego wniosku i ani jednej skargi. Okłamywał mnie od miesięcy. 29
sierpnia napisałem do sekretarza sądu list, a o jego treści powiadomiłem
pisemnie Davida Freedmana:

Drogi Davidzie,

*Zwróciłem się do Sekretarza Sądu z prośbą o sporządzenie odpisu
z akt sprawy, a gdy taki dokument otrzymałem, okazało się, że nie
podjąłeś w mojej sprawie jakichkolwiek kroków.*

> *Jeśli minęły już terminy, w jakich należało złożyć konkretne wnioski, o które prosiłem, powinieneś niezwłocznie skontaktować się ze swoim ubezpieczycielem od odpowiedzialności dyscyplinarnej za naruszenie obowiązków zawodowych[1].*
>
> *Żądam bezzwłocznego zwrotu wynagrodzenia i akt sprawy, w tym wszelkiej korespondencji, a także telefonu komórkowego, który otrzymałeś pocztą od Jima Woltza.*
>
> *Z poważaniem,*
> *Howell W. Woltz*

Nie doczekałem się jednak ani zwrotu pieniędzy, ani zwrotu akt. Gdy parę miesięcy wcześniej David przestał odbierać moje telefony, Jim przesłał mu telefon komórkowy podłączony do systemu więziennego, z pulą rozmów opłaconą na kwotę 500 dolarów. Jim doczekał się zwrotu samego telefonu, którego zresztą David nie odbierał, ale ja nie dostałem nic.

W okresie od 29 sierpnia do 7 września, a zatem od dnia, w którym zrezygnowałem z usług Freedmana, przez jakiś kolejny tydzień spotkał się ze mną trzykrotnie. Za każdym razem przychodził, jak utrzymywał, z kolejnymi „ofertami" od sędziego Britta. Gdy tylko dowiedziałem się, że Freedman nie wykonuje poleceń, zacząłem adresować pisma bezpośrednio do Britta. Podważyłem w nich właściwość miejscową jego sądu, a także zwróciłem się do sędziego z żądaniem odrzucenia aktu oskarżenia i umorzenia postępowania. W świetle prawa pisma te miały charakter wniosków *pro se*[2]. Na ich mocy sędzia powinien był bezzwłocznie nas zwolnić zgodnie z ustawą Speedy Trial Act (Ustawą o Szybkim Procesie) z 1974 roku.

A ponieważ David pojawił się z oryginalną odręczną kopią pisma, które posłałem Brittowi, zrozumiałem, że z nim współpracuje. Oznajmił, że

---

[1] Odpowiedzialność dyscyplinarną ponoszą adwokaci, którzy zaniedbują obowiązki zawodowe, postępują sprzecznie z zasadami etyki zawodowej, nieprofesjonalnie lub niemoralnie. Na wypadek naruszenia ww. błędów w sztuce adwokaci wykupują specjalne ubezpieczenie od odpowiedzialności dyscyplinarnej. Dysponowałem zarówno listami do Freedmana, w których żądałem podjęcia konkretnych działań, jak również odpisem z akt sprawy, który dowodził jednoznacznie, że Freedman ich nie podjął, co teoretycznie powinno przesądzić o wyniku postępowania dyscyplinarnego, jednak Freedman nie oddał mi moich dokumentów, póki sprawa się nie przedawniła, więc postępowanie zostało umorzone.

[2] Wniosek *pro se*, czyli wniosek złożony nie przez pełnomocnika, a bezpośrednio przez oskarżonego.

sędzia Britt zamierza zmusić prokuratora Martensa, by ten respektował pierwotne ustalenia z dnia 27 kwietnia, o ile wycofam wnioski kwestionujące właściwość miejscową sądu i żądające odrzucenia aktu oskarżenia.

Nie zgodziłem się. Złożyłem kopie wszystkich listów do sędziego Britta oraz FBI o bezprawnych działaniach w mojej sprawie u sekretarza sądu. Do dziś znajdują się w aktach sprawy o sygnaturze 3:06-cr-076 pod numerami 88-94. Davidowi Freedmanowi zaś oznajmiłem, że go zwalniam i by już nigdy nie pokazywał mi się na oczy.

Rozdział 33

CO SIĘ STAŁO?

Do ostatniej rozmowy z Davidem Freedmanem doszło w piątek w Labor Day, czyli w federalne święto pracy, które najczęściej wypada około pierwszego września i przywodzi na myśl polskie obchody pierwszomajowe.

Jednocześnie był to jeden z najdłuższych weekendów w moim życiu. Zamknięto nas w celach całodobowo i podawano nam posiłki przez szparę w drzwiach.

Moje myśli zaprzątała troska o dzieci. Znalazłem się pod odstrzałem rodziny od strony żony. Kolejni członkowie rodziny wywierali na mnie presję, abym zgodził się wziąć udział w procederze prokuratora Martensa. Adwokat Vernice, a zarazem dawny prokurator, Don Tisdale, przekonał ich, że uparcie odmawiam zawarcia ugody, która „by nam obojgu zwróciła wolność". Kłamał, rzecz jasna – wtedy wiedziałem już, że w żaden sposób wolności nie odzyskam, ale jednocześnie nie chciałem zaprzepaścić jedynej szansy, by zwrócić wolność żonie. Robił, co mógł, by poróżnić mnie z nią, jednak w roli adwokata i tak łgał mniej, niż gdy pełnił funkcję prokuratora.

O Donie Tisdale'u zrobiło się głośno, gdy świadomie skazał na dożywocie Afroamerykanina Darryla Hunta na podstawie spreparowanych dowodów i fałszywych zeznań świadków. Przyznał licealnej nauczycielce Hunta, Jo Anne North Goetz, że zdawał sobie sprawę z niewinności chłopaka, ale zamierzał doprowadzić do jego skazania tak czy inaczej. Usiłował przekonać ławę przysięgłych, że Darryl Hunt zasługuje na karę śmierci, wiedząc, że dowody przeciwko Huntowi są fałszywe (co zostało później wykazane). Zamiast tego ława przysięgłych skazała Hunta na dożywocie.

Hunt spędził za kratami pół życia. Gdy ostatecznie został zwolniony, poświęcił się pomocy ofiarom skorumpowanych prokuratorów pokroju Tisdale'a w ramach inicjatywy The Innocence Project – jednak pewnego dnia zmarł w niewyjaśnionych okolicznościach, siedząc we własnym samochodzie. Dał tym samym świadectwo upadku amerykańskiej prokuratury, która kieruje się dewizą, że na każde ciało w kostnicy jeden czarnoskóry powinien trafić za kraty. Okazuje się, że to nie żarty[1].

Interes Dona wymagał, by za kratami znalazł się czarnoskóry mężczyzna. I chociaż DNA i grupa krwi Hunta nie odpowiadały DNA i grupie krwi seryjnego gwałciciela, fakt ten nie przeszkodził prokuratorowi, który ubiegał się o kolejną kadencję w świetle reflektorów. Dawniej Stany kierowały się dewizą, że „lepiej nie skazać tuzina niewinnych, niż skazać jednego niewinnego". Dziś obowiązuje zasada, że „lepiej skazać na śmierć tuzin niewinnych czarnoskórych, niż pozwolić im bezkarnie chodzić po ulicach."

Don Tisdale był jednym z tych niewyobrażalnie skorumpowanych prokuratorów, którzy sprawili, że moje państwo oraz instytucja oskarżenia publicznego stały się tym, czym są obecnie. A teraz płaciliśmy mu za to, by jako obrońca pomógł prokuraturze nas zniszczyć.

Był osobą wybraną przez moją byłą żonę, by pomóc mojej ówczesnej żonie. Może ja i Laurie nie byliśmy sobie tak bliscy, jak mi się zdawało... Z pewnością nie trafiła z adwokatami – Freedmanem i Tisdale'em. Obaj współpracowali z naszymi oprawcami – i pobierali od nas sutą prowizję.

---

[1] Jo Anne North Goetz, *Long Time Coming: My Life and the Darryl Hunt Lesson*, 2007.

Rozdział 34

1 WRZEŚNIA 2006 ROKU

W poszukiwaniu uczciwego człowieka

„Oskarżonemu przysługuje podstawowe prawo do reprezentacji prawnej przez wybranego adwokata".

Powell *versus* Alabama,
sygn. 287 US 45, 77 L. Ed. 158, 53 S.Ct. 55

1 września 2006 roku
Zachodni Dystrykt Karoliny Północnej

GRECKI filozof ze szkoły cyników, Diogenes z Synopy, przechadzał się boso ulicami miast z lampą w ręku – za dnia – w poszukiwaniu uczciwego człowieka. We wrześniu 2006 roku sam byłem zmuszony poszukać ostatniego uczciwego człowieka, który stawiłby czoła amerykańskiemu wymiarowi sprawiedliwości. Mój uczciwy człowiek musiał mieć ponadto prawnicze wykształcenie i pozwolenie na świadczenie usług na terenie stanu, co omal nie ograniczało puli potencjalnych kandydatów do zera.

Przyszło mi to z większym trudem niż Diogenesowi. Filozof mógł po prostu wypełznąć spod starej balii, w której mieszkał, i przemierzyć w tym celu pół kontynentu – ja zaś tkwiłem bezradnie w module morderców.

Pozbawieni wolności nie mają dostępu do książek telefonicznych, więc znalazłem się w sytuacji bez wyjścia. Z pewnością nie zamierzałem prosić o pomoc byłej żony, która wcześniej poleciła Freedmana i Tisdale'a.

Jednak nie miałem już wyboru – musiałem znaleźć innego adwokata. Upłynęły aż trzy miesiące od terminu, w którym na mocy prawa i konstytucji powinien był odbyć się nasz proces, a także dwa miesiące od dnia, w którym powinniśmy byli zostać bezwarunkowo zwolnieni z aresztu śledczego. A wszystko za sprawą sędziego z obcego dystryktu, który nie miał w naszej sprawie żadnej właściwości miejscowej i rzeczowej.

Im więcej zasięgałem opinii w sprawie adwokatów, tym większa ogarniała mnie rozpacz. Niektórzy osadzeni przebywali w module morderców od lat. Przez większość czasu ich adwokaci byli nieobecni i nie podejmowali żadnych kroków.

W końcu pewnego dnia Antonio Delrae Smith z sąsiedniej celi wyraził się z aprobatą o adwokacie, którego dopiero co zatrudnił w miejsce obrońcy z urzędu. Pierwszy obrońca mojego sąsiada postępował w jego sprawie dokładnie tak jak w mojej David Freedman. Zapewniał, że wraz z prokuratorem opracował kuszącą ugodę. Oskarżony miał odzyskać wolność w zamian za „współpracę". Do „współpracy" doszło, jednak Smith został skazany na szesnaście lat i osiem miesięcy pozbawienia wolności. Okłamano go tak samo, jak okłamano mnie.

Antonio skontaktował się z młodym, zdecydowanym adwokatem o nazwisku Tolly A. Kennon III. Inni osadzeni zakładali, że Kennon nie przetrwa nawet dwu lat, nim system nie zrobi z niego wraku człowieka.

Wysłałem i ja do niego list, w którym napisałem, że właśnie zwolniłem poprzedniego obrońcę za kłamstwa i odmowę spełnienia obowiązku reprezentacji prawnej. Powiadomiłem go, że zamierzałem dać odpór zarzutom na rozprawie z prawdziwego zdarzenia. Nie zamierzałem jednak podjąć współpracy z żadnym adwokatem, z którym się wcześniej nie spotkam, by wyraźnie mu zakomunikować, że **jedynym celem współpracy** jest doprowadzenie do rozprawy.

Tolly A. Kennon III złożył mi wizytę w ciągu paru godzin. Był pokaźnej postury i postawił sobie za cel walkę z korupcją. Doskonale się wysławiał i był przy tym przyjazny – od razu go polubiłem.

Ta pierwsza wizyta była niesamowita. Posadzono mnie w kuloodpornej kabinie, gdzie miałem porozumiewać się z adwokatem za pośrednictwem słuchawki, ale Tolly natychmiast powiadomił funkcjonariusza, że jestem jego klientem i nie życzy sobie, by oddzielano nas jakąkolwiek szybą czy ścianką. Byłem obywatelem, który nie został za nic prawomocnie skazany, a zatem nie stanowiłem żadnego zagrożenia.

„Wreszcie" – pomyślałem. Przez ostatnie miesiące reprezentował mnie miękki i strachliwy David Freedman, który kłaniał się na każde skinienie prokuratora. Zażyczył sobie, by nasze rozmowy odbywały się po dwóch stronach kuloodpornej szyby. Zastąpił go facet z jajami, który od razu zaczął rozstawiać strażników po kątach. Nie chciałem robić sobie za dużej nadziei, ale nie powiem, miło było spotkać uczciwego człowieka, który nie tylko sam był praworządny, lecz zmuszał też innych, by postępowali według prawa.

Stwierdził, że nie jest zainteresowany sprawą, o ile ja sam nie podejmę na serio walki, co od razu wyróżniło go na tle poprzedników. Ani razu nie zająknął się o zapłacie, chociaż pozostali rozmawiali wyłącznie o pieniądzach. Sam musiałem podjąć temat pieniędzy – i sam musiałem zaproponować kwotę.

Uznałem, że znalazłem swojego uczciwego człowieka. Zacząłem podnosić się na duchu.

Miła odmiana. Pierwsze spotkanie za kratami z kimś, komu zależało na prawie i sprawiedliwości. Tym bardziej nie mogłem uwierzyć, jak ostatecznie potoczyły się jego losy.

Rozdział 35

SPRAWA SIĘ KOMPLIKUJE

„Adwokat nie może reprezentować klienta w sprawie, w której brał udział osobiście i rzeczowo jako urzędnik publiczny bądź pracownik. W sprawie takiej nie może świadomie podjąć się reprezentacji bądź kontynuować reprezentację jakikolwiek prawnik, który pracuje dla spółki powiązanej z ww. adwokatem".

Zasada dyscyplinarna nr 9-101:
Avoiding Even The Appearance of Impropriety
(Jak uniknąć choćby wrażenia niestosownego zachowania)

Kodeks postępowania zawodowego adwokatów

1 października 2006 roku
Zachodni Dystrykt Karoliny Północnej

OKAZAŁO się, że federalny prokurator śledczy Matthew Martens wraz z sędzią W. Earlem Brittem nie zamierzali tolerować obecności mojego adwokata, Tolly'ego A. Kennona III. Mężczyzna został odnotowany w aktach sprawy jako mój obrońca 22 września 2006 roku, jednak już dziewięć dni później kazano mi spakować manatki, aby ponownie bezprawnie przewieźć mnie do wschodniego łagru sędziego Britta. Nakaz podpisał sam Britt, dokładając kolejny kamyk na rosnący stos najróżniejszych osobistych zbrodni i przestępstw.

Moją żonę również przeniesiono na parter. Spojrzeliśmy sobie w oczy, nadal zagubieni i zdezorientowani. Codziennie pisaliśmy do siebie listy, ale żadne z nas nie wiedziało, o co może chodzić tym razem.

Odmówiłem opuszczenia aresztu bez akt sprawy, które podczas ostatniej bezprawnej podróży poza rodzimy dystrykt zostały mi bezpowrotnie odebrane. Po dłuższej wymianie zdań i groźbach, że złożę kolejny pozew przeciwko szeryfowi oraz jego zastępcom, pozwolono mi je zabrać ze sobą. Zachęcona sukcesem, moja żona również wynegocjowała dostęp do akt i dokumentów. W końcu skuto nas łańcuchami i kajdanami w rękach, nogach i talii i wsadzono nas do vana marshala.

– Jak mogłeś? – szepnęła żona podczas podróży. W jej oczach pojawiły się łzy.

Nie miałem pojęcia, o czym mówi.– Co takiego zrobiłem? – zapytałem.

– Tisdale powiedział, że zgodziłeś się kłamać w mojej sprawie dla Martensa, by zapewnić sobie wolność. Mnie od miesięcy skłaniali do tego samego w twojej sprawie, ale zawsze odmawiałam. Nie miałabym serca. – Urwała nagle i zaniosła się płaczem.

– Vernice! – odparłem. – Przecież nigdy bym się na coś podobnego nie zgodził! Znasz mnie przecież.

– Więc nigdy nie poruszałeś tego tematu? – Łzy ustąpiły miejsca radości.

– Przysięgam na wszystko, co święte. Na synów. Podczas ostatniego spotkania prokurator Martens chciał, abym złożył fałszywe zeznania w sprawie osób trzecich. A skoro nie zgodziłem się na to, jak mógłbym zgodzić się na kłamstwa, które godzą w żonę? Teraz już zresztą wiem, że nie chodzi o żadne przestępstwa. Po prostu chcą mnie uciszyć. Niemal przyznali to wprost.

– Wkrótce potem zerwałem współpracę z Freedmanem – dodałem. – Nie widzisz, że mieszają nam w głowach? Ich plan rozsypał się jak dom z kart, więc próbują nas zwrócić przeciwko sobie! Nasi obrońcy są z nimi w zmowie. O ile nie złożymy przeciwko sobie zeznań, nic na nas nie mają. Nie popełniliśmy żadnego przestępstwa, co przyznał agent

FBI przypisany do sprawy! Śmiał się ze mnie wraz z innymi. Ujawnił, że wzięli ciebie za zakładniczkę, by zmusić mnie do współpracy.

Vernice znów wybuchnęła płaczem. Delikatnie zetknęliśmy się głowami na dłuższą chwilę. Dobrze było poczuć ludzkie ciepło po raz pierwszy od niemal pół roku.

Opowiedziałem jej moje przejścia z Freedmanem i wspomniałem o Tollym Kennonie. Vernice przyznała, że również postanowiła zmienić adwokata. Zamierzała powiadomić o tym sąd – o ile do sądu zmierzaliśmy. Zasugerowałem, że oboje powinniśmy powierzyć nasz los Tolly'emu.

Umieszczono mnie w module żółtym aresztu śledczego, który mieścił się na piątym piętrze kompleksu. O władzę nad modułem walczyły dwa gangi, co prowadziło do regularnych bójek.

Oficjalnie moduł mógł pomieścić dwadzieścia trzy osoby, ale liczba mieszkańców niebezpiecznie zbliżała się do trzykrotnego limitu. Doliczyłem się sześćdziesięciu sześciu osób. Dwa razy więcej mężczyzn spało na posadzce niż w celach i na pryczach.

Jedyny niezajęty skrawek podłogi znajdował się przy ubikacji. Ilekroć ktoś otworzył drzwi klitki, te uderzały o moją matę, przez co omal nie zmrużyłem oka. Celę w pobliżu ubikacji zajmowali członkowie kolejnego gangu, zgarnięci tamtej nocy przez policję. W dredach przemycili do aresztu saszetki z crackiem i kokainą. Sprzedawali je innym osadzonym w zamian za artykuły pierwszej potrzeby i tace z jedzeniem. Mieszkańcy otrzymali świeżą dostawę narkotyków, więc balowaniu nie było końca. Haj ustąpił około czwartej rano następnego dnia. Funkcjonariusz z nocnej zmiany obudził mnie o 4.30 kopniakiem w żebra, by następnie zwrócić się do mnie znanymi mi doskonale słowami:

– Woltz! Rozprawa. Oczekuje cię sędzia.

Minęły jednak kolejne godziny, nim przewieziono mnie kilka przecznic dalej do Sądu Dystryktowego USA. Na miejscu odczekałem drugie tyle.

Gdy ubrani w więzienne pasiaki ponownie wraz z żoną znaleźliśmy się na sali rozpraw W. Earla Britta, wśród zgromadzonych dostrzegliśmy moją matkę, mojego brata Jima, komendanta policji Roberta Cooka, a także inne bliskie nam osoby, których obecność dodała nam otuchy. W ławie oskarżonych zasiadał mój obrońca, Tolly A. Kennon III. Obok niego siedział adwokat żony, Donald Tisdale.

Sędzia Britt nakazał prokuratorowi Martensowi, by ten wytłumaczył, dlaczego znów zjawiliśmy się na jego sali rozpraw, mimo że to sam sędzia nas wezwał. Obaj odstawiali teatralną gierkę dla formalności, a prokurator odegrał swoją rolę znakomicie. Powiedział, że „zależy mu na tym, by pan Woltz otrzymał najlepszą możliwą reprezentację prawną", wobec czego państwo postanowiło przyjrzeć się bliżej osobie pana Kennona. No cóż, okazało się, że zdaniem państwa... Kennon nie nadawał się do roli adwokata.

Gdyby nie to, że groziło mi dożywocie, sam tarzałbym się ze śmiechu z farsy, która rozgrywała się na moich oczach.

Siedziałem na sali rozpraw sędziego Britta z pierwszym obrońcą, którego wybrałem **sam**. Kennon słał już w mojej sprawie pisma i domagał się dowodów na to, że w ogóle powinienem nadal tkwić za kratami, czego od pół roku nie mogłem doprosić się od Freedmana.

Na mocy szóstej poprawki do Konstytucji Stanów Zjednoczonych obywatel ma zagwarantowane nie tylko prawo do reprezentacji prawnej jako takiej, lecz również prawo do **wyboru** obrońcy. Prawo to zostało zagwarantowane w drodze kolejnych decyzji Sądu Najwyższego, począwszy od sprawy Powell *versus* Alabama, 287 U.S. 45 (1932), przez Gideon *versus* Wainwright, 372 U.S. 335 (1963), aż po Stany Zjednoczone *versus* Gonzalez-Lopez, 548 U.S. 140 z 2006 roku. Ta ostatnia sprawa trafiła na wokandę Sądu Najwyższego w dniu mojego aresztowania, a samo orzeczenie zaczęło obowiązywać na cztery miesiące przed tym dniem. Sędzia Britt rozejrzał się teatralnie po sali rozpraw, jakby szukał dziecka, które zagubiło się na targu.

– Czy znajduje się na sali ktoś, kto mógłby podjąć się obrony pana Woltza?

Spojrzał demonstracyjnie za siebie, wyginając szyję, po czym zapytał się, czy jestem zadowolony z obecnej reprezentacji prawnej. Zapewniłem go, co zostało odnotowane w protokole, że Tolly A. Kennon III jest jedynym adwokatem, z którym chcę współpracować.

Po chwili jednak przy jednej z ław wstał młody adwokat i poprosił o możliwość podejścia do stołu sędziowskiego. Były federalny prokurator śledczy, Matthew J. Hoefling, ogłosił piskliwym głosem, że jest gotów podjąć się zadania!

– Kim on jest, do cholery? – zapytałem Tolly'ego, lecz mężczyzna okazał się tak samo zdziwiony jak ja.

Sędzia Britt przydzielił federalnego prokuratora śledczego do mojego „zespołu obrońców" – pomimo moich protestów i wbrew prawu federalnemu. Sędzia wyraźnie dał wszystkim do zrozumienia, że nie dopuści do głosu żadnego szanującego się adwokata, który mógłby mu zaszkodzić. Tolly Kennon odmówił współpracy z prokuraturą, na którą wcześniej tak ochoczo przystanął Freedman, ta zaś nie miała innego wyboru, jak zniszczyć go doszczętnie i zastąpić go kimś, kto bez pytania będzie tańczył, jak mu zagrają.

Następnie powstała moja żona. Oznajmiła sędziemu Brittowi, że chce zrezygnować z usług Tisdale'a i zmienić obrońcę, chociaż bez większego przekonania.

Sędzia Britt naskoczył na nią z nieskrywaną opryskliwością, doskonale odgrywając swoją rolę w przedstawieniu. Oznajmił, że jeśli **w tamtej chwili** na sali rozpraw nie ma prawnika, który podjąłby się obrony, zmiana obrońcy jest niemożliwa „na czas trwania postępowania". Pomijając to, że działanie Britta było bezprawne, jego publiczne wrzaski urągały powadze sądu.

Pod koniec długiego dnia zabrano nas z powrotem do zakładu w Dystrykcie Wschodnim, gdzie niegodziwość postępowania sędziego dosłownie rzucała się w oczy. Przez zakratowane okno w drzwiach modułu żółtego na ekranie telewizora widać było pasek z najważniejszymi wiadomościami stacji WRAL TV. Akurat przelatywała wiadomość o treści: „BYŁY FEDERALNY PROKURATOR ŚLEDCZY PRZYZNAŁ SIĘ DO WINY W SPRAWIE O OSZUSTWA PODATKOWE".

Tamtego dnia Sam Currin przyjął propozycję prokuratora Martensa i sędziego Britta, jednak obaj konspiratorzy wiedzieli doskonale, że fałszywy wyrok Currina nadal wisiał na włosku. Wszystko spełzłoby na niczym, gdyby udało mi się zaskarżyć właściwość miejscową sądu. „Jurysdykcja" to jedyne wymaganie, którego nie można się zrzec w jakiejkolwiek ugodzie przedprocesowej. Sąd albo ma właściwość miejscową, albo jej nie ma.

Nie ulegało wątpliwości, że Sam Currin zrobi wszystko, byle tylko uniknąć pozbawienia wolności, z czego doskonale zdawał sobie sprawę sędzia Britt. Currin sam przyznał, że dawniej jako federalny prokurator śledczy posłał wielu niewinnych obywateli za kraty – zresztą bezpośrednio z sali rozpraw sędziego Britta. Wcześniej jako sędzia na szczeblu stanowym znany był jako „Maximum Sam", ponieważ niemal zawsze zasądzał najwyższy – maksymalny – wymiar kary. Sam prawdopodobnie nie przeżyłby długo w jakimkolwiek stanowym lub federalnym zakładzie karnym na przestrzeni najbliższych pięciuset mil – ofiary jego prokuratorskiej nadgorliwości chętnie skorzystałyby z szansy, by wyrównać rachunki.

Wpatrywałem się w ekran telewizora przez dobrą godzinę. Zachodziłem w głowę, czy sytuacja może się jeszcze pogorszyć.

Rozdział 36

CO SIĘ STAŁO?

Amerykańskie media pełne są historii o osobach, które odebrały sobie życie za kratami, byle tylko uciec przed dalszą udręką. Dziennikarze i zaproszeni goście omawiający podobne historie wyrażają zdziwienie faktem, że można odebrać sobie życie tylko dlatego, że trafiło się do lokalnego aresztu lub zakładu karnego. Wystarczyłoby jednak spytać jednego z 71 milionów Amerykanów, którzy zwiedzili te placówki od środka. My to doskonale rozumiemy.

Po pierwsze, Gułag Ameryka jest miejscem całkowicie obdartym z nadziei. Rozpacz to choroba ducha, która sprawia, że ciało i umysł tracą chęć życia. Amerykański system więziennictwa został specjalnie zaprojektowany z myślą o tym, by pozbawić osadzonych nadziei. W jakim celu? By kolejni nieszczęśnicy (oskarżeni i skazani) mogli zostać „wdrożeni" w system z większą szybkością, byle tylko dostarczyć pracowników największym amerykańskim korporacjom po stawkach niższych niż w państwach rozwijających się.

Wystarczy wspomnieć sprawę Sandry Bland, która popełniła samobójstwo w Teksasie w czerwcu 2015 roku. Jej śmierć przyciągnęła uwagę mediów. Wydobyła na światło dzienne podobne historie, aż wreszcie państwo, które samo zbudowało system bezsilności, zarekomendowało, by zwiększyć liczbę psychologów pracujących w aresztach i zakładach karnych. I już, sprawa załatwiona.

Sandra Bland była specjalistką. Została zatrzymana za drobne wykroczenie drogowe – według artykułu: „niewłaściwe użycie kierunkowskazu przy zmianie pasa drogowego". Jednak policja aresztowała kobietę, wcześniej wyciągnąwszy ją siłą z samochodu i położywszy twarzą ku ziemi. Nieszczęsna kobieta została skuta kajdankami. Unieruchomili ją dwaj rośli policjanci, mimo że nie stawiała żadnego oporu.

A ponieważ nie mogli aresztować Bland bez powodu, doprowadzili do eskalacji sytuacji, by móc postawić jej zarzut opierania się podczas aresztowania. Na nagraniu wideo ze zdarzenia kobieta niby przypadkiem znalazła się tuż poza kadrem, jednak głośnik uchwycił każde jej słowo. Warto dodać, że Sandra Bland była czarna, jak zresztą większość ofiar amerykańskiego systemu sprawiedliwości. Ta sama historia przydarzyła się setkom więźniów, z którymi miałem styczność za kratami. Jakie popełnili przestępstwo? DWB, *Driving while black* – czyli „kierowanie pojazdem, gdy jest się osobą czarnoskórą".

Gdyby Sandra nie była czarną kobietą, w moim odczuciu w ogóle nie zostałaby zatrzymana. Przyjechała do Teksasu z Chicago, by rozpocząć nową pracę. Według rodziny nie przejawiała żadnych skłonności samobójczych, a mimo to zaledwie kilka dni później powiesiła się. Wybrała śmierć, ponieważ jej dotychczasowe życie dobiegło końca tak czy inaczej. Sądziła, że nie ma innego wyjścia.

Według Lindsay V. Hayes, dyrektora do spraw zarządzania projektami w Narodowym Centrum Instytucji i Alternatyw (National Center on Institutions and Alternatives) i eksperta w dziedzinie więziennictwa i zaburzeń psychicznych, „w 2011 roku samobójstwo popełniło czterdziestu trzech na sto tysięcy więźniów. Odsetek ten jest około trzyipółkrotnie większy niż dla ogółu populacji." Hayes twierdzi, że w 2009 roku liczba samobójców wzrosła o 18% procent.

Przypomina mi się jedna z ekranizacji *Hrabiego Monte Christo* Aleksandra Dumasa, w której bohater trafia do więzienia Château d'If, a nad bramą widnieje napis z *Boskiej komedii* Dantego: PORZUĆCIE WSZELKĄ NADZIEJĘ, WY, KTÓRZY TU WCHODZICIE.

Dzisiejszy Gułag Ameryka przypomina dawną fortecę Château d'If. Każdego dnia osadzeni zmagają się z nieludzkim traktowaniem i przeciwnościami losu, a ze statystyk wynika, że rzadko który może liczyć na to, że sprawiedliwości stanie się zadość. Perspektywa wyjścia na wolność z piętnem przestępcy również nie nastraja dobrze na przyszłość.

Informacja o skazaniu nie ulega zatarciu. Byli osadzeni pozbawieni są szans na dobrze płatną pracę, bo państwo nie tylko upublicznia informacje o ich skazaniu, lecz także sprzedaje je prywatnym spółkom, które liczą sobie ogromne kwoty za ich usunięcie. Nikt nie zatrudni przestępcy.

Dawniej na karę pozbawienia wolności skazywano osoby, które rzeczywiście popełniły coś przerażającego, jednak w ostatnich trzydziestu latach jest inaczej. Współcześnie osoby niebezpieczne dla otoczenia stanowią niewielki odsetek odsiadujących wyrok. Większość osób trafia za kraty za palenie marihuany (47%) lub drobne przewinienia (zerwanie metki z poduszki w sklepie, nieużywanie kierunkowskazu). Za kratami zaś spędzają całe dekady, bo stanowią doskonałe źródło taniej siły roboczej dla amerykańskich koncernów.

Ale przecież ma to sens. Jak pokazały ostatnie trzy dekady, amerykański sen polega na tym, że bogaci stają się jeszcze bogatsi. Nic to, że wymaga to niewolniczej pracy więźniów i kupienia przychylności kongresmenów, sądów i władzy wykonawczej. Najważniejsze, by amerykańskie korporacje mogły bezkarnie kręcić lody na dużą skalę. Ot, koszt prowadzenia biznesu w „Krainie Wolności”.

Dlaczego tyle osób odbiera sobie życie w aresztach śledczych w oczekiwaniu na proces? Postawiłbym pytanie zgoła odwrotnie. Dziwię się, że tak wiele osób jednak z tego rezygnuje, biorąc pod uwagę fakt, że system powstał z myślą o stłamszeniu ludzkiego ducha i zredukowania amerykańskich obywateli do robotów na taśmie produkcyjnej. Amerykańskie państwo systematycznie dehumanizuje swoje ofiary za pomocą wszelkich dostępnych mu środków, stosując metody opracowane przez dyktatury. Próba ucieczki – nawet zakończonej samobójstwem – jest naturalną ludzką reakcją na cierpienie. Witajcie w Château d'If. Wy, którzy traficie do Gułagu Ameryki, porzućcie wszelką nadzieję.

Rozdział 37

ZDARTA PŁYTA

„Sąd nie może przyznać właściwości miejscowej innemu sądowi, który takiej właściwości nie miał, a także nie może zalegalizować postępowania niezgodnego z prawem. Jedną z oczywistych i powszechnie przyjętych reguł postępowania jest to, że od decyzji wydanej w sposób niezgodny z prawem można odwołać się w dowolnym sądzie”.

Old Wayne Mutual L. Association *versus* McDonough, sygn. 2004 U.S. 8, 27 S.Ct. 236 (1907).

19 października 2006 roku

Tamtego dnia po raz pierwszy spotkał się ze mną młody prokurator, którego sędzia Britt mianował moim obrońcą. Odwiedził mnie w drodze do domu na weekend. Przytargał ze sobą jeszcze młodszego asystenta, który „dopiero przyuczał się do zawodu”. Gdy później wytoczyłem proces jego kancelarii prawnej, z wewnętrznej korespondencji e-mail spółki dowiedziałem się, że młody aplikant „złoży ślubowanie adwokackie jutro, ale nie otrzymał jeszcze licencji prawniczej.”

Do tego niestety sprowadzał się „doświadczony zespół adwokatów specjalizujący się w sprawach karnych”, który dostał tysiące dolarów od mojego brata Jima z powodu bezprawnej decyzji sędziego Britta. Prokurator zgodził się przyjąć moją sprawę, by w nagrodę otrzymać stanowisko w pewnej dużej kancelarii prawnej (McGuireWoods), a zatem nie był nawet jej pracownikiem.

Młody aplikant dostał wiadomość o następującej treści: „Rozmawiałem już z oficerem Paulem Williamsem. Powiedział, że jeśli chcesz dostać się do środka, będziesz musiał przynieść mu dużą pizzę pepperoni... Nie żartuję. Właśnie tak to ujął. AR." [Antoine Robinson]

Innymi słowy, w kancelarii, którą sędzia Britt przypisał bezprawnie do mojej sprawy, pracowali „eksperci od prawa karnego", którzy nie doczekali się jeszcze licencji prawniczych i którzy dostali się do aresztu dzięki pizzy pepperoni.

Tamtego dnia umówiłem się z Tollym Kennonem na czternastą, by opracować dalszą strategię, jednak w spotkaniu przeszkodzili nam Hoefling wraz z aplikantem. Poprosiłem Tolly'ego, by przygotował skargę przeciwko prokuratorowi Martensowi za złamanie właściwości miejscowej sądu i naruszenie etyki zawodowej, uwzględniając przyznanie się do nielegalnej praktyki *judge shopping* z 27 kwietnia, czyli szukania dogodnego dla oskarżycieli sądu i sędziego. Oprócz Tolly'ego o naszych planach wiedziała wyłącznie moja żona, którą informowałem listownie o każdym posunięciu.

Informacja o naszych planach dotarła okrężną drogą do prokuratora Martensa (z czasem okazało się, że nielegalnie podsłuchiwał wszystkie rozmowy – nawet poufne rozmowy z adwokatem). Przeprowadził wyprzedzający atak na Tolly'ego Kennona, by uniemożliwić mu złożenie skargi. Następnie prokurator Martens nakazał mojemu nowemu adwokatowi, Matthew Hoeflingowi (z którym współpracował zaledwie parę miesięcy wcześniej jako prokuratorem), by ten „zajął się" moją sprawą[1].

Tamtego dnia Matthew J. Hoefling zaczął od słów:

---

[1] Kilka lat później dowiedziałem się, że federalny prokurator śledczy Matthew J. Hoefling wraz z żoną należeli do tej samej grupy adwokatów pracujących dla Dystryktu Zachodniego Karoliny Północnej co Matthew Martens. Obaj mężczyźni nie tylko współpracowali ze sobą w przeszłości, lecz również prowadzili dochodzenie w mojej sprawie. Innymi słowy, zarówno Hoefling, jak i dowolna kancelaria, dla której podjął pracę, powinni być wyłączeni z mojej sprawy. Doszło do kolejnego naruszenia etyki zawodowej, jednak zarówno w tej sytuacji, jak i w przypadku bezprawnych działań sędziego Britta stanowa adwokatura ani kiwnęła palcem.

– Z tego co przekazał mi pana brat, panie Woltz, rozumiem, że ma pan już po uszy zwrotu „ugoda przedprocesowa". Doskonale pana rozumiem. Rozumiem też, że nie jest pan entuzjastą rozmów z prokuratorem Martensem. Uważam jednak – ciągnął – że spoczywa na mnie obowiązek jako pana adwokata, by dogłębnie omówić z panem wszelkie dostępne panu opcje. Pozwoliłem sobie więc spotkać się z panem Martensem, nim spotkałem się dziś z panem. Powiem panu szczerze, materiał dowodowy przemawia przeciwko panu do tego stopnia, że powinien pan zastanowić się nad propozycją Martensa.

Aż mnie zatkało.

Tolly i ja spojrzeliśmy po sobie. Zrozumieliśmy się bez słów.

Pierwsze, co przyszło nam do głowy, a co później udało nam się potwierdzić, to zdziwienie, że mój nowy adwokat miał dostęp do „dowodów" w sprawie, skoro nam takich informacji nie udzielono od samego początku postępowania. Wyjaśnienie było jedno. Dostęp do pełnych akt sprawy miał **jedynie prokurator, którego do sprawy przypisano!**

– Wyraźnie pana poinstruowano, by nie prowadził pan żadnych rozmów w temacie ugody przedprocesowej – oznajmiłem. – Mało tego, zakazano panu podejmowania jakichkolwiek rozmów z prokuratorem Martensem. Dlaczego więc spotkał się z nim pan, jeszcze zanim spotkał się pan ze mną?

– Jako pana obrońca czuję się w obowiązku rozważyć każdą ewentualność.

– Wiem – uciąłem. – Już się tego nasłuchałem. Właśnie dlatego zrezygnowałem z usług poprzedniego adwokata. Czyż jednak nie ma pan również **obowiązku** słuchać zaleceń **klienta**?

– Nie będę w stanie zapewnić panu odpowiedniego poziomu reprezentacji prawnej, o ile nie powiadomię pana o wszystkich opcjach. Naprawdę uważam, że ze względu na zgromadzony materiał dowodowy powinien pan rozważyć ugodę.

– A skąd pan wie, jaki zgromadzono materiał dowodowy – znów mu przerwałem – skoro nawet mnie nie udostępniono wszystkich akt w sprawie? Mój poprzedni adwokat dopuścił do tego, że prokurator Martens ograniczył dostęp do materiału dowodowego. Jak więc uzyskał pan dostęp do akt i doszedł do podobnego wniosku?

Hoefling spojrzał na Tolly'ego. Momentalnie zrozumiał, że został przyłapany na współpracy z prokuraturą. Owszem, pracował nad moją sprawą – ale dla państwa. Prawdopodobnie zmienił zawód w ostatnich miesiącach. Momentalnie poczerwieniał i zaczął się jąkać.

– Cóż, wydaje mi się, że pan Martens wspomniał coś o przekonującym materiale dowodowym – wydukał bez przekonania w próbie wybrnięcia z sytuacji.

– Powinniśmy więc zaufać prokuratorowi na słowo i podpisać ugodę przedprocesową? Naprawdę pan tak uważa, panie Hoefling? – odparłem sarkastycznie, spoglądając na Tolly'ego.

– A jeśli oznajmię panu, że nie popełniłem żadnego przestępstwa, co zresztą przyznała sama prokuratura? Co wtedy? Czy pańska rekomendacja pozostanie niezmienna?

– Prokurator Martens jest przekonany o pańskiej winie – odparł Hoefling, a na jego twarzy zawitał zdradziecki uśmieszek. Nie potrafiłem zrozumieć, dlaczego założył z góry moją winę jeszcze przed pierwszym spotkaniem.

– Tak z ciekawości – dodałem – jakąż to wspaniałą propozycję ugody wynegocjował pan z prokuratorem?

– Piętnaście lat pozbawienia wolności. Z pewnością powinien pan– Tolly i ja parsknęliśmy śmiechem.

– Piętnaście lat! I to ma być ta kusząca propozycja? Miesiąc temu odrzuciłem ofertę siedmiu lat pozbawienia wolności, która wydała mi się niedorzeczna, a teraz miałbym zgodzić się na piętnaście? Właśnie dlatego, panie Hoefling, wyraźnie pana poinstruowaliśmy, by nie podejmował pan rozmów z prokuratorem Martensem. Udając się do niego, nim porozmawiał pan z nami, pozbawił nas pan jakiejkolwiek karty przetargowej.

– Martens jest na pana wściekły za ten list do sędziego – odburknął Hoefling.

– I właśnie dlatego nie powinien pan z nim obecnie rozmawiać, panie Hoefling. List zawierał informacje o naruszeniu etyki zawodowej przez Martensa. Jak pan sądzi, czy fakt, że naświetliłem jego bezprawne działania, sprawił, że darzy nas sympatią?

Policzki mężczyzny znów pokryły się czerwienią – możliwe, że tym razem ze złości.

Podobnie wyglądały kolejne spotkania. Kazałem mu wspomóc Tolly'ego w przygotowaniach do procesu, analizie dowodów i sporządzeniu wniosku o odrzucenie aktu oskarżenia i umorzenie postępowania na mocy Ustawy o szybkim procesie. Jednak poszedł w ślady Freedmana i mnie po prostu zignorował. Nie dopuszczał do pomocy Tolly'ego i nadal pracował w kierunku podpisania ugody przedprocesowej.

Spotkanie dobiegło końca o 16.30 na żądanie funkcjonariusza straży. Gdy mężczyzna zaprowadził mnie z powrotem do celi, bez skutku usiłowałem zadzwonić do Tolly'ego, by porozmawiać z nim sam na sam.

Przydzielenie Hoeflinga do mojej sprawy (co wymuszało na mnie płacenie mu wynagrodzenia) stanowiło pogwałcenie szóstej poprawki do Konstytucji Stanów Zjednoczonych, jednak wtedy nie zdawaliśmy sobie z tego sprawy. Byliśmy przekonani, że musimy pogodzić się z decyzją sędziego Britta.

Ani się obejrzeliśmy, a minął kolejny tydzień.

W piątek po południu wezwał mnie strażnik. Ponownie znalazłem się kilka pięter niżej i odegraliśmy powtórkę poprzedniego spotkania.

W zasadzie nie zostało powiedziane nic nowego. Tolly'ego przez poprzedni tydzień pochłaniała inna sprawa i był niedostępny. Wraz z przedstawicielami kancelarii przerzucaliśmy się w koło tymi samymi argumentami, co przyprawiało mnie o ból głowy. Poprosiłem Tolly'ego, by za tydzień pojawił się przed czasem, abyśmy mogli porozmawiać na osobności. Gdy się pojawił, zapytałem go, dlaczego pozwala na siebie tak naskakiwać. Okazało się, że to mój brat go poprosił, by „pozwolił wielkiej kancelarii robić swoje".

Po chwili, również przed czasem, dołączył do nas Hoefling. – Czyżbym panom przerwał? – zapytał.

– Tak się składa, że właśnie dzieliłem się z Tollym moim niezadowoleniem z rozwoju sytuacji. Pana pomoc została mi narzucona przez sędziego Britta, nie prosiłem o nią. Mimo to jako klient wydałem panu wyraźną instrukcję, by przygotował mnie pan do rozprawy. Z tego co widzę, bardzo się przed tym pan wzbrania...

– Warunki ugody są bardzo korzystne – przerwał. – Powinien pan...

Miałem już go serdecznie dość. – Niech pan więc sam ją podpisze! I spędzi za kratami piętnaście lat! – Nie chciałem usłyszeć ani słowa więcej. – Słuchaj pan. Nie złamałem żadnego prawa. Nie–

– Cóż, prokurator Martens...

– Mam tego dość! Jeśli zamierza pan nawijać o ugodzie i o tym, co nakazał panu pana koleżka Martens, proszę to robić na osobności. Proszę nie marnować mojego cennego czasu ani moich pieniędzy. Chcę doprowadzić do rozprawy. Jeśli panu jest to nie po drodze, znajdę kogoś, kto mnie posłucha. Rozumie pan?

– Naprawdę uważam, że powinien pan rozważyć...

– Czyżby pan ogłuchł? Od tygodni wysłuchuję tych nonsensów. Brzmi pan jak zdarta płyta. Odnoszę wrażenie, że minął się pan z powołaniem. Obrona nie jest pana najmocniejszą stroną, ale jeśli zamierza pan mnie bronić, powinien pan się jeszcze wiele nauczyć – odparłem lekceważąco, po czym zwróciłem się do Tolly'ego.

– Mam już tego dość, Al. – (Tak brzmiało przezwisko Tolly'ego.) – Skoro pan Hoefling wraz z asystentem nie czują się na siłach, by mi dopomóc, zależy mi na tym, abyś ponownie objął stery. Zacznij rozsyłać wnioski i skargi.

Tolly przytaknął na zgodę.

– Co do pana, panie Hoefling – dodałem, kierując na niego wzrok – będę musiał ponownie przesłać bratu wytyczne. Odnoszę wrażenie, że kompletnie pan je ignoruje. Już nigdy nie będzie mógł pan wykpić się twierdzeniem, że nie miał pan ich w rękach. Zamierzam przedstawić swoją sprawę przed wielką ławą. Mogę udowodnić, że pana kolega Martens działał wbrew prawu. Zamierzam również udowodnić, że Dystrykt

Wschodni nie ma właściwości miejscowej w sprawie, a Matthew Martens praktykował *judge shopping*...

– Proszę tak nie mówić! – odszczeknął Hoefling.

– Cóż, Martens sam się do tego przyznał – odparłem. – Właściwie po czyjej jest pan stronie? Czasami mam wątpliwości.

Hoefling milczał, więc dodałem:

– Słyszałem, jak Martens przechwalał się przed Freedmanem w sali pełnej agentów i prawników, że aż trudno mu uwierzyć, ale udało mu się przekonać Britta, „zaprzysięgłego wroga Sama Currina od trzydziestu lat", by ściągnął mnie do własnego dystryktu. Byłem przy tym. Nie dość, że Martens dobrał sobie sędziego do sprawy, to jeszcze doprowadził do rozpoznania sprawy w niewłaściwym dystrykcie. Złamał prawo i zamierzam się temu przeciwstawić. Czyżby Martens pana nie poinformował? Sam Currin był czołowym doradcą Jessego Helmsa. Jego zadaniem było zablokować nominację W. Earla Britta do Senatu w latach osiemdziesiątych. Naprawdę sądzi pan, że Britt mógł o tym zapomnieć?

Po reakcji Hoeflinga widać było, że pierwsze słyszał o tych rewelacjach.

– Jednego jestem pewien – odparł Hoefling z wahaniem w głosie. – Martens w żadnym stopniu nie miał wpływu na wybór sędziego.

– Przekonajmy się – zasugerowałem. – Poruszmy tę kwestię w sądzie. Założę się o dowolną rzecz, że sędzia nie został dobrany rutynowo. Słyszałem to z ust samego Martensa!

– Nadal uważam, że nie ma pan racji – odparł Hoefling, ale po raz pierwszy sprawiał wrażenie osoby, która przejrzała na oczy. Dotarło do niego, że federalny prokurator śledczy Martens nie powiedział mu całej prawdy.

– Proszę więc wyprowadzić mnie z błędu – oznajmiłem.

Widziałem, że do Hoeflinga stopniowo docierał absurd sytuacji, mimo że intensywnie opierał się przed prawdą.

– Jeden z pracowników kancelarii, Bill Mayberry, pracował dawniej jako sekretarz jednego z sędziów – stwierdził Hoefling wbrew sobie – Zna Sekretarza Sądu. Możliwe, że czegoś się dowie.

– Doskonale. Może uda nam się wszystko odkręcić! – odparłem z nieskrywanym entuzjazmem. Pojawiło się światełko w tunelu. – Jestem niewinny. Nie złamałem prawa. Okaże się niezbicie, że pana koleżka Martens okłamał wielką ławę przysięgłych. Wyjdzie na jaw, że nie zgromadził przeciwko mnie żadnego materiału dowodowego. Nie zamierzam trafić za kratki za niewinność!

Po sześciu lub siedmiu tygodniach kłótni tamtego dnia udało nam się zamienić ze sobą parę sensownych zdań. Wyraźnie zaznaczyłem, jakie są moje oczekiwania. By upewnić się, że Hoefling nie zmieni nagle zdania, mój brat Jim przesłał mu zestaw listów z instrukcjami, a także pisemne polecenie zastosowania się do ich treści.

Nikt, kto miał się za osobę inteligentną i rzetelną, nie mógł ich zrozumieć opacznie.

Wiele lat później udało mi się pozyskać odpis Rejestru Federalnego za rok 2004. Co się okazało? Matthew Hoefling nie był jedyną osobą, która w Dystrykcie Zachodnim Karoliny Północnej przeprowadzała dochodzenia we współpracy z Matthew Martensem – z prokuratorem współpracowała również **żona Hoeflinga**! We trójkę tworzyli zgrany zespół prokuratorski. Działali ze sobą w zmowie, co stanowiło jawne bezprawie, ale Stanowa Izba Adwokacka Karoliny Północnej ani kiwnęła w tej sprawie palcem. Nikt nie został ukarany dyscyplinarnie, mimo że Stany Zjednoczone w zaocznym wyroku przyznały poprzez nieobecność przedstawiciela, że bezprawne czyny rzeczywiście zostały popełnione.

Adwokat, który uczestniczył w danej sprawie z ramienia państwa, nie może w tej samej sprawie reprezentować następnie oskarżonego. To samo odnosi się do kancelarii, dla której taki adwokat pracuje. Złamanie tej zasady rodzi odpowiedzialność karną na mocy zasady dyscyplinarnej nr 9-101 Kodeksu postępowania zawodowego adwokatów. Jednak w Karolinie Północnej zgłoszenie adwokata do odpowiedzialności dyscyplinarnej nie doczekało się reakcji ze strony Stanowej Izby Adwokackiej. Ta istnieje po to, by chronić adwokatów przed zarzutami ich klientów.

Zasady są jednoznaczne, a moi obrońcy złamali ich sporo, jednak nie ponieśli żadnej odpowiedzialności dyscyplinarnej. Mało tego, James Fox, ówczesny przewodniczący Stanowej Izby Adwokackiej Karoliny Północnej, sam uprzedził ich na niemal dwa miesiące przed końcem postępowania, że rozstrzygnięcie zapadnie na ich korzyść. Gdy udowodniłem to ponad wszelką wątpliwość, Fox wyłączył się z rozpoznania sprawy i polecił swojemu zastępcy, by ten uchylił skargę.

Rozdział 38

KOLEJNY BŁĄD

„Adwokat nie może celowo wzbraniać się przed dbaniem o
interes klienta".

Zasada dyscyplinarna nr 7-101: *Representing a Client Zealously*
(Gorliwa reprezentacja klienta),

Kodeks postępowania zawodowego adwokatów

29 listopada 2006 roku
Zachodni Dystrykt Karoliny Północnej

GDY w następny piątek Matthew J. Hoefling złożył mi wizytę, zachowywał się tak, jakby poprzednia rozmowa w ogóle się nie odbyła. Ani chciał słyszeć o poleceniach i ustaleniach z ostatniego tygodnia.

Powracał do tematu ugody co piątek. Kolejne wizyty złożył 26 października, 3 listopada, 17 listopada i ostatecznie 29 listopada.

Raz za razem próbował mnie przekonać, że kara piętnastu lat pozbawienia wolności to wspaniała perspektywa – a jeśli wkrótce się na nią nie zgodzę, ona też zostanie mi odebrana.

– I dobrze – odparłem któregoś razu. – Proszę przekazać Martensowi, by skończył z takimi propozycjami jak najszybciej, abym nie musiał już ich słuchać. Jeśli zamierza pan mnie zanudzać propozycją piętnastu lat odsiadki, proszę to robić we własnym zakresie. Mój czas jest cenny.

Mężczyznę aż zatkało, lecz już po chwili wrócił do tematu. Wskazałem palcem mój nadgarstek w miejscu, gdzie znajdowałby się mój zegarek – gdyby mi go nie odebrano.

– Nie – Pokręciłem głową. Hoefling nigdy nie robił tego, o co go prosiłem, a jednocześnie robił wszystko, czego mu zabraniałem – i tak upłynęły dwa miesiące. Przez ten czas kłóciliśmy się, a on próbował mnie przekonać do piętnastoletniej odsiadki, co w moim wieku równie dobrze mogło stać się dożywociem, za przestępstwa, których nie popełniłem.

Tamtego popołudnia przedzwoniłem do mojego brata Jima, by przedstawić mu sytuację. Był wyraźnie zmęczony, ale cierpliwie mnie wysłuchał.

– Dlaczego nie wspomniałeś o tym wcześniej? – zdziwił się.

Wytłumaczyłem mu, co mi chodziło po głowie. Bałem się, że gdy poskarżę się na kolejnego adwokata, sprawię wrażenie osoby niezdolnej do współpracy z **jakimkolwiek** obrońcą.

– Ale współpraca z Tollym Kennonem przebiega bez zarzutu – dodałem. – Kennon wie, co robi. I walczy o swoich klientów, chociaż w mojej sprawie zepchnięto go na drugi plan. Powiedział, że to ty go poprosiłeś, by pozwolił Hoeflingowi przejąć stery.

Jim potwierdził. Miał wrażenie, że tylko na tym zyskam, gdy stery przejmie duża kancelaria.

– Co więcej – dodał – sędzia Britt pozbawił cię możliwości zmiany obrońcy, więc jesteśmy na nich skazani tak czy inaczej.

Wówczas nie wiedziałem, że interesowna decyzja sędziego Britta w kwestii wyboru adwokata była niekonstytucyjna. Zakładaliśmy, że jesteśmy nią związani. Jim przekazał mi również, że skontaktował się z nim jeden z moich byłych klientów z Francji. Gdy dowiedział się o sytuacji, w jakiej się znalazłem, dał Jimowi namiary na pewnego adwokata – Jacka Fernandeza z kancelarii Zuckerman & Spaeder w mieście Tampa na Florydzie.

– Sędzia Britt nie zabronił ci skorzystać z usług adwokata-doradcy, prawda? – powiedział Jim.

– Nie – odparłem, a na mojej twarzy zawitał uśmiech.

Jim słynął z nieszablonowego myślenia. Skontaktował się z adwokatem zarekomendowanym przez klienta i zapłacił kolejną pokaźną sumę, by zyskać pewność, że adwokat, którego przypisał do mojej sprawy sędzia Britt, zacznie w końcu wywiązywać się z obowiązków.

Nim skończyliśmy rozmowę, Jim wspomniał o przerażająco wysokim rachunku z kancelarii, dla której pracował młody Hoefling. Kwota była powalająca. Okazało się również, że Hoefling skłamał w sprawie „młodego ucznia" – koszt „nauki" opłacany był z mojej kieszeni w wysokości 185 dolarów na godzinę.

Okazało się, że kancelaria McGuireWoods mijała się z prawdą od pierwszego dnia.

Krótkie wizyty, które Hoefling składał, gdy mu było wygodnie, w okresie ośmiu tygodni do momentu złożenia skargi w listopadzie 2006 roku, kosztowały mnie około 30 tysięcy dolarów.

Pełen koszt „reprezentacji" wyniósł ostatecznie ponad 250 tysięcy dolarów, mimo że obaj nie złożyli w moim imieniu ani jednego pisma.

Gdy moje wyrazy niezadowolenia odnośnie młodego adwokata i jego drogiego asystenta dotarły do jednego z partnerów w kancelarii, Petera Covingtona, ten przypisał do mojego zespołu kolejnego adwokata, którego usługi okazały się równie bezwartościowe. Miało się okazać, że lekarstwo jest gorsze niż choroba.

7 grudnia 2006 roku na piątkowym spotkaniu pojawił się przysadzisty wesołek z wieścią, że zamierza przyjrzeć się naszej sprawie. Po tych słowach obrócił się na pięcie i zaczął zmierzać w stronę drzwi.

– Chwila, chwila – zastopowałem go. – Jak duże ma pan doświadczenie sądowe? Kogo pan reprezentował? W jakich sprawach? A ile z nich pan wygrał? Podobno w końcu mam otrzymać pomoc doświadczonego obrońcy karnego. Skoro to pan, chciałbym dowiedzieć się o panu co nieco.

Mężczyzna przez chwilę plątał się w zeznaniach. W końcu odparł, że poznał mojego brata Jima w Roanoke w Wirginii za sprawą rodzinnych koneksji żony. Nie odpowiedział jednak na moje pytania.

Powtórzyłem je.

Okazało się, że „doświadczony obrońca karny" to William C. Mayberry. Od samego początku udzielał mętne odpowiedzi i odmawiał składania jakichkolwiek wiążących deklaracji, zresztą w trakcie naszej krótkiej relacji klient-obrońca jego niechęć do konkretów jeszcze nabrała na sile. Tamtego dnia w końcu udało mi się z niego wyciągnąć informację, że do tej pory reprezentował klienta w jednej zaledwie sprawie. Próbowałem się dowiedzieć, czego dotyczyła i czy miała cokolwiek wspólnego z moją, ale skrzętnie unikał odpowiedzi.

Następne piątkowe spotkanie odbyło się w takim oto składzie: ja, uczeń-aplikant bez doświadczenia, obrońca-prokurator, o którym sądziliśmy, że zostanie wyłączony ze sprawy po naszej skardze, a także Bill Mayberry. Samo spotkanie okazało się kompletną klapą, ale jeszcze gorszy był jego koszt. Trzej mężczyźni życzyli sobie 730 dolarów za godzinę, mimo że nie wywiązywali się z obowiązków i odmawiali na ten temat wszelkiej dyskusji. Później rzekomo spędzali nad moją sprawą w biurze średnio dziewięć kolejnych godzin, za które również płaciłem z własnej kieszeni. Plotkowali, rozmawiali i analizowali spotkania, a jednak nie wykazali się żadną inicjatywą, póki mój brat Jim nie zatrudnił adwokata-doradcy z Florydy, by doglądał spotkań.

Jednak i wtedy sprawa nie ruszyła do przodu. Doradca osiągnął jedno – zmusił prawników, by przeanalizowali dokładnie akta sprawy i przekonali się, że zarzuty były grubymi nićmi szyte. Opierały się na sfabrykowanych dowodach, fałszywych wyjaśnieniach i sfałszowanych dokumentach.

W końcu udało mi się wymusić na Mayberrym informację, że reprezentował wcześniej członka amerykańskiego gangu motocyklowego The Outlaws.

– I tamta sprawa przygotowała pana do tego, by poprowadzić moją? – zapytałem.

– Owszem, to była sprawa karna – odparł Mayberry.

– Tyle sam zrozumiałem, ale proszę mi powiedzieć, jak sprawa narkotykowa motocyklisty przygotowała pana do obrony w sprawie finansowej?

Mężczyzna ponownie zaczął się miotać, aż w końcu znów zaczął powoływać się na znajomości w Roanoke. Podał nazwisko rodziny, w którą się wżenił. Mój brat, który opłacał jego usługi, mieszkał w Roanoke w Wirginii i tak się składało, że również wżenił się we wspomnianą rodzinę. Okazało się, że Jim oraz Mayberry byli dawnymi szwagrami, jednak małżeństwo mojego brata ze szwagierką Mayberry'ego zakończyło się rozwodem. Obaj mężczyźni wcale nie byli ze sobą w najlepszej komitywie.

Zdziwiłem się zatem, że Jim zatrudnił tę konkretną kancelarię i tego konkretnego adwokata, jednak biorąc pod uwagę inne kłamstwa mojego zespołu adwokatów, całkiem możliwe, że i w tej kwestii moi obrońcy mijali się z prawdą.

– Czy Jim wie, że zatrudnił byłego szwagra? – spytałem. – Czy pana kancelaria wie o tym konflikcie interesów? Jestem pewien, że tak duża i szacowna spółka prześwietla potencjalnych klientów.

Mayberry zrobił się czerwony na twarzy – widać zawsze rumienił się w złości. Odparł, że jego zdaniem nie ma to większego znaczenia. Dla mnie znaczenie miało, zresztą już sama kwota, jaką płaciliśmy z Jimem za jego usługi, świadczyła o jego niegodziwości. Dzięki koligacjom rodzinnym Mayberry doskonale wiedział, że Jimowi dobrze się powodziło i mógł pokryć tak wygórowany rachunek. Jednak to nie mój brat szykował się do rozprawy i to nie on ostatecznie wypłaci Mayberry'emu wynagrodzenie.

Ilekroć na spotkaniu zjawiali się obaj adwokaci, uprzedzałem ich, że zapłacę zaledwie jednemu.

– Mam już dość płacenia za całą ferajnę – zadeklarowałem.

Podkreśliłem też, że nie życzę sobie widzieć Hoeflinga, który był niczym więcej, jak konfidentem koleżki-prokuratora. Jednak co wizytę Mayberry zjawiał się tak z Hoeflingiem, jak i z milczącym asystentem, każdorazowo spodziewając się zapłaty za ich trzech. A ponieważ utrzymywał, że zwyczajnie zapomniał o poprzednich ustaleniach, spisałem je na piśmie i przesłałem pocztą. Moje starania spełzły na niczym, bo mężczyźni aż do chwili rozwiązania współpracy pojawiali się we trzech.

Z czasem dowiedziałem się, że kancelaria zażądała gwarancji pokrycia kosztów reprezentacji od dwóch moich braci, którym szczęśliwie dobrze się powodziło, by złupić ich do cna.

Moje doświadczenia z Davidem Freedmanem ukazały mi głębię **jednostkowej** niemoralności, natomiast „współpraca" z kancelarią McGuireWoods stanowiła przykład niemoralności **instytucjonalnej**.

A gdy już pożegnałem się z kancelarią, w kolejnych miesiącach nadal otrzymywaliśmy od niej rachunki sięgające dziesiątek tysięcy dolarów. Z chwilą zerwania współpracy uregulowaliśmy wszelkie należności.

Gdy przedzwoniłem do Jima i zdradziłem mu, że rzekomy doświadczony adwokat specjalizujący się w sprawach karnych (właściwie jedynej) jest w istocie jego byłym szwagrem, Jima trafił szlag. Albo to Mayberry nie ujawnił bliskiej znajomości kancelarii, albo to kancelaria nie powiadomiła o tym fakcie swojego klienta – mojego brata.

Adwokat-doradca, Jack Fernandez z kancelarii Zuckerman & Spaeder, którego Jim zatrudnił, by sprawował pieczę nad całym zespołem, został naszym szóstym prawnikiem. Czym prędzej udał się do Charlotte, by zrobić ze wszystkim porządek.

Nadal wówczas nie wiedzieliśmy, że decyzja sędziego Britta przeciwko kolejnej zmianie reprezentacji prawnej była niekonstytucyjna – w przeciwnym razie wyrzucilibyśmy wszystkich jak leci już w październiku i nie tracilibyśmy pieniędzy na kolejne nieudane próby doprowadzenia zespołu do pionu. O niekonstytucyjnej decyzji sędziego nie wspomniał jednak ani jeden adwokat – łącznie z Fernandezem. Wszyscy wzajemnie kryli sobie plecy, radośnie ogołacając nas z funduszy.

Pierwsze spotkanie przypominało wolnoamerykankę. Ponownie przekazałem Mayberry'emu moje oczekiwania, podkreślając wyraźnie, że zależy mi na wniosku o odrzucenie aktu oskarżenia i umorzenie postępowania na mocy Ustawy o szybkim procesie z 1974 roku. Ale gdyby Mayberry postąpił zgodnie z moim żądaniem, od razu zakręciłby się kurek z pieniędzmi.

Pod koniec spotkania ostrzegłem go:

– Następnym razem chcę widzieć tylko jedną osobę z kancelarii – i tylko wtedy, gdy zadzwonię i sam o to poproszę. Na nic mi troje adwokatów, którzy i tak nie robią tego, o co ich poproszę. Wystarczy, że będziecie mnie ignorować w pojedynkę – przynajmniej na tym zaoszczędzę.

Gdy Bill wraz z kolegami-pijawkami opuścili pomieszczenie, zwróciłem się do Jacka:

– Jak sądzisz? Nie przesadzałem, mówiąc Jimowi, że jest niedobrze?

Na twarzy Fernandeza malowało się całkowite osłupienie. Pokręcił głową i odparł:

– Nigdy nie widziałem tak patologicznych relacji między adwokatem a jego klientem.

Wtedy dołączył do nas Tolly Kennon i Jack dla odmiany stał się świadkiem jednego z najbardziej wzorcowych zespołów klient-adwokat, jakie istniały. Niestety Tolly usunął się na dalszy plan wskutek ataków prokuratora Martensa. Wolał nie ryzykować jakichkolwiek odważniejszych ruchów.

Następnie Jack ponownie zaprosił do pomieszczenia Mayberry'ego i jego milczącego aplikanta. Tym razem to on przejął inicjatywę. Zaczął od prośby, abym opowiedział o sobie i o sprawie. Wcześniej Freeman, Hoefling i Mayberry ani razu nie wyrazili zainteresowania mną ani sprawą.

Wszystko wskazywało na to, że Jack jest adwokatem z powołania. Kazał mi o sobie pokrótce opowiedzieć. Gdy miałem jedenaście lat, gubernator Karoliny Północnej zakwalifikował mnie do programu dla wyjątkowo uzdolnionej młodzieży pod auspicjami uczelni Western Carolina University. W wieku lat czternastu dorobiłem się w harcerstwie stopnia Eagle Scout i odbyłem protestancki kurs religijny God and Country (Bóg i Ojczyzna). W szkole średniej zaproszono mnie na konferencję młodzieżową Boy's State (uważaną za wylęgarnię przyszłych liderów na szczeblu stanowym i państwowym), a następnie z ramienia państwa zostałem komisarzem stanowego Departamentu Środowiska i Zasobów Naturalnych. Jeśli chodzi o doświadczenie zawodowe, w latach osiemdziesiątych zostałem Prezydentem Stowarzyszenia Handlowego Ameryki i Karaibów (American-Caribbean Trade Association). W pierwszych latach XXI wieku zasiadałem w komisji do spraw wyborów parlamentarnych i prezydenckich George'a Busha, a w momencie zatrzymania przez agentów FBI nadal pełniłem funkcję doradcy dwu premierów. Nie miałem zatem kryminalnej przeszłości.

Następnie Jack przeanalizował okoliczności sprawy i powoli zaczął pracować nad linią obrony, czego nie zrobił wcześniej żaden z adwokatów.

Po raz pierwszy Bill wraz z kolegami-pijawkami siedzieli cicho. Przyglądali się w milczeniu, jak adwokat z prawdziwego zdarzenia wykonuje prawdziwą pracę. Możliwe zresztą, że widzieli podobne zjawisko po raz pierwszy w życiu. Nie krzyczał. Nie wrzeszczał. Nie przeklinał. Rozmawiał ze mną jak równy z równym, by zapoznać się z sytuacją, w jakiej się znalazłem, i podjąć świadomą decyzję w kwestii dalszej strategii.

Na koniec Jack poinstruował pozostałych adwokatów, by pozyskali rzekome „dowody" na kolejne spotkanie. Przez cały grudzień Jack na zmianę zmuszał i zawstydzał pozostałych członków zespołu, by przyjrzeli się sprawie z należytą powagą. I chociaż początkowo spotykał się z niechęcią, z czasem pozostali adwokaci zaczęli przekonywać się o prawdziwości moich twierdzeń. Po kilku takich spotkaniach, które zresztą na zarządzenie Jacka przedłużały się do późnej nocy, nawet Matthew Hoefling musiał przyznać, że zgromadzone dowody zostały sfabrykowane od zera lub nie odpowiadały dokumentom oryginalnym. Jack zmusił Hoeflinga, by ten przesłuchał nagrania wykonane przez popleczników agenta Schillera, a następnie porównał je z ich rzekomymi transkrypcjami – czego sam nie mogłem doprosić się od miesięcy. Byłem pewien, że transkrypcje nie odzwierciedlają rozmowy, jaką przeprowadziłem z dwoma nagrywającymi potajemnie agentami w Nassau. Dość powiedzieć, że według transkrypcji tamtego dnia rozmawiałem z nimi o baseballu.

Bujda. Skąd wiem? Bo odkąd żyję, **nie obejrzałem w telewizji ani jednego meczu baseballa**. Ale to dopiero pierwsza strona transkrypcji. Kolejne zawierały mnóstwo zdań, które nie padły na nagraniach. Tam zaś, gdzie śledczy chcieli pominąć pewne informacje z taśm, w transkrypcjach znajdowała się adnotacja „niezrozumiałe". Oczywiście na taśmach mówiłem wyraźnie.

Hoefling zrozumiał, że jesteśmy w stanie udowodnić, że jego znajomkowie ze służb spreparowali transkrypt i w jakimś celu postawili mi fałszywe zarzuty.

W czerwcu poprzedniego roku FBI wkroczyło do mojego biura w Nassau na Bahamach bez nakazu i zarekwirowało wszystkie materiały. Zniknęło wszystko łącznie z dwoma archiwami wycinków prasowych o przemówieniach i działalności na rzecz przeciwstawienia się postępującemu zanikowi swobód obywatelskich w Stanach Zjednoczonych. Zniknęła również pierwsza chronologicznie relacja prasowa z mojej działalności, która ukazała się 15 września 1977 roku w lokalnej gazecie „The Mount Airy Times".

A ponieważ oczekiwano, że i tak się złamię i przyznam się do stawianych mi zarzutów, jak niemal wszyscy pozostali, materiał dowodowy został spreparowany od niechcenia. Nie dość, że transkrypcje nie pokrywały się z materiałem z taśm, dowody w postaci dokumentów również zostały zmodyfikowane. Tam gdzie prawdziwa dokumentacja wskazywała na moją niewinność, w materiale dowodowym znalazły się treści przemawiające o mojej winie. Różnice były oczywiste, co jednoznacznie wskazywało na fakt, że materiał dowodowy został sfałszowany.

Poprosiłem Jacka Fernandeza, by znalazł adwokata z uprawnieniami do reprezentowania klientów w Karolinie Północnej (Jack ich nie miał). Obaj wiedzieliśmy, że jeśli będzie mnie bronił donosiciel sędziego Britta, poniosę w sądzie sromotną klęskę. Rozumiałem już, że działania sędziego były niekonstytucyjne. Niemożliwe, by sędzia mógł zmusić oskarżonego do korzystania z usług tak niekompetentnego obrońcy. Postanowiłem postawić wszystko na jedną kartę – uznałem, że moja interpretacja szóstej poprawki do Konstytucji Stanów Zjednoczonych oferuje mi szansę uniknięcia rozprawy w sądzie bez właściwości miejscowej i z pomocą niekompetentnego adwokata. A nawet gdyby do takiej rozprawy doszło, z pewnością wygralibyśmy w apelacji.

Rozdział 39

CO SIĘ STAŁO?

Często pytany jestem szeptem o coś, co nie jest związane bezpośrednio z moją historią – mianowicie o kwestie związane z seksem w aresztach śledczych i zakładach karnych. Fascynacja tym tematem nie ma granic.

Odpowiedź nie jest zaskakująca – seks za kratami jest wszechobecny. W przeciwieństwie do bardziej postępowych państw, Stany Zjednoczone nie oferują możliwości odwiedzin współmałżonków, by osadzeni mogli utrzymywać relacje seksualne i podtrzymać pożycie małżeńskie. Kontakty damsko-męskie za kratami redukowane są do minimum. Pozostają właściwie tylko kontakty intymne z osobami tej samej płci.

Hormony robią swoje, ale w pobliżu nie ma nikogo prócz przedstawicieli własnej płci. Nie sposób zaspokoić popędu jak dotychczas. Poznałem wielu młodych mężczyzn, którzy dorastali za kratami. Przez te lata nie mieli innej możliwości, jak uprawiać seks ze starszymi facetami.

Kontakty między przedstawicielami tej samej płci w aresztach i zakładach karnych są częstsze niż w populacji ogólnej, co w dużym stopniu przyczyniło się do wzrostu zachorowań na AIDS w Stanach Zjednoczonych. Populacja więzienna stanowi podatny grunt zarówno dla szerzenia się AIDS, jak również innych chorób przenoszonych drogą płciową. Gdy mężczyźni wychodzą na wolność i podejmują relacje seksualne z kobietami, te również padają ofiarą AIDS. A ponieważ jedna czwarta obywateli była karana i spędziła jakiś czas w uwięzieniu, kontakty homoseksualne zadomowiły się w Stanach na dobre. Osobiście uważam, że stało się tak na skutek skali masowego więziennictwa oraz praktyk funkcjonariuszy straży więziennej. Niektórzy osadzeni kupczą ciałami w zamian za dobra z więziennego sklepiku – drogie artykuły spożywcze, śmieciowe jedzenie, a nawet artykuły pierwszej potrzeby, które nie są im zapewniane przez zakład. Inni natomiast oddają się w trosce o własne bezpieczeństwo: by nie zostać ofiarą innego gwałciciela.

Do większości kontaktów dochodzi za obopólną zgodą – potrzeba bliskości jest rzeczą ludzką. Zdarzają się jednak liczne sytuacje, w których seks jest wymuszany. Jak już wspomniałem, pewien Afroamerykanin, któremu pomogłem w sprawie, zdradził mi, że kilkakrotnie został zgwałcony przez innych osadzonych i przez strażników. Najgorsze jest to, że odpowiadał przed sądem jako osoba dorosła, mimo że w chwili popełnienia przestępstwa nadal był nieletni. Jak można wtrącić za kraty nieletniego wraz z dorosłymi mężczyznami, którzy całymi latami pozbawieni są seksu, a także strażnikami, którzy lubią demonstrować swoją siłę? Stany Zjednoczone powinny natychmiast zaniechać tego procederu.

Gułag Ameryka składa się z dwu kręgów piekła – aresztów śledczych i zakładów karnych. Obie te instytucje różnią się diametralnie i pełnią inne funkcje. Areszty śledcze służą temu, by zmusić obywateli do dobrowolnego przyznania się do winy. Są miejscami brudnymi, zatłoczonymi i niebezpiecznymi, których celem jest złamanie nowo osadzonego, by poszedł na współpracę z prokuraturą. W moim odczuciu innych funkcji nie pełnią. Nie chronią obywateli przed groźnymi przestępcami – wręcz to zagrożenie potęgują. Stanowią idealną szkołę zbrodni. Areszty śledcze prowadzone są przez władze lokalne, ale tak naprawdę pieczę nad nimi sprawuje prokurator. Są znacznie gorsze od zakładów karnych pod każdym względem. Prócz jednego – wymuszonego seksu. Po prostu są zbyt zatłoczone, by mogło dojść do gwałtu bez wiedzy osób trzecich.

Zakłady karne nie są tak przeludnione jak areszty śledcze. Według danych Departamentu Sprawiedliwości populacja zakładów karnych stanowi obecnie „zaledwie" 130% pojemności, natomiast areszty śledcze często zapełnione są w aż trzystu procentach. Zawsze znajdą się tam zakamarki i ukryte miejsca, w których może dojść do tragedii. W przeciwieństwie do aresztantów więźniowie nie pozostają całymi dniami w celach i na konkretnych oddziałach. Mają znacznie więcej swobody.

Zmuszani są do pracy na rzecz spółek związanych z branżą więzienną i prywatnych korporacji. Uwalniani są z cel, by mogli udać się na stanowiska pracy. Wielu pracuje na rzecz lokalnych spółek, a ich praca przynosi zakładom karnym wymierne zyski. Więźniowie wykonują również wszelkie prace porządkowe w zakładzie, takie jak sprzątanie, pranie, przygotowywanie i wydawanie posiłków, konserwacja sprzętu, a nawet prace biurowe.

Fenomen noszenia spodni nisko w kroku, bierze się właśnie z amerykańskich zakładów karnych. Strażnicy i więźniowie przymuszają nowo osadzonych, by ci nosili spodnie nisko i demonstrowali tyłki niczym na groteskowym pokazie mody. Więźniowie znani jako *bull fagogots* (bycze cioty) wybierają sobie świeżynki, które trafiają do zakładu prosto z ulicy. Za kratami powstało również wyrażenie *home boy* (ziomuś), które oznaczało czyjegoś partnera seksualnego w zakładzie.

Według artykułu opublikowanego 8 października 2013 roku w dzienniku „Daily Mail Reporter" „statystyki więzienne ujawniają, że w Stanach Zjednoczonych jest więcej ofiar gwałtu wśród mężczyzn niż wśród kobiet". W dalszej części tekstu nadmienia się, że „w 2008 roku według danych Departamentu Sprawiedliwości około 216 000 osadzonych zostało ofiarą gwałtu. Dla porównania, liczba ofiar gwałtu poza systemem penitencjarnym sięga 90 479 osób."

Liczby te są zdumiewające, biorąc pod uwagę fakt, że za kratami dochodzi do ponad dwukrotnie większej liczby **zgłoszonych** gwałtów na bądź co bądź mniejszej populacji więźniów niż na wolności na całej populacji amerykańskiej, a do tego więźniowie zgłaszają przypadki przemocy na tle seksualnym zdecydowanie rzadziej. Zresztą do publicznej świadomości nie przebija się informacja, że spora część gwałtów więziennych to gwałty popełnione **przez służbę więzienną.**

Zatrudnieni w służbie więziennej często cierpią na potrzebę psychologicznej kompensacji i przejawiają chęć dominacji nad słabszymi. Przez siedem lat odsiadki spotkałem setki funkcjonariuszy służby więziennej.

Mogę powiedzieć, że wielu z nich przejawia te cechy. Oczywiście od każdej reguły są wyjątki, ale większość strażników, których poznałem, miała niskie poczucie wartości, które rekompensowała poczuciem władzy. Zachowywali się jak gnębione w szkole ofiary losu, które postanowiły wyżyć się na osobach zamkniętych w klatkach. W przemocy seksualnej nie chodzi wcale o seks. Chodzi o władzę. Osadzeni zaś nie mają innego wyboru, jak poddać się zabiegom strażników. Zgłaszanie takich przypadków najczęściej oznacza stratę czasu.

Reasumując, seks za murami zakładów karnych stanowi poważny problem. System więziennictwa nie oferuje więźniom żadnego sposobu radzenia sobie z naturalnymi potrzebami, więc ci znajdują zaspokojenie w sposób nienaturalny lub przemocą. Strażnicy natomiast mogą bezkarnie żerować na ofiarach. Czy państwo jakoś na to reaguje? Otóż nie. Ponad dziesięć lat temu Kongres przegłosował ustawę o nazwie The Prison Rape Elimination Act (Ustawa o eliminacji gwałtu w zakładach karnych) z myślą o przeciwdziałaniu zjawisku, ale do tej pory Departament Sprawiedliwości nie egzekwuje jej zapisów. Podejrzewam, że Departament Sprawiedliwości oraz jego licząca ponad tysiąc osób armia prawników wykorzystują przerażające doświadczenie gwałtu (oraz jego możliwość), by zmusić oskarżonych do „dobrowolnego" przyznania się do winy.

Jak przyznaje Departament Statystyki Federalnego Biura Więziennictwa (Federal Bureau of Prisons), zaledwie 9% zgłoszeń w sprawach gwałtu spotyka się z jakimkolwiek odzewem. Większość zgłoszeń trafia w próżnię. Zresztą nawet podana tutaj wartość dziewięciu procent jest nieprawdziwa – większość zgłoszeń zostaje przechwycona przez funkcjonariuszy służby więziennej zajmujących się korespondencją osadzonych, przez co skargi nigdy nie opuszczają zakładu karnego. Rzecz jasna naruszanie korespondencji samo w sobie stanowi przestępstwo federalne. Gdy przebywałem w placówce w Beckley w Wirginii Zachodniej, nie raz przyłapałem funkcjonariusza Johna Grimesa na rekwirowaniu listów. Mało tego, większość skarg dotyczyła jego osobiście – wiem coś na ten temat, bo to ja pomagałem współosadzonym je pisać, za co później zostałem dotkliwie pobity.

Za kratami codziennie dochodzi do przestępstw na tle seksualnym, a sprawcami często są ci, którzy mają chronić osadzonych. Nic jednak nie może stanąć na przeszkodzie funkcji, jaką spełnia amerykański system penitencjarny – źródła taniej siły roboczej, która wykonuje niewolniczą pracę dla amerykańskich przedsiębiorstw z prestiżowego rankingu Fortune 500. Dopóki ofiary amerykańskiego wymiaru sprawiedliwości nie przestaną być wykorzystywane w charakterze niewolników, dopóty w aresztach i zakładach karnych będą pracować społeczni nieudacznicy, którzy kompensują własne niedostatki molestowaniem bezbronnych.

Rozdział 40

KAPITULACJA

„Znam cię za dobrze po tylu wspólnie spędzonych latach, by naiwnie zakładać, że zgodzisz się dobrowolnie przyznać do czynów, których nie popełniłeś, albo też złożyć fałszywe zeznania, abyśmy oboje mogli wyjść na wolność. Szanuję twoją decyzję, ale sama dłużej już nie wytrzymam. Już raz zabrano mnie stąd, by mnie odratować, i obawiam się, że moje serce dłużej tego nie zniesie...".

Pierwszy akapit listu od żony z dnia 16 stycznia 2007 roku

LIST otrzymałem w momencie, gdy wraz z Jackiem Fernardezem przygotowywaliśmy się do rozprawy. Hoefling i Mayberry odmawiali współpracy.

Wkrótce jednak doszło do sytuacji, która w kilka godzin zmusiła mnie do całkowitej kapitulacji. Funkcjonariuszka służby więziennej o nazwisku Johnson, która pracowała pomiędzy odziałem moim a oddziałem mojej żony, w bardzo późnych godzinach nocnych zjawiła się w mojej celi.

– Może to i nie moja sprawa, panie Woltz – szepnęła konspiracyjnym tonem – ale powinien pan uczynić wszystko, co w pana mocy, byle tylko pana żona mogła wydostać się na wolność – i to szybko. Dłużej już nie wytrzyma. Już raz musieliśmy udać się z nią do szpitala ze względu na kłopoty z sercem. Niewiele brakuje, a dojdzie do tragedii.

Następnego dnia otrzymałem od żony list, który potwierdzał słowa strażniczki. Zrozumiałem, że moja żona była umierająca.

Kolejnego dnia o poranku zadzwoniłem do Mayberry'ego i Hoeflinga. Oznajmiłem, że zgodzę się zawrzeć ugodę przedprocesową, o ile moja żona zostanie natychmiast zwolniona z aresztu, po czym nakazałem im zabrać się do roboty. Zrozumiałem, że muszę schować zasady do kieszeni. W tamtej chwili byłem gotów przyznać się choćby i do morderstwa, gdyby od tego miała zależeć jej wolność.

Zabrano mnie na parter, gdzie Bill Mayberry wraz z ekipą darmozjadów czekali na mnie z gotową ugodą. Oznajmili, że prokurator Martens zgodził się na jej natychmiastowe zwolnienie z aresztu, o ile przyjmę fałszywy zarzut prania brudnych pieniędzy, na którym mu tak zależało od maja. Początkowa lista zarzutów rozsypała się jak domek z kart.

Uknułem również plan. Wiedziałem, że gdy zgodzę się na podpisanie ugody przedprocesowej, trafię w końcu do sądu właściwego miejscowo, ponieważ takie są wymogi prawa. W sądzie jednak zamierzałem odrzucić ugodę i słownie wnieść o natychmiastowe odrzucenie aktu oskarżenia, czego odmówili mi moi obrońcy. Wniosek taki powinien zostać przyjęty na mocy prawa.

Musiałem znaleźć jakiś sposób, by moja sprawa trafiła bezpośrednio do Sądu Apelacyjnego USA dla Czwartego Okręgu, który stał ponad wszystkimi sądami dystryktowymi Karoliny Północnej. Jedynie wtedy udałoby mi się zagrać Brittowi na nosie.

Listy do Davida Freedmana, w których opisywałem złamanie ustaleń przez prokuratora Martensa i jego groźby nieustających prześladowań, gdybym nie podpisał dokumentu, również pewnego dnia pomogłyby mi udowodnić, że do podpisania ugody zostałem zmuszony. W tamtej chwili jednak przyświecała mi wyłącznie troska o żonę.

Po kilku godzinach sporów kazałem adwokatom się oddalić. Ich obecność przeszkadzała mi bardziej, niż gdybym nie miał adwokata wcale. Ostrzegłem ich, że jeśli nie postąpią według moich instrukcji, będę rokował z Martensem osobiście. Dopiero wtedy zamilkli na dobre.

Kazałem im umieścić w ugodzie zastrzeżenie o następującej treści: „Jako warunek przyjęcia ugody państwo zgodziło się wnieść o natychmiastowe zwolnienie V. Woltz. Rekomendacja ta wnoszona jet na żądanie oskarżonego H. Woltza".

Chciałem w ten sposób zaznaczyć, że do zawarcia ugody zostałem zmuszony. Pokładałem w tym zapisie ogromną nadzieję, na wypadek gdyby w przyszłości moją sprawę rozpoznawał sprawiedliwy sąd.

I od razu rozległ się wrzask. Mayberry i Hoefling uznali, że Martens nigdy nie zgodzi się na taki zapis. Sugerował, ich zdaniem, że państwo w zamian za ugodę wypuści zakładnika.

Wstałem, by opuścić salę.

– Właśnie do tego to zmierza. Podpiszę ugodę Martensa, by uwolnił zakładniczkę. W zamian za mój podpis Martens sprzedałby własną matkę. Tym bardziej uwolni Vernice.

I rzeczywiście – w kilka godzin zapis o niemal identycznym brzmieniu pojawił się na piątej stronie ugody przedprocesowej.

Musiałem również doprowadzić do tego, by państwo przyznało, że nic mi nie wiadomo odnośnie do nowego zarzutu prokuratora Martensa o praniu brudnych pieniędzy, mimo że właśnie do tego czynu miałem się przyznać w zamian za zwrócenie wolności żonie. Po kolejnej przeciągającej się bitwie z adwokatami udało mi się umieścić w ugodzie zastrzeżenie, że wprawdzie nic mi nie wiadomo o takich czynach, ale podpisuję się pod zarzutem państwa, że w istocie do nich doszło. Co ciekawe, udało mi się przekonać prokuratora Martensa, by dopisał, że rząd nie dysponuje dowodami na zaistnienie zarzucanych mi „przestępstw". Wyglądało na to, że grunt pali mu się pod nogami i nie ma wiele czasu. Oświadczenie to trafiło na ostatnią stronę „Materialnych podstaw ugody" jako pięćdziesiąty pierwszy punkt. Podejrzewam, że prócz mnie nikt tej ugody nie czytał, ale zapis widnieje tam po wsze czasy. „Wskutek ustaleń z państwem orzekam, że..." – co w języku państwa oznacza tyle, że przekazano mi treść oświadczenia zawierającą informacje, o których nie miałem pojęcia, ale zgodziłem się je powtórzyć w zamian za zwolnienie żony z aresztu.

Tamtego miesiąca kancelaria McGuireWoods wystawiła mi rachunek, który opiewał na kwotę 92 tysięcy dolarów. Według Billa Mayberry'ego pokaźna suma wynikała z faktu, że mój zespół ciężko pracował nad „unikalną ugodą", jednak gdy parę lat później podałem kancelarię do sądu za błędy w sztuce prawniczej, materiał dowodowy o sygnaturze HW00708 wyraźnie udowadniał, że według słów samego Mayberry'ego do prokuratora: „wersja kancelarii wprowadza zaledwie kilka poprawek do **szablonowej treści** dokumentu. Wnosimy o uznanie poprawek".

Rozdział 41

CO SIĘ STAŁO?

Często zastanawiam się, czy moja historia potoczyłaby się inaczej, gdybym podjął współpracę z adwokatem z prawdziwego zdarzenia – uczciwym i odważnym. Dziś nie jestem wcale taki pewien. Znalazłem się na celowniku służb dlatego, że zbyt głośno wyrażałem swoje niezadowolenie. W tej sytuacji nikt nie był w stanie im przeszkodzić.

Jedyny adwokat, który wykazał się uczciwością i odwagą, Tolly Kennon, zgodnie z planem Martensa został skutecznie wyłączony z gry. Świadomie postawiono mu fałszywe zarzuty w nadziei, że zrezygnuję z jego usług. Zaciągnięto mnie na salę sądową i próbowano zmusić, abym zrezygnował z reprezentacji Kennona, ale zamiast tego wygłosiłem mowę o korupcji panującej wśród prokuratorów i podałem prawdziwe powody, dla których usiłowano pozbyć się Kennona. Mojemu wystąpieniu przyglądali się pozostali dwaj adwokaci z kancelarii McGuireWoods. Mieli czelność zwrócić się do mnie z prośbą o złożenie zeznań **przeciwko** Tolly'emu, by zapunktować u prokuratora Martensa.

O dalszych losach Tolly'ego Kennona dowiedziałem się tylko dlatego, że akurat przypadkiem w jednej z dwudziestu dziewięciu placówek, po jakich mnie wożono, wpadłem na mężczyznę, którym się posłużyli. Dziś więc nikt mi nie wmówi, że było inaczej. Nadal otrzymuję groźby, by na ten temat milczeć.

Państwo nie mogło postawić Tolly'emu żadnego prawdziwego zarzutu, więc po prostu postawiło mu zarzut nieprawdziwy. Aż trudno uwierzyć, jak daleko może posunąć się państwo, by zniszczyć uczciwego adwokata. Historia ta powinna znaleźć się we wszystkich podręcznikach, które opisują amerykański wymiar „sprawiedliwości".

W dniu, w którym zabrano mnie do sądu i prokurator Martens próbował zmusić mnie, abym zrezygnował z reprezentacji Tolly'ego Kennona, na jego żądanie pod sąd podjechał autokar ze wszystkimi pozostałymi osadzonymi reprezentowanymi przez Kennona.

Gdy udało mi się porozmawiać z kilkoma mężczyznami z autokaru, uświadomiłem sobie, że musi chodzić o zniszczenie Tolly'ego. Postanowiłem nagłośnić sprawę.

– Chłopaki – zacząłem. – Oprócz pomarańczowych drelichów łączy nas jedynie to, że to akurat on nas wszystkich reprezentuje. Tolly jest jedynym znanym mi adwokatem z tego miasta, który reprezentuje nasz interes. – Oklaski. – I właśnie dlatego próbują go teraz skompromitować. Nie pozwólcie, by do tego doszło. Nie mogą was zmusić, abyście zrezygnowali z jego usług, więc nie róbcie tego z własnej woli.

Większość posłuchała, ale niestety dwaj mieli inne zdanie. Po jakimś czasie spotkałem jednego z nich, Achavisa Moore'a „Chavisa" w kolejnej placówce. Dowiedziałem się od niego, że prokurator Martens osobiście obiecał mu skrócenie wyroku o połowę, by zniszczyć Tolly'ego i usunąć go z **mojego** zespołu obrońców. Przypadkowo zasłyszałem, jak chwalił się innym więźniom, że jego wyrok został skrócony przez sędziego W. Earla Britta we własnej osobie. Wystarczyło zeznać, że jego adwokat złamał prawo. Chavis chętnie dzielił się szczegółami. W tamtej chwili nie wytrzymałem:

– Czyli to ty jesteś kłamcą, którym się posłużyli, by zniszczyć Tolly'ego?

Rozmowa po chwili zamarła – konfidenci nie lubią przyznawać wprost, że są konfidentami.

Ostatecznie udało mi się przekonać go, by nie składał fałszywych zeznań przeciwko Tolly'emu i pomógł mi się odegrać na Martensie, jednak służby dowiedziały się o moich zamiarach i czym prędzej przeniesiono mnie do kolejnego zakładu. Gdy spotkałem się z Tollym po latach, okazało się, że Chavis jednak im pomógł.

Chavis wraz z drugim klientem zgodzili się skłamać dla prokuratora Martensa oraz prokuratora śledczego z sąsiedniej Karoliny Południowej (sprowadzonego, by stworzyć pozory niezależnego postępowania) w zamian za daleko idące skrócenie czasu odsiadki, przy czym Chavis przyznał wprost, że ich zeznania, które podyktował im Martens, były całkowicie wyssane z palca.

Rozdział 42

NA HORYZONCIE POJAWIA SIĘ CZEMPION

„Krzywdy wyrządzone panu i pańskiej żonie znacznie przewyższają nieprawidłowości w sprawie członków drużyny lacrosse z Uniwersytetu Duke'a [fałszywie skazanych za gwałt]. Tutaj pogwałcono wszelkie wolności i gwarancje przysługujące oskarżonemu na mocy prawa federalnego – i to całkowicie jawnie".

J. Kirk Osborn, obrońca karny

25 stycznia 2007 roku
Zachodni Dystrykt Karoliny Północnej

W sobotę chłodnego styczniowego poranka Kirk Osborn przebywał w domu w Chapel Hill w Karolinie Północnej, gdy przedzwonił do niego przyjaciel z wieścią, co amerykańskie państwo wyrządziło mnie i mojej żonie. Kirka tak zezłościła wiadomość, że natychmiast wsiadł do samochodu i udał się w trzyipółgodzinną podróż z Dystryktu Wschodniego do Dystryktu Zachodniego.

Kirk nas nie znał – a my nie znaliśmy jego. Pojawił się niewezwany i bez zapłaty, w imię sprawiedliwości jako takiej, 18 stycznia. W pierwszej kolejności spotkał się z moją żoną, później odwiedził mnie.

Kirk Osborn był światowej sławy obrońcą, który naświetlił temat skorumpowanych prokuratorów w głośnej sprawie członków drużyny lacrosse z Uniwersytetu Duke'a, którzy zostali fałszywie skazani za gwałt przez Mike'a Nifonga, prokuratora z miasta Durham w Karolinie Północnej. Nifong wraz z zespołem prokuratorów ukryli przed sądem dowody uniewinniające oskarżonych i zachęcali świadków do krzywoprzysięstwa. Robili wszystko, co w ich mocy, byle skazać niewinnych obywateli i trwale zapisać się w prokuratorskich annałach. Ich ambicje wydały mi się dziwnie znajome.

Zasadniczą różnicą, która wyróżniała sprawę drużyny lacrosse, było zaangażowanie Kirka Osborna oraz dwu innych obrońców, którzy bezwzględnie atakowali skorumpowanego prokuratora. Zespół Osborna wyciągnął na światło dzienne bezprawne działania prokuratora, aż międzynarodowa społeczność opowiedziała się za pozbawieniem go funkcji. Prokurator Nifong zatrudnił najlepszego przyjaciela wszystkich prokuratorów, mojego dawnego adwokata, Davida B. Freedmana, by ten pomógł mu utrzymać funkcję. Nie udało się – Nifong został publicznie pozbawiony stanowiska i prawa do wykonywania zawodu, mimo że cały proces ciągnął się latami i wymagał od Osborna ogromnego samozaparcia. Freedman zaś, jak to Freedman, wykazał się charakterystyczną dla niego niedbałością. Reprezentował Nifonga z równie dużym entuzjazmem co mnie.

Po zapoznaniu się ze wszystkimi aktami mojej sprawy – czego nie zrobili moi poprzedni adwokaci – 25 stycznia Kirk Osborn złożył mi wizytę. Zadeklarował, że gdy tylko moja żona znajdzie się na wolności, wykaże się równie dużą bezwzględnością wobec Martensa i Meyersa, jaką wykazał się wobec Nifonga. Najpierw doprowadzi do uchylenia ugód przedprocesowych ze względu na naruszenie właściwości miejscowej przez Britta oraz naruszenie etyki zawodowej przez Martensa i Meyersa, a następnie będzie się ubiegał o rozprawę.

Dowiedziałem się też, że nie ma takiej możliwości, abym w ugodzie przedprocesowej mógł zrzec się prawa do postępowania przed sądem posiadającym właściwość miejscową w sprawie. Co za ulga! Jednak dobrze zrozumiałem Konstytucję Stanów Zjednoczonych i szóstą poprawkę do tejże – po prostu państwo rozmyślnie wdeptało ją w błoto.

– To najgorszy przypadek łamania praw obywatelskich, z jakim się spotkałem. – Tak brzmiały pierwsze słowa, które padły z ust Kirka w mojej obecności. – Krzywdy wyrządzone panu i pańskiej żonie znacznie przewyższają nieprawidłowości w sprawie członków drużyny lacrosse z Uniwersytetu Duke'a. Tutaj pogwałcono wszelkie wolności i gwarancje przysługujące oskarżonemu na mocy prawa federalnego – i to całkowicie jawnie.

Słowa Osborna były otrzeźwiające. Odkąd tylko Osborn pojawił się z werwą w drzwiach sali konferencyjnej, wiedziałem, że mam do czynienia z osobą o silnych przekonaniach, która z pewnością utrudni życie tym, którzy gotowi są łamać moje prawa. Przypominał z wyglądu gwiazdę kina pokroju Gregory'ego Pecka czy Sama Watersona. Gdy tylko wkraczał do pomieszczenia, pozostali natychmiast byli sprowadzani do roli drugoplanowej. O Osbornie czym prędzej powiadomiłem Jima, który tak szybko jak mógł pojawił się w areszcie, by wziąć udział w spotkaniu z Kirkiem i Jackiem Fernandezem, moim dotychczasowym doradcą.

Następnie Kirk wraz z moim bratem udali się do prokuratora Martensa z bezwzględnym żądaniem natychmiastowego przeprowadzenia formalnej rozmowy z sędzią w celu zapewnienia, że zostaną dotrzymane warunki ugody z prokuraturą i Vernice Woltz zostanie bezzwłocznie zwolniona z aresztu.

A wszystko odbyło się w ciągu zaledwie dni, odkąd Osborn dowiedział się o naszej sprawie. Wcześniej spędziłem w areszcie niemalże rok, a moi dotychczasowi adwokaci (z wyjątkiem Tolly'ego) ani razu nie wnieśli o udostępnienie akt i wgląd w rzekomy materiał dowodowy. W zaledwie tydzień Kirk osiągnął wszystko, o czym jego poprzednicy nie chcieli nawet pomyśleć.

Mayberry i Hoefling próbowali na mnie wymusić, abym pozwolił im negocjować z prokuratorem Martensem w miejsce Kirka Osborna. Odpowiedziałem:

– Prokurator zaśpiewa tak, jak zagra mu Kirk. Cała sprawa od początku była ukartowana. Trafiliśmy pod sąd oddalony o dwa dystrykty od sądu właściwego miejscowo, który nie ma w naszej sprawie żadnej jurysdykcji.

Mayberry i Hoefling spojrzeli po sobie z niepokojem. Czyżbym powiedział coś, co ich zaniepokoiło?

Wybór sędziego! O to chodzi! Hoefling miał zasięgnąć informacji u znajomego, dawnego pracownika sądu, który znał sekretarza. „Znajomym" tym musiał być Bill Mayberry – odczytałem to z ich twarzy. Bill miał obalić mój zarzut, że wybór Britta nie tylko był wadliwy ze względu na brak właściwości miejscowej sądu, lecz również został świadomie podyktowany przychylnością sędziego wobec prokuratora. Prokurator Martens chwalił się, że ukartował całą sprawę we współpracy z Sekretarzem Sądu Dystryktowego USA dla Dystryktu Zachodniego, Frankiem G. Johnsem zwanym „Johnsy"!

– Tak z ciekawości, panie Mayberry – zapytałem pozornie lekkim tonem. – czy pana „znajomy" dowiedział się czegoś o procederze „judge shopping"? Sędzia został dobrany celowo, prawda?

Mina Mayberry'ego zdradziła, że trafiłem w sedno.

– To jak? Co takiego powiedział pana znajomy, sekretarz sądu? – Miałem ochotę zacząć skakać z radości.

Mayberry ponownie spojrzał na Hoeflinga, po czym zaczął z ociąganiem:

– Owszem, „Johnsy" przyznał, że wybór sędziego nie był „normalny". Jesteś zadowolony?

– Panowie, „nienormalny" wybór sędziego to nic innego, jak *judge shopping* – odparłem. – Najwyższa pora, abyście wnieśli w tej sprawie skargę.

– Według Johnsy'ego decyzja była po prostu „nieprzepisowa".

– Obowiązują konkretne procedury, a w mojej sprawie je złamano, więc doszło do działania nielegalnego. Czy złożył już pan odpowiednią skargę?

– Nie nielegalnego, a **nieprzepisowego** – podkreślił Mayberry.

– Nieprzepisowego – powtórzyłem – czyli nielegalnego, wbrew zasadom rzetelnego procesu sądowego i wbrew szóstej poprawce do Konstytucji Stanów Zjednoczonych.

Dzień, w którym podpisałem ugodę, by zwrócić wolność żonie, był wyjątkowo chłodny. Agent IRS, który zaśmiał mi się w twarz i przyznał, że nie złamałem prawa, Scott Schiller, czekał na parterze kompleksu aresztu śledczego wraz z drugą agentką oraz młodym, uzbrojonym w broń palną osiłkiem. Stamtąd eskortowano mnie i Vernice na spotkanie.

Spotkanie z prokuratorem Martensem odbyło się w biurze Mayberry'ego i Hoeflinga na ulicy North Tryon Street tuż obok budynku aresztu. Nie zdziwiło mnie to wcale, biorąc pod uwagę fakt, że byli ze sobą w zmowie. Było tak chłodno, że pomimo małej odległości agenci założyli zimowe kurtki, szaliki, czapki i rękawiczki. Agent Schiller miał na sobie ciepłą „bosmankę" przeznaczoną do żeglugi na otwartym morzu. Mnie i Vernice pozostawiono w pomarańczowych drelichach, które nie chroniły przed chłodem ani trochę.

Szczęśliwie postanowiono, że ze względu na chłód pojedziemy samochodem.

Według wyświetlacza na szyldzie banku temperatura wynosiła -9,4 stopnia Celsjusza. Agenci byli tak roztrzepani, że nie mogli znaleźć miejsca parkingowego. Pozostawiono mnie na mrozie z uzbrojonym osiłkiem. I oto stałem skuty kajdankami w pomarańczowych drelichach na rogu Tryon Street i Eighth Street. Samochody toczyły się ślamazarnie, a ich spaliny niemal zamarzały na chłodzie.

Stałem na chodniku, na wyciągnięcie ręki od pasa. Pasażerowie i kierowcy mierzyli mnie krótkimi spojrzeniami zza szyb samochodów. Nie dziwiłem im się – niespełna rok temu gapiłbym się tak samo. Szybko jednak odwracali wzrok, gdy patrzyłem im prosto w oczy. Poczułem się nieswojo.

Samochód podjechał po około kwadransie. Byłem już tak wychłodzony, że straciłem głos. Przejechaliśmy może kilkanaście metrów i wjechaliśmy na drugi piętrowy parking. Na samej górze agenci znów się zatrzymali, zagubieni. Tym razem jednak sami zostali w samochodzie, a mnie i Vernice wysadzili na zewnątrz. Zaprotestowałem, by przynajmniej mojej żonie pozwolili zostać w środku. I tak zostałem na zewnątrz sam, bez strażnika. Widać mężczyznom było chłodno nawet w zimowych kurtkach.

Gdy w końcu znaleźliśmy się we wnętrzu wieżowca, nie mogłem wydać z siebie ani słowa ani poruszać rękoma. Na miejscu czekał mój brat Jim z zimowymi ubraniami, które czym prędzej zaczęliśmy zakładać.

Przeszkodził nam agent Schiller. Położył dłoń na pistolecie i krzyknął, żebyśmy przestali. Powiedział, że ubrania stanowią „naruszenie zasad bezpieczeństwa". Udało nam się dojść do kompromisu – pozwolono nam założyć swetry.

Był już późny poranek, prokurator Matthew Martens spóźniał się na własne spotkanie. Korzystając z okazji, wraz z żoną porozmawialiśmy na osobności z Jimem i Kirkiem Osbornem, by omówić dalszą strategię postępowania. Co chwila przerywał nam Matt Hoefling, próbując usprawiedliwić nieobecnego kolegę.

Ostatecznie prokurator Martens pojawił się po południu – po siedmiu godzinach spóźnienia! Ugoda przedprocesowa została uzupełniona o **informację** o nowym zarzucie o sygnaturze 5:07-cr-3, która jednak została dopisana ręcznie długopisem. Pracowałem nad wystarczającą liczbą spraw, by wiedzieć, że coś nie gra. Sygnatury spraw rozpatrywane w wydziale w Charlotte zawsze rozpoczynały się od cyfry „3".

Zamieniłem parę słów z Kirkiem. Doradził mi, abym mimo wszystko poszedł na współpracę. Zakładał, że w ciągu zaledwie kilku tygodni zdoła doprowadzić do unieważnienia ugody ze względu na błędną jurysdykcję sądu. Vernice zaczęła płakać i błagać mnie, abym podpisał ugodę.

– Powinniśmy skupić się na tym, by zwrócić wolność pańskiej żonie – oznajmił Kirk.

Nasz plan był stosunkowo prosty. Gdy już moja żona znajdzie się bezpiecznie na wolności, Kirk rozpocznie działania na szeroko zakrojoną skalę. Wcześniej musieliśmy jednak przekonać się, czy zostaniemy zabrani do sądu właściwego miejscowo w Charlotte, czy też ponownie trafimy bezprawnie pod sąd sędziego Britta.

Kirk zakładał, że jeśli posiedzenie w sprawie warunków ugody odbędzie się nie w Charlotte, a we wschodnim sądzie, w którym urzędował Britt, fakt ten wbrew pozorom okaże się w naszej sprawie pomocny. Britt nie miał prawa uznać ugody z prokuraturą. Jego sąd nie miał w naszej sprawie ani właściwości miejscowej, ani materialnej, a zatem wszelkie podpisane przeze mnie dokumenty nie miały jakiejkolwiek mocy prawnej.

Z drugiej strony gdybym jednak zgodnie z procedurą trafił do Sądu Dystryktowego USA dla Dystryktu Zachodniego, również podnieślibyśmy temat naruszenia jurysdykcji w sprawie, a także złożylibyśmy ustny wniosek o odrzucenie aktu oskarżenia i umorzenie postępowania. Następnie Kirk zamierzał zająć się kwestią bezprawnych działań prokuratury, by ta nie miała innego wyjścia, jak zostawić nas w spokoju. Miałem wrażenie, że czekają mnie najbardziej samotne dni mojego życia. Przez ostatnie miesiące świadomość bliskiej obecności żony w budynku aresztu dodawała mi otuchy i pozwalała pozbierać myśli. Musiałem ją uwolnić, ale teraz nasza więź zostanie przerwana. Cieszyłem się w jej imieniu i w imieniu naszych dzieci, że ugoda zostanie zawarta. I bałem się, że państwo zabierze się za Kirka, tak jak wcześniej wyeliminowało Tolly'ego. A jeśli Kirk straci zainteresowanie sprawą po uwolnieniu Vernice?

Niebawem miałem podpisać ugodę, w której dobrowolnie przyznam się do popełnienia czynów zabronionych. Groziła mi kara do 87 miesięcy pozbawienia wolności, chociaż zapewniano mnie, że w rzeczywistości odsiadka będzie znacznie krótsza. Moi obrońcy twierdzili, że wyrok zostanie uznany za „odsiedziany", ale nie pokładałem żadnej nadziei w ich zapewnieniach. Jeśli wszystko pójdzie po myśli prokuratora Martensa i sędziego Britta, a Kirk nie pośpieszy mi z pomocą, opuszczę zakład karny po sześćdziesiątce.

Świadomość tego faktu była przytłaczająca, ale podpisałem ugodę.

Rozdział 43

CO SIĘ STAŁO?

T AMTEGO felernego dnia nie dotarło do mnie znaczenie sygnatury 5:07-cr-3, która została ręcznie naniesiona na ugodę przedprocesową ręką prokuratora Martensa. Miałem przeczucie, że nie zwiastuje niczego dobrego, ale dopiero po latach miałem się dowiedzieć, co takiego właściwie zaszło tamtego dnia – i w jakim celu.

W świetle prawa federalnego prokurator Martens nie mógł postawić mi żadnych nowych zarzutów. Na mocy artykułu 18 paragraf 3161(b) Kodeksu Stanów Zjednoczonych (18 U.S.C. §3161(b)) nowe zarzuty w sprawie karnej mogą być stawiane w terminie do 30 dni od dnia zatrzymania. Martens nie mógł udać się do sądu właściwego miejscowo, czyli Sądu Dystryktowego USA dla Dystryktu Zachodniego, gdyż sąd ten niemal rok wcześniej udzielił mi zwolnienia z aresztu za poręczeniem majątkowym. Szybko wyszłoby na jaw, że sędzia Britt złamał prawo federalne i konstytucyjne, a sędzia David Keesler musiałby dopełnić obowiązku zgłoszenia tego faktu komisji dyscyplinarnej. W końcu bezpośrednim przełożonym Keeslera był sędzia Graham C. Mullen, który sprawił, że Martens za podobne bezprawne działania utracił poprzednie stanowisko. Wyglądało na to, że Martens był w kropce i nie miał innego wyjścia, jak nadal przetrzymywać mnie bezprawnie. Niestety moi obrońcy, Mayberry i Hoefling, pracowali nie dla mnie, a dla Martensa.

Jednak tamtego dnia doszło do wydarzeń tak bezprawnych i bulwersujących, że sam długo nie mogłem w nie uwierzyć, dopóki nie zapoznałem się z dowodami. Okazało się, że prokurator Martens spóźnił się siedem godzin na własne spotkanie, ponieważ przez ten czas podjechał do innego wydziału, by dodać kolejny zarzut, gdy spotkał się z odmową sądu właściwego miejscowo. Przekonał obcy sąd, że przedstawia zupełnie nową i odrębną sprawę, a następnie dopisał sygnaturę sprawy w starych aktach, łamiąc tym samym szóstą poprawkę do Konstytucji Stanów Zjednoczonych (a także zasady 18 i 20 oraz dwie federalne ustawy karne,). Następnie dopisał sygnaturę na aktach sprawy z Dystryktu Zachodniego. Wiedział, że prawdopodobieństwo wykrycia procederu jest nikłe. Był pewien, że jego czynów ani nie podważy sędzia Britt, ani nie podważą go moi obrońcy. Postanowił zaryzykować, że bez gadania pójdę na współpracę.

W dowolnym innym państwie za podobne czyny prokurator Martens dostałby wyrok dożywocia. W Stanach Zjednoczonych do podobnych wydarzeń dziś jednak dochodzi powszechnie, ponieważ sędziów i prokuratorów nic nie ogranicza i nikt nie pilnuje.

O przebiegu tamtego dnia dowiedziałem się zupełnym przypadkiem sześć lat później, w 2013 roku. Sędzia Britt i prokurator Martens usiłowali pozbawić mnie środków, na wypadek gdybym po odbyciu kary zaczął głośno wypowiadać się o ich działaniach. Bez mojej wiedzy usiłowali przemycić w ugodzie decyzję o zajęciu jakichś bezwartościowych aktywów, którymi dawniej zarządzałem, w nadziei, że następnie posłużą się tym faktem jako precedensem. Gdyby udało im się zająć część majątku, mogliby później powołać się na fakt, że nie oponowałem przeciwko zajęciu części, by zająć całość. Według prokuratora, który zastąpił Martensa, uznaliby mój majątek za „owoc przestępstwa" (chociaż w trakcie postępowania tematu tego nie poruszali).

W świetle prawa sąd zobowiązany jest powiadomić oskarżonego o takim fakcie. Druga strona wystawiła „zaświadczenie o doręczeniu dokumentu"[1], w którym poświadczyła, że egzemplarz wniosku został przesłany na adres zamieszkania mojej zmarłej matki, pod którym nie mieszkałem od dzieciństwa. Jednak nawet i to okazało się nieprawdą. Dom

---

[1]„Poświadczenie doręczenia" to prawny wymóg odnoszący się do każdego dokumentu składanego w sądzie. Dopełnia go strona składająca dokument, która poświadcza, że strona przeciwna otrzymała kopię dokumentu, a także podaje datę oraz adres, pod który kopia została doręczona.

matki nadal znajdował się w rękach rodziny i do dziś trafia tam nasza korespondencja.

Traf chciał, że mój doradca Jack Fernandez w 2007 roku figurował w aktach sprawy i w lutym 2013 roku przez przypadek otrzymał automatyczną kopię złożonego elektronicznie wniosku prokuratury. Natychmiast przedzwonił do Jima, by powiadomić go o wniosku. Wszystko wskazywało na to, że sędzia Britt wraz z prokuratorem Martensem usiłowali popełnić przestępstwo w kolejnej, trzeciej już jurysdykcji. Gdyby Jack nie przesłał Jimowi kopii dokumentu, wszystko odbyłoby się w największej tajemnicy, a obu mężczyznom uszłaby na sucho kradzież mienia o dużej wartości. Ich proceder opierał się na stwierdzeniu, że doręczono mi kopię wniosku, lecz zaniechałem jakichkolwiek działań w tej sprawie, co zgodnie z prawem federalnym jest jednoznaczne z przyznaniem się do winy[2]. Sędzia Britt rozpatrzyłby wniosek na ich korzyść, a ja nie mógłbym im nic zrobić.

Nie zamierzałem jednak milczeć. Natychmiast złożyłem w (trzecim już) sądzie własny wniosek, w którym wskazałem na, po pierwsze, całkowity brak właściwości miejscowej sądu Britta oraz po drugie, bezprawne działania podjęte przez prokuratora Martensa. Jedno i drugie wynikało zresztą wprost z samych akt, które zostały uzupełnione tak, by potajemnie pozbawić mnie mienia.

I tak oto po latach dowiedziałem się, dlaczego tamtego dnia prokurator Martens spóźnił się o siedem godzin na własne spotkanie. Popełniał akurat pięćdziesiąte piąte spośród pięćdziesięciu sześciu przestępstw potwierdzonych potem przez sąd, który zwrócił mi wolność i dobre imię.

---

[2]W 2005 roku były sędzia federalny zaangażował się w moją sprawę i złożył wniosek o oczyszczenie mojego dobrego imienia ze względu na bezprawne działania sędziego Britta i prokuratora Martensa (a było ich łącznie pięćdziesiąt sześć). Sąd Dystryktowy USA dla Dystryktu Środkowego Karoliny Północnej nakazał państwu uzasadnić działania sędziego Britta i prokuratora Martensa. Państwo jednak nie odniosło się w żaden sposób do nakazu sądu, co w świetle prawa jest równoznaczne z przyznaniem się do winy. Jednak ani Britt, ani Martens nie doczekali się kary.

Rozdział 44

6 LUTEGO 2007 ROKU

Cel spisku zostaje osiągnięty

> „Sprawa karna może być rozpatrywana w sądzie innym niż
> sąd właściwy miejscowo jedynie wtedy, gdy:
>
> 1. oskarżony oznajmi na piśmie, że zamierza dobrowolnie
>   przyznać się do winy w sprawie i zrzeka się prawa do roz-
>   prawy w dystrykcie, w którym postawiono mu zarzuty,
>   co potwierdzi złożeniem drugiego oświadczenia woli w
>   dystrykcie docelowym, a także gdy
> 2. federalni prokuratorzy śledczy z obu dystryktów pisemnie
>   zgodzą się na ww. zmianę.”
>
> – paragraf 20 Federalnych Zasad Postępowania Karnego –
> amerykańskiego kodeksu postępowania karnego
> (U.S. Federal Rules of Criminal Procedure)

6 lutego 2007 roku
Wschodni Dystrykt Karoliny Północnej

Tamtego dnia ponownie nas skuto i bezprawnie przewieziono do Raleigh, abyśmy stawili się przed sędzią Brittem na posiedzeniu w sprawie ugody przedprocesowej[1], mimo że zarówno cytowany powyżej paragraf, jak i artykuł 18 paragraf 3234 18 Kodeksu Stanów Zjednoczonych

---

[1]Oskarżony stawia się na posiedzeniu w sprawie ugody przedprocesowej, by złożyć formalne
oświadczenie woli, zgodnie z którym po pierwsze, oskarżony dobrowolnie przyznaje się do winy oraz po

(18 U.S.C. §3234), a także szósta poprawka do Konstytucji Stanów Zjednoczonych, uniemożliwiały rozpoznanie sprawy jakiemukolwiek sądowi poza sądem w Charlotte w Karolinie Północnej. Straciłem wszelką nadzieję, że kiedykolwiek znajdę się na sali rozpraw sędziego Grahama Mullena, by złożyć wniosek o odrzucenie aktu oskarżenia i umorzenie postępowania.

Gdybym nie zgodził się skłamać, moja żona nie odzyskałaby wolności.

Pamiętam, że zastanawiałem się, jak ubrać oświadczenie woli w słowa. Godziło ono we wszystko, co było dla mnie ważne; we wszystko, co sobą reprezentowałem.

Tym razem zostałem umieszczony w module zielonym, który znajdował się na piątym piętrze.

Jak zwykle zostałem obudzony szturchnięciem w żebra w środku nocy, gdy odurzeni narkotykami osadzeni zaczęli akurat się uspokajać. Funkcjonariusz wygłosił typową formułkę o tym, że muszę się pośpieszyć, by nie „zniecierpliwić" (zapewne jeszcze smacznie śpiącego) sędziego. Ponownie mnie skuto, po czym umieszczono mnie i Vernice w osobnych celach, gdzie spędziliśmy kolejne godziny. W końcu zabrano nas do gmachu sądu.

Okazało się, że posiedzenie w mojej sprawie miało odbyć się tamtego dnia jako ostatnie – widocznie Britt chciał poczekać, aż sąd się wyludni, by uniknąć zbędnego zainteresowania[2]. Posiedzenie przebiegało sprawnie do momentu, gdy Britt zapytał, czy obiecano mi cokolwiek w zamian za gotowość do zawarcia ugody. Zawahałem się, ale po chwili powiedziałem:

– Oczywiście. Obiecano mi, że moja żona zostanie zwolniona z aresztu. W przeciwnym razie nie zgodziłbym się na udział w dzisiejszym posiedzeniu.

---

drugie, poświadcza, że akceptuje starania podjęte przez obrońcę (niezależnie od tego, czy ten w ogóle dawał znaki życia, gdy oskarżony znajdował się w areszcie). W przeciwnym przypadku oskarżony powraca do aresztu, aż zgodzi się złożyć to oświadczenie.

[2] Po latach dawny sędzia federalny Arthur P. Strickland, któremu z czasem udało się oczyścić moje dobre imię, złożył wniosek o dostęp do taśm z posiedzenia na podstawie zeznań siedmiu świadków, którzy zeznali, że transkrypt posiedzenia nie pokrywał się z tym, co naprawdę zostało powiedziane na sali. Protokolantka oznajmiła Stricklandowi, że sędzia Britt zabronił jej sporządzić nagranie z posiedzenia, mimo że nagranie takie jest wymagane prawem.

Sędzia Britt natychmiast zrozumiał, że źle się wyraził. Czym prędzej odpowiedział:

– Czy ktokolwiek **panu groził**, by zmusić pana do zawarcia ugody?

– Oczywiście – szepnąłem. – Grożono mi, że jeśli się nie zgodzę, Vernice zostaną postawione kolejne zarzuty.

27 kwietnia 2006 roku podpisaliśmy umowę, zgodnie z którą prokurator Martens nie mógł mi postawić jakichkolwiek nowych zarzutów. Zagroził mi więc, że postawi nowe zarzuty mojej żonie, abym „dobrowolnie" zgodził się na współpracę.

– Panu jednak bezpośrednio nikt nie groził – odparł mój „obrońca" Mayberry, szczerząc się obleśnie. – Grożono pańskiej żonie.

A ponieważ milczałem dłuższą chwilę, moja żona wpiła we mnie paznokcie tak mocno, że aż zostawiły ślady. Nie miałem innego wyboru, jak schować złość do kieszeni.

– Nie, proszę Wysokiego Sądu – skłamałem, a sędzia Britt doskonale wiedział, że kłamię, ponieważ prawdę przekazałem mu w liście, który znajdował się w aktach sprawy. Nie miało to jednak najmniejszego znaczenia – obaj odgrywaliśmy szopkę. Brałem udział w procesie na pokaz, jak w nazistowskich Niemczech czy Związku Radzieckim. Tam również wymuszano na oskarżonym „przyznanie się do winy", a następnie wtrącano go do końca życia do łagru lub wykonywano na nim karę śmierci w zamian za wolność jego rodziny. A teraz dokładnie to samo przytrafiło się mnie w Ameryce. Sędziemu Brittowi i prokuratorowi Martensowi zależało wyłącznie na tym, by stworzyć pozory sprawiedliwości i móc się obronić, gdyby pewnego dnia ich machinacje wyszły na jaw.

Przed samym posiedzeniem ostrzegłem Mayberry'ego, że gdyby nie zwrócili wolności Vernice **zanim** miałem przyznać się do winy, zamierzałem wycofać się z obietnicy. Nie zamierzałem ryzykować, że Vernice nie wydostanie się na wolność po fakcie. Nakazałem Mayberry'emu, by przekazał moje słowa Martensowi jeszcze przed posiedzeniem. Gdy informacja dotarła do prokuratora, ten poczerwieniał ze złości.

Stało się jednak odwrotnie. Sędzia Britt zaczął posiedzenie od poruszenia kwestii mojej ugody. Natychmiast zagroziłem Mayberry'emu, by zareagował na sytuację, bo w przeciwnym razie zamierzałem się wycofać, na co Bill dosłownie podskoczył, by przerwać Brittowi w pół słowa.

– Wysoki Sądzie, czy mógłbym zabrać głos?

– Oczywiście – odparł Britt. Wiedział, że Bill jest po jego stronie.

– Wysoki Sądzie, w dogodnej chwili chciałbym poruszyć sprawę zwolnienia z aresztu pani Woltz, o czym zapewne wspomni też pan Osborn. Na chwilę obecną powiedzmy, że z punktu widzenia **pana Woltza** kwestia pani Woltz jest **kluczowym elementem** ugody.

Spojrzałem na prokuratora Martensa. Obdarzył mnie niechętną miną, ale rozumiał, że jeśli nie zareaguje, za chwilę wycofam się z jego szopki i spotkamy się w kwietniu na rozprawie z prawdziwego zdarzenia i z uczciwym adwokatem.

Dopełniłem formalności i przyznałem się do popełnienia czynów, o których nic nie wiedziałem, jednak wcześniej się upewniwszy, że żona odzyska wolność.

I tak oto miałem przed sobą perspektywę spędzenia niemal całego pozostałego mi czasu za kratami zakładu karnego. Pomimo tego, że nie popełniłem żadnego przestępstwa.

Zacząłem się zastanawiać, czy malutki człowieczek w czarnej todze, który mścił się na swoim odwiecznym wrogu, mógł na siebie spojrzeć w lustrze. Ciekawe, jakie mniemanie miał o sobie agent Schiller, który przyznał, że byłem niewinny. Tamtego dnia był obecny na sali rozpraw. Często się zastanawiam, czy zawahał się choćby przez chwilę; czy choć przez chwilę miał wyrzuty sumienia. A dwaj młodzi adwokaci, którzy prześladowali mnie, Tolly'ego Kennona oraz wiele innych niewinnych osób, byle tylko wspiąć się po szczeblach kariery i zapracować na kolejną premię? Czy prywatnie, sami przed sobą, gotowi są przyznać, że postąpili niemoralnie? Że są bezduszni? Czy kiedykolwiek zastanawiali się na tym, czym właściwie się zajmują?

Czy istnieją jakiekolwiek działania, których ci mężczyźni by się nie podjęli, by zniszczyć komuś życie? Dowiedli już, że są w stanie rozmyślnie skazać niewinną osobę, by pozbawić ją głosu, niszcząc jej życie i rozbijając rodzinę. Czy aby na pewno nie byliby w stanie posunąć się do morderstwa? Czym w zasadzie różni się zabicie danej osoby od wtrącenia jej na całe lata do więzienia?

Myślami odbiegałem daleko od tego, co działo się na sali rozpraw. Czułem się jak pogodzony z losem skazaniec, który już za chwilę miał stanąć na szafocie. Wokół mnie toczyły się kolejne sprawy, których dziś już nie pamiętam. Pamiętam jedynie, że posiedzenie wkrótce dobiegło końca.

Rozdział 45

VERNICE

GODZINĘ później przez okno w drzwiach celi ujrzałem żonę. Nie wiedziała, że ją widzę.

Strażnicy eskortowali ją z gmachu sądu, by przywrócić jej wolność. Jednak scena, która rozgrywała się na moich oczach, nie wyglądała tak, jak powinna.

Vernice miała na sobie piękne nowe ubrania – nie zaś te, w których została zatrzymana pierwszego dnia. Na jej twarzy malowała się radość. Uśmiechała się. Ale to jeszcze nic – jawnie flirtowała z tymi samymi mężczyznami, którzy doprowadzili mnie na skraj rozpaczy. Przybijała piątki. W całej farsie brała udział nawet strażniczka Johnson, która parę dni wcześniej wparowała do mojej celi z wiadomością, że moja żona jest umierająca. Wszyscy zgromadzeni na korytarzu wyglądali, jakby mieli za chwilę udać się na miasto na imprezę. Ja zaś miałem trafić w miejsce zgoła przeciwne.

Wygląd i samopoczucie mojej żony diametralnie różniły się od tego, czego byłem świadkiem godzinę wcześniej, gdy oznajmiła mi w ławie obrońców, że znajduje się na skraju śmierci. Wręcz błagała mnie, abym nie zmienił zdania i poszedł na współpracę.

W tamtej chwili, wyglądając przez okno celi, po raz pierwszy przyszła mi do głowy myśl, że Vernice współpracuje ze służbami. Od dłuższego czasu. Oni zachowywali się jak starzy znajomi, którym udało się właśnie odnieść ogromny sukces. Moja żona w niczym nie przypominała umierającej kobiety sprzed niespełna godziny. Czy to możliwe, że pomogła im zniszczyć mi życie? Musiałem przyznać przed samym sobą, że już wcześniej dochodziły do mnie niepokojące sygnały. Czyżbym był całkowicie ślepy na prawdę? A może tak dobrze wszyscy odegrali swoje role?

Gdy człowiek znajdzie się w miejscu, które nie oferuje mu żadnej nadziei, próbuje uczepić się czegokolwiek. W tamtej chwili zrozumiałem, że mnie oszukano, ale jeszcze przez dłuższy czas nie mogłem wypowiedzieć tej myśli na głos. Była zbyt bolesna.

Kobieta, którą ujrzałem przez okno celi, gdy spacerowała w najlepsze z moimi wrogami, była moją żoną od siedemnastu lat. Mieliśmy, rzecz jasna, lepsze i gorsze chwile, ale przez ten czas robiłem wszystko, by uchylić nieba jej i jej rodzinie, chociaż początki nie były łatwe. Przed znajomością z Vernice przestrzegała mnie matka. Jej zdaniem moja żona była osobą „zdradziecką", a nasz związek był „błędem", jednak dołożyłem starań, by pozostać przy niej przez kolejne lata pomimo często jawnie wyrażanej niechęci ze strony członków rodziny. Zrozumiałem, że moi oprawcy ujrzeli w niej osobę, której sam ujrzeć nie chciałem. Miałem do siebie pretensję, że byłem ślepy na znaki ostrzegawcze – nie tylko te, które pojawiły się w ostatnich miesiącach, lecz wszystkie, z całego okresu małżeństwa. Czyżby siedemnaście wspólnych lat miało okazać się mrzonką lub żartem?

Przypomniałem sobie nasze pierwsze spotkanie na Jamajce w 1989 roku. Vernice powiadomiła mnie, że ze względu na zdrowie nigdy nie będzie w stanie zajść w ciążę. Uprawialiśmy więc seks bez zabezpieczeń – często. W tamtych dniach nie straszny był człowiekowi AIDS. Niespełna trzy tygodnie od pierwszego spotkania Vernice przedzwoniła w walentynki do mojego biura w Port-au-Prince na Haiti, by powiadomić mnie, że spodziewamy się dziecka. Vernice nigdy mi nie wytłumaczyła, w jaki sposób wyzdrowiała, a gdy drążyłem temat, powiedziała, że powinniśmy skupić się na przyszłości.

Gdy urodziło nam się pierwsze dziecko, Vernice zarzekała się, że nie chce kolejnych – przynajmniej dopóki rok później mój ojciec ogłosił, że zachorował na raka i zamierza przekazać w spadku pokaźną kwotę do równego podziału na wszystkich wnuków i wszystkie wnuczki. Wkrótce potem doczekaliśmy się z Vernice kolejnego „cudu". Zacząłem sobie również przypominać, że w pierwszym tygodniu od chwili poznania (i po kilku kieliszkach wina) Vernice przyznała, że wkrótce na jej konto trafi pokaźna suma w zamian za jakieś usługi dla amerykańskiego rządu. Powiedziała, że ktoś się z nią skontaktował, gdy instalowała oprogramowanie dla Banku Centralnego Jamajki w Kingston, i zaoferował jej sowite wynagrodzenie w zamian za wbudowanie w oprogramowanie tylnej furtki, która zagwarantowałaby służbom dyskretny, zdalny dostęp do danych bankowych. Vernice pracowała dawniej nad systemem banku jako programistka, ale z czasem została przeniesiona na stanowisko szkoleniowca International Computers Limited – korporacji, która oferowała nowatorskie rozwiązania w dziedzinie IT i bankowości.

Wówczas uznałem, że Vernice po prostu się upiła, ale wkrótce potem na jej konto rzeczywiście trafiła suma, która uchodziła za pokaźną. Gdy jednak naciskałem na nią, by powiedziała coś więcej, milczała jak grób. Uznałem, że ostrzeżono ją przed konsekwencjami naruszenia tajemnicy służbowej (albo zrozumiała, że może ponieść śmierć z rąk handlarzy narkotyków, gdyby kiedykolwiek wyszło na jaw, kto umożliwił Amerykanom ich skuteczne ściganie).

Jamajka miała opinię raju narkotykowego, a na kontach Banku Centralnego rzekomo znajdowały się ogromne sumy pieniędzy pochodzące z handlu zakazanymi substancjami. Nic dziwnego, że amerykańska agencja rządowa DEA (Drug Enforcement Agency), która zajmuje się ściganiem handlarzy narkotyków, była gotowa zapłacić niezłą sumkę w zamian za dostęp do oprogramowania banku.

A jeśli miałem rację, oznaczało to, że moja żona nawiązała współpracę z amerykańskim rządem oraz amerykańskimi służbami bezpieczeństwa na długo przed ich atakiem na mnie – i nawet przed naszą znajomością. Więzienni konfidenci udowodnili mi ponad wszelką wątpliwość, że gdy już raz nawiąże się współpracę z rządem, trwa ona wiecznie. Można ją zresztą przyrównać do AIDS lub ciąży. Nie da się trochę mieć AIDS lub trochę być w ciąży. Albo się ma, albo się nie ma. Albo się jest konfidentem, albo się nie jest.

A może niewierność żony pochodziła z jeszcze dawniejszych czasów? Vernice dołączyła do mojej spółki stosunkowo niedawno. Wcześniej całymi latami miała do mnie pretensję, że spędzam tyle czasu zagranicą poza domem. Dlaczego tak nagle zaczęła interesować się moją spółką? Dlaczego nagle zasugerowała, że powinniśmy wyprowadzić się ze Stanów?

Do dziś mam więcej pytań niż znam odpowiedzi, ale udało mi się dowieść, że Vernice rzeczywiście poszła na współpracę ze służbami, za co otrzymała wynagrodzenie idące w miliony dolarów.

Zostałem wykorzystany, a następnie porzucony jak śmieć. Miałem spędzić resztę życia za kratami, a tymczasem Vernice została zwolniona z aresztu. Miała pełny dostęp do mojego majątku, a także do majątków moich klientów. Byłem głupcem.

Bez końca roztrząsałem nasz związek. Przez całe lata pomagałem jej rodzinie załatwić amerykańskie obywatelstwo... z czego proces nadawania obywatelstwa jednego z członków rodziny nadal trwał. Gdy rodzina Vernice po raz pierwszy zjawiła się w Stanach, pomogłem jej załatwić pracę, załatwiłem im mieszkania. Kupowałem samochody i opłacałem rachunki zdrowotne – nawet dalszym krewnym z jej ojczystego Trynidadu.

Dziś nie pamiętam już, czy opadłem na podłogę ze względu na fizyczne wyczerpanie czy świadomość, że byłem jedynie pionkiem w misternej grze, którego można było poświęcić bez chwili zastanowienia.

Kobieta, która opuszczała tej nocy gmach sądu, była chora. Scena, którą ujrzałem przez okno w drzwiach celi, przypominała spotkanie oszustów cieszących się z udanej akcji. Vernice śmiała się i przybijała sobie piątki z osobami, które dosłownie przed chwilą zrujnowały mi życie.

Czy byłem aż takim głupcem, że nie dostrzegłem, co się szykuje?

Przez kolejne miesiące w areszcie codziennie dostawałem od Vernice kolejny list. Pytała, co sądzę, co planuję, co zamierzam zrobić. Próbowała wyciągnąć ze mnie informacje. Nadal zresztą mam te listy. Co tydzień wraz z notatkami wysyłałem je paczką do domu, by po latach posłużyły za materiał do kolejnych książek. Nie mogłem przechowywać dokumentów w areszcie, gdzie mogłyby zostać zarekwirowane przez straż. Jeden z moich synów schował wszystkie paczki do szafy na dokumenty i gdy po latach wróciłem do domu, nadal tam były, nierozpieczętowane.

Listy utworzyły ciekawą historię. Początkowo stanowiły świadectwo prawdziwej udręki, jednak wątek ten szybo zniknął, a treść kolejnych listów zmieniła swój wydźwięk. Z czasem Vernice zaczęła mi kibicować, abym podjął walkę z systemem, co zresztą przysporzyło mi jeszcze więcej nerwów i poskutkowało wydłużeniem wyroku. Zaczęła również domagać się codziennych raportów odnośnie mojej linii obrony – interesowały ją nawet terminy spotkań z adwokatami.

Rozdział 46

6 LUTEGO 2007 ROKU

Walka o życie w sądzie wyższej instancji

„Przestępstwa są zaraźliwe. Gdy państwo samo postępuje w sposób przestępczy, w jego obywatelach rodzi się pogarda wobec prawa".

Sędzia Sądu Najwyższego Louis D. Brandeis

6 lutego 2007 roku
Zachodni Dystrykt Karoliny Północnej

O PADŁEM na drewnianą ławę w celi. Nie mogłem już dłużej ustać. Nogi odmawiały mi posłuszeństwa.

Byłem bardzo wyczerpany fizycznie, a nagłe uświadomienie sobie, co właściwie zaszło na sali rozpraw, jeszcze pogłębiło mój stan. Hipotermia, której nabawiłem się na mieście, gdy czekałem na mrozie na zagubionych agentów, zaczęła dawać o sobie znać. Miałem gorączkę. Moja temperatura rosła z godziny na godzinę i trzęsły mi się ręce.

Czoło miałem rozgrzane do czerwoności, ale jednocześnie trząsłem się z zimna. Nim funkcjonariusz straży odprowadził mnie do modułu, dałem mu znać, że czuję się bardzo słabo. Dostałem do wypełnienia formularz zdrowotny, po czym obiecano mi, że jeszcze tamtego wieczoru złoży mi wizytę lekarz. W tamtej chwili ledwo mogłem się podpisać.

Temperatura na zewnątrz gmachu spadła na łeb na szyję i areszt zaczął stopniowo zapełniać się bezdomnymi i zdesperowanymi, którzy celowo dawali się zatrzymać policji, byle tylko trafić na noc pod dach. Miasto zamknęło liczne schroniska dla bezdomnych, by uwolnić fundusze na zakłady karne, więc ludzie ci najzwyczajniej nie mieli gdzie się podziać.

I chociaż tamtego dnia podłoga aresztu zapełniała się niepokojąco szybko, pomieszczenie nr 8, które znajdowało się w rogu po zewnętrznej ścianie gmachu, było puste. Zaprowadził mnie tam pewien Latynos, Oscar Medellius, którego poznałem już wcześniej. Pełnił funkcję ministra finansów Peru za prezydentury Alberta Fujimoriego, ale został zatrzymany przez Stany Zjednoczone, które chciały, by służył im jako informator. Jednak odmówił, za co trafił do aresztu.

Ostrzegł mnie, że w pomieszczeniu ze względu na brak izolacji panuje ogromny chłód i właśnie dlatego jest puste. Chciałem jednak pozostać sam ze swoimi myślami i zapaść w sen. Było mi wszystko jedno. Co pewien czas zaglądał do mnie Oscar, by dowiedzieć się, jak się czuję. Gdy zobaczył, że trzęsę się z zimna, przyniósł mi drugi koc.

Obiecałem siostrze Vernice, że zadzwonię do niej, gdy będę miał pewność, że żona zostanie zwolniona z aresztu. Oscar wraz z drugim osadzonym zaprowadzili mnie do telefonu. Widocznie wyglądałem tak fatalnie, że nawet zwyczajnie agresywni osadzeni przepuścili mnie bez kolejki. Nie podzieliłem się ze szwagierką wątpliwościami odnośnie do Vernice. Powiedziałem jedynie, że moim zdaniem czuje się dość dobrze – wyjątkowo, biorąc pod uwagę okoliczności – a jej mająca wkrótce nastąpić śmierć została cudem przesunięta na bliżej nieokreślony termin.

Nie pamiętam dokładnie, co takiego działo się w kolejnych dniach po rozmowie. W pamięci został mi jedynie obraz pokrytego szronem kubka z wodą, który przyniósł mi Oscar. Później dowiedziałem się, że według prognozy pogody temperatura na zewnątrz wynosiła czternaście stopni, ale miałem wrażenie, że temperatura w celi spadła poniżej zera.

Z tamtych dni i nocy pamiętam również szereg snów, w których dosłownie sądziłem się o śmierć i życie. Obie strony przedstawiały kolejno argumenty za i przeciw w sądowej atmosferze nie z tego świata. Mój umysł zwracał się raz ku jednym, raz ku drugim, jak gdyby sam miał wydać osąd w sprawie. Byłem rozdarty. Z jednej strony chciałem dać sobie spokój i przejść do następnego etapu istnienia, ale z drugiej strony chciałem przeżyć życie do końca.

Strona, która opowiadała się za dalszym istnieniem, argumentowała, że może jeszcze doczekam się ponownego spotkania z rodziną i przyjaciółmi i moje życie nabierze jeszcze sensu. Gdy zadawałem pytanie „dlaczego ja?", odpowiedź za każdym razem wydawała się oczywista – wybrano mnie, abym podjął walkę z wypaczeniami wymiaru sprawiedliwości, jakich byłem świadkiem. A w tym celu musiałem przeżyć. Martwy bojownik o sprawiedliwość nie ma zbyt dużej wartości.

Argumenty strony przeciwnej były niepokojąco kuszące. Gdybym postanowił zakończyć **obecne** życie, mógłbym po cichu pozbyć się cierpienia i bezpodstawnego wstydu i albo wspiąć się na kolejny szczebel egzystencji, albo poddać się reinkarnacji. Syreni śpiew był słodki i uroczy. Udręka zakończyłaby się z chwilą opuszczenia cielesnej powłoki. Musiałbym jedynie wypuścić z rąk cienką nić życia i mój koszmar dobiegłby końca. Debata ciągnęła się przez trzy dni i noce.

Obudziłem się z wyraźnym poczuciem misji. Wiedziałem, że moje dalsze życie nie będzie proste ani przyjemne, ale byłem zdeterminowany, by stawić czoła złu, które wywróciło moje życie do góry nogami.

Z trzydniowej wizyty do innego świata wróciłem odmieniony. Poniekąd umarłem naprawdę, gdyż utraciłem związek z przeszłością. Od tej chwili na zawsze już porzuciłem strach przed śmiercią. Mogłem umrzeć, ale postanowiłem, że nigdy nie okażę strachu.

Ósmego dnia choroby do celi wparował funkcjonariusz służby z pytaniem, czy nadal jestem zainteresowany „nagłą" wizytą lekarza.

Po raz pierwszy i ostatni w okresie pozbawienia wolności udzielono mi pomocy medycznej.

HISTORIA HOWELLA JESZCZE NIE DOBIEGŁA KOŃCA

Gułag Ameryka II — Będzie przed koncem 2018.

Część druga opowiada historię Howella Woltza po dziś dzień. Opisuje szczegółowo metody, do jakich posunęły się Stany Zjednoczone, by zniszczyć Woltza i pozbawić go głosu: tortury, pobicia, utratę przyjaciół, członków rodziny i mienia.

Ale *Gułag Ameryka II* to też opowieść o miłości, utracie i odwadze, która jednocześnie rozdziera i pokrzepia serce. Część drugą opowieści Howell kończy w Polsce, w Warszawie, i jak w starych bajkach - lecz naprawdę - znajduje miłość swojego życia i odkupienia.

Więc nie przejmuj się, Drogi Czytelniku – ma bardzo, ale to bardzo dobre zakończenie.

Druga część *Gułagu Ameryki* dostępna będzie...

O AUTORZE

Howell Woltz urodził się w Stanach Zjednoczonych dla wybitnej rodziny. Został wyszkolony studiował ekonomię na Uniwersytecia w Wirginii, z wykształceniem wyższym w Wakea Foresta Uniwersytet Prgramie MBA i Uniwersytet Caledonię w Szkocji. Jako doradca prezydentów i premierów oraz cieszący się dużym powodzeniem finansisty, jego życie wydawało się bezpieczne - dopóki nie zostanie zniszczone przez siły polityczne skorumpowanego systemu - w Stanach Zjednoczonych.

Stracił wszystko - rodzinę, bogactwo, reputację i był przetrzymywany w gułagach w całej Ameryce przez 87 miesięcy, chociaż nigdy nie został skazany przez żaden sąd jurysdykcyjny za jakiekolwiek przestępstwo.

Po walce z korupcją, która stworzyła największą na świecie kolonię więzienną, Howell wygrał.

To jest jego historia, a on przynosi ją nam tutaj w Polsce jako ostrzeżenie - ostrzeżenie, na które powinniśmy wysłuchać.